아마존 혁신의 법칙 16

다니 도시유키 지음
송태욱 옮김

모든 사원을
자율적 천재 리더로 키우는
아마존 메커니즘

고객에게 집착한다	Customer Obsession
주인의식	Ownership
발명과 단순화	Invent and Simplify
대체로 올바른 판단	Are Right, A Lot
늘 배우고 호기심을 갖는다	Learn and Be Curious
최고의 인재를 채용하고 성장시킨다	Hire and Develop the Best
최고의 기준을 고집한다	Insist on the Highest Standards
크게 사고한다	Think Big
행동을 우선한다	Bias for Action
절약	Frugality
신뢰를 얻는다	Earn Trust
깊이 파고든다	Dive Deep
줏대를 가지고 반대하며 헌신한다	Have Backbone: Disagree and Commit
결과를 낸다	Deliver Results
지구 최고의 고용주를 목표로 한다	Strive to be Earth's Best Employer
성공과 규모에는 광범위한 책임이 따른다	Success and Scale Bring Broad Responsibility

이 책은 아마존이 가지고 있는
혁신을 조직적으로 연속해서 창출하는 시스템을 설명한 책입니다.
이러한 '**아마존 혁신 메커니즘**(Amazon Innovation Mechanism)'을
다른 회사가 재현 가능한 형태로 분해·체계화하여
활용하게 하는 것이 목적입니다.

아마존의 '혁신을 양산하는 법'을 방정식으로
풀어내면 아래와 같습니다.

벤처 창업가의 환경
　　× 대기업의 스케일
　　　– 대기업의 함정

　　　　= **최고의 혁신 창출 환경**

다음 페이지에 아마존 혁신 메커니즘과
이 방정식을 이해하기 위한
책의 전체적인 구조를 정리해 두었습니다.

Amazon Innovation Mechanism

아 마 존 혁 신 메 커 니 즘

1장
일반 사원을 창업가 집단으로

❶ PR/FAQ¹로 뒤집어 생각한다

❷ '침묵으로 시작하는 회의'로
   사내 정치를 박멸한다 *

❸ '이노베이션 서밋'으로
   혁신 풍토를 조성한다

❹ '원웨이 도어'와 '투웨이 도어'로
   구별한다 **

❺ '기묘한 회사'란 사실을 스스로 인정한다

❻ 16가지 아마존 혁신의 법칙
   – 리더십 원칙 ***

2장
대기업의 함정 피하기

❶ 싱글 스레드 리더십

❷ 사내 카니발리제이션²을 권장

❸ 인풋으로 평가

❹ 기존 사업에도 스트레치 목표³를 설립

❺ '규모'가 아니라 '성장도'로 평가

❻ 전원이 리더

❼ '침묵으로 시작하는 회의'로
   사내 정치를 박멸한다 *

❽ '원웨이 도어'와 '투웨이 도어'로
   구별한다 **

3장 −2
혁신에 적합한 환경을
조성하는 시스템·프랙티스

❶ 창조성을 높이는 오피스 환경

❷ 다양성을 추진하는 '어피니티 그룹'⁴

❸ 16가지 아마존 혁신의 법칙
   – 리더십 원칙 ***

3장 −3
메커니즘에 혼을 불어넣는
시스템·프랙티스

❶ 핸즈온으로 솔선수범한다

❷ 인스티튜셔널 예스

❸ 미셔너리로서 본능을 거스르는 의사결정

© Day one innovation

벤처 기업보다 혁신 창출에 유리한 환경을 만들려면

3장 -1
사내 창업가에게 대기업의 스케일을 부여하는 시스템·프랙티스

❶ 파괴적 혁신을 담당하는
  'S팀'과 'S팀 목표'

❷ 경영 간부가 신규 사업을 시작한 '경험자'

❸ 새로운 기술이나 스킬의 획득을
  두려워하지 않는다

❹ '수치'와 '판단'의 양립

❺ '곱셈'의 매수

벤처 창업가의 환경

대기업의 스케일

|

대기업의 함정

=

최고의 혁신 창출 환경

---

❹ 시스템을 계속해서 발전시킨다

❺ 혁신의 중요성을 회사 전체에
  계속 전달한다

*, **, ***는 각각의 항목에 중복 효과

1 Press Release(언론 보도 자료), Frequently Asked Question(자주 하는 질문).

2 한 기업의 신제품이 기존 주력제품의 시장을 잠식하는 현상. 자기 잠식.

3 현재의 관행과 기술, 지식으로는 도저히 달성할 수 없을 것 같은 목표.

4 일반적으로 서로 잘 알고 신뢰할 수 있으며 사회정치 사안에 직접행동을 함께 하는 3명에서 20명으로 구성된 활동가 그룹. 유연 단체.

머리말

소니 기술자로서 품었던 의문,
아마존에서 찾은 해답

나는 2013년부터 2019년까지 아마존 재팬에서 기존 사업 관리와 동시에 신규 사업을 시작하는 일에 종사했습니다. 그러던 중에 만나게 된 일본 기업인들에게 이런 질문을 자주 받았습니다.

"아마존에서 잇따라 혁신이 창출되는 이유는 무엇입니까?"

"어떻게 혁신을 만들고 있습니까?"

"우리 기업에도 적용할 수 있을까요?"

이러한 질문들을 통해 많은 기업 종사자가 안고 있는 고민을 엿볼 수 있습니다. '이대로는 미래의 성장 동력이 없다', '어떻게 해서든 당장 새로운 성장 사업을 내놓아야 한다' 등 경영자를 비롯해 기술자, 기획, 마케팅, 영업 같은 다양한 부문의 사람들이 공통적으로 안고 있는 과제와 초조함이겠지요. 이 질문에 어떻게 대답할까 하는 고민 끝에 '아마존이 혁신을 창출하는 메커니즘'을 체계화하는 이 책을 집필하게 되었습니다.

아마존이 '혁신적인 회사'라고 하면 위화감을 느끼는 사람이 있을지도 모릅니다. 아마존은 '소매업의 파괴자'라는 이미지가 강하기 때문입니다. '거대 자본의 힘으로 기존 소매업을 디지털로 치환한 후 규모의 이익으로 성장해 온 기업'으로 여기는 사람이 많을 것입니다.

그러나 아마존은 서적에서부터 시작한 전자상거래(EC) 사업의 상품 아이템을 단순히 늘리는 데 그치지 않고 수많은 혁신을 창출해 오고 있습니다. 대표적인 예가 2006년에 시작한 클라우드 사업 '아마존 웹서비스(AWS)'입니다. 이는 현재 아마존 영업이익의 약 60퍼센트를 차지할 만큼 성장했습니다.(※1) 아마존이 만들어낸 혁신적인 신규 사업은 그 밖에도 많습니다. 주된 것을 다음 페이지에 연표로 정리했습니다. 이런 사업들은 기존 사업을 단순히 확장하기만 해서는 탄생하기 힘든, '파괴적 혁신'이라 부르기에 어울리는 신규 사업입니다.

우리 기업에 응용 가능한 시스템을 찾아라

아마존의 독특하고 다양한 경영 방식들을 다룬 책은 이미 서점에 수없이 깔려 있습니다. 하지만 그 각각의 방식이 어떻게 서로 영향을 주고 사업을 성장할 수 있게 만들어 주는 전체적인 메커니즘을 제대로 이해하기란 어려운 일일 것입니다.

이 책에서 전하고 싶은 것은 '아마존의 경영 매뉴얼'이 아니라 아마존이 앞으로도 사업을 계속 성장시키기 위해 만들어낸 '시스템'이자 '체계화된 메커니즘'입니다.

아마존 혁신 연표 — 아마존이 착수한 신규 사업에서 주된 것을 발췌

시작연도	서비스 · 제품	내용
1998	IMDb	영화 데이터 서비스(1990년에 설립한 회사를 매수)
2005	아마존 프라임	신속 배송 등 각종 특전이 주어지는 유료 회원 서비스
2006	풀필먼트 바이 아마존(FBA)	온라인 쇼핑몰 '아마존 마켓플레이스' 내 판매자에게 재고 관리나 결제, 배송 등의 인프라를 제공하는 서비스
	아마존 웹서비스(AWS)	클라우드 컴퓨팅 서비스
	아마존 프라임 비디오	동영상 스트리밍 및 대여 서비스
2007	아마존 프레시	프라임 회원을 위한 신선 식품 판매
	아마존 베이	온라인 결제 서비스
	아마존 뮤직	음악 스트리밍 서비스
	킨들	전자책 서비스와 전자책 리더기 판매
2008	오더블	책 낭독 음성 데이터 판매(1995년에 설립한 회사를 매수)
2010	아마존 스튜디오	텔레비전 프로그램이나 영화를 제작하는 부문
2011	아마존 로커	택배 로커(배송지로 자택 이외의 로커를 지정할 수 있는 서비스)
2012	아마존 로보틱스	물류 창고의 작업을 자동화·효율화하는 로봇의 제조(2003년에 설립한 '키바 시스템즈'를 매수)
2014	트위치	게임 실황 전송 서비스(2011년에 창업한 서비스를 매수)
	파이어 TV 스틱	스트리밍 미디어 플레이어
	알렉사	음성 인식 인공지능
	에코	음성 인식 인공지능 '알렉사'를 탑재한 스마트 스피커
2015	아마존 론치패드	스타트업 기업의 후원 프로그램
2018	아마존 고	계산대 없는 편의점
2019	에코 프레임	음성 인식 인공지능 '알렉사' 대응 안경
	아마존 스카우트	자율주행 배송용 로봇. 테스트 운용 중
2020	아마존 고 글로서리	계산대 없는 소매점
	아마존 원	비대면 결제 서비스 등을 제공하는 손바닥 인증 시스템
	아마존 대시 카드	계산대 결제가 필요 없는 스마트 쇼핑카
향후 계획	프라임 에어	드론을 이용한 배송 시스템
	프로젝트 카이퍼	인공위성을 이용한 인터넷 서비스

그 전체 개요는 이 책 첫머리에 제시한 대로입니다. 아마존의 혁신 창출 시스템을 '아마존 혁신 메커니즘'으로 체계화해 두었습니다. 내가 이 체계화에 도전할 때 밑바탕이 된 것은 아마존에서 일한 경험만이 아닙니다. 소니에서 기술자로서 혁신에 계속해서 도전한 경험, 컨설턴트로서 미국으로 건너가 IT 기업이 차례로 생겨나는 실리콘밸리에 몸을 둔 경험, 미국 시스코시스템즈에서 '도그 이어(dog year)'로 불리는 고속 성장을 내부에서 체험한 경험, 일본 GE라는 하나의 완성된 대기업 메커니즘 안에서 일을 했던 경험 등에 입각하여 아마존 안에서 실천적이고 또 효과가 크다고 여겨지는 '시스템'과 '프랙티스(습관 행동)'를 발견하고 체계화한 것입니다.

이미 아마존은 은퇴한 창업자 제프 베이조스 같은 한 사람의 천재가 모든 것을 살피고 지시할 수 있는 규모가 아닙니다. 그런데도 다양한 분야에서, 게다가 파괴적인 혁신이 계속 이루어진다면 그것을 움직이는 것은 누군가의 번뜩임이나 센스가 아니라 거기에 재현 가능한 시스템이 있기 때문일 것입니다.

제프 베이조스는 '지구상에서 가장 고객을 소중히 여기는 기업이 되는 것'이라는 비전을 위해 계속해서 혁신을 창출해 나갈 수 있도록 힘을 쏟아왔습니다. 창출한 혁신은 '결과'이고 혁신을 이루는 '시스템'이나 '환경'이야말로 다른 회사에 없는, 아마존이 우위성을 가지는 데 근원이 되는 '핵심 역량(core competence)'이라고 해도 과언이 아닙니다.

이 책을 정독하는 방법

책 첫머리에 아마존의 '혁신을 양산하는 방정식'을 제시했습니다. 사원을 '벤처 창업가의 환경'에 놓는 것과 동시에 '대기업의 스케일'을 부여하고, '대기업이 빠지기 쉬운 함정'을 피함으로써 벤처 기업보다 풍족한 '최고의 혁신 창출 환경'을 만들어낼 수 있다는 방정식입니다.

나아가 이 방정식을 성립시키는 아마존의 시스템과 프랙티스를 분해하고 체계화함으로써 아마존 혁신 메커니즘도 도표로 만들었습니다. 이 책에서는 이 도표의 구성 요소를 하나하나 해설합니다.

1장은 일반 사원을 '벤처 창업가의 환경'에 두기 위한 시스템과 프랙티스로 사원들을 '창업가 집단'으로 변화시키기 위해 아마존이 무엇을 하고 있는지 알려줍니다.

2장에서는 혁신의 창출에서 '대기업의 함정'이 무엇인지를 밝힌 후 이를 피하기 위해 아마존이 실천하는 시스템과 프랙티스를 알려줍니다.

3장은 경영 간부의 역할입니다. 아마존의 혁신 창출 시스템을 움직이고 숨을 불어넣어 더욱 발전시키는 것이 'S팀'이라는 경영 간부들입니다. S팀의 역할을 다음 세 가지로 나누어 소개합니다.

- 첫째, '창업가 집단'이 된 사원들에게 '대기업의 스케일'을 부여하기
- 둘째, 혁신 창출에 적합한 환경과 문화를 조성하기
- 셋째, 메커니즘에 혼을 불어넣기

1~3장을 정독하면 아마존의 시스템을 이해하고, 실천으로 옮기는 것도 가능해집니다. 일반 사원이라면 아마존 사원들이 혁신 제안에 사용하고 있는 PR/FAQ라는 서식을 활용해 기획 제안의 질을 훨씬 높일 수 있을 것입니다. 관리직 독자라면 자신이 주도하는 신규 사업 제안 뿐 아니라 부하로부터 어떻게 제안을 이끌어내는가에 대한 실천적인 수법도 배우게 됩니다.

경영자라면 이 책에서 소개된 시스템을 모두 도입할 수도 있겠지만, 너무 큰

변혁이 수반되기에 주저할지도 모릅니다. 그런 심리적인 장벽이 어쩌면 일본 기업이 아마존의 시스템을 배우고 혁신 창출에 주력할 때 최대의 장애물이 될지도 모릅니다.

4장에는 아마존 메커니즘과 관련된 베이조스의 어록을 정리했습니다. 혁신 창출에 필요한 '고객 중심', '발명', '장기적 사고'라는 3원칙에 관한 베이조스의 말들은, 이론은 알아도 실천으로 내딛지 못하는 우리에게 용기를 북돋워 줄 것입니다.

5장에서는 왜 이 타이밍에 이 책을 출간하게 되었는지, 개인과 기업의 혁신 창출 능력을 높이는 것이 무엇 때문에 요구된다고 생각하는지에 대한 주관적 의견에 약간의 데이터를 섞어 말했습니다. 전체적인 그림부터 이해하고 싶은 독자는 마지막장부터 먼저 읽을 것을 권합니다.

목차

서장　연쇄 창업가와 제프 베이조스의 공통점과 차이점

1장　일반 사원을 창업가 집단으로

2장   대기업의 함정 피하기

목차

* 목차에는 베이조스의 발언을 축약하여 기재했습니다.

5장   왜 지금, 모든 이들에게 혁신 창출력이 필요한가?

서장

연쇄 창업가와 제프 베이조스의
공통점과 차이점

새로운 사업을 시작해 성공까지 이끄는 것은 힘든 일입니다. 하지만
이를 연달아 해내는 연쇄 창업가들이 있습니다. 제프 베이조스 역시
연쇄 창업가라 불리기에 부족함이 없는 인물입니다.
하지만 그에게는 연쇄 창업가에게는 없는 '무언가'가 있습니다.

내가 아직 아마존에 들어가기 전, 다시 말해 지금의 '혁신을 창출하는 아마존의 시스템'과 만나기 전의 이야기부터 시작하고자 합니다.

1998년, 미국 실리콘밸리의 팰러앨토에 컨설턴트로서 막 부임한 시절의 이야기입니다. 그 무렵 만난 사람들에게서 배운 사실들 덕분에 훗날 아마존이 운영하는 툴을 접했을 때 그것들이 얼마나 실천적이고 효과적으로 혁신을 창출하기 위해 이루어져 있는지를 깨달을 수 있었습니다. 그러므로 독자 여러분도 꼭 알아두었으면 합니다.

연쇄 창업가라는 존재를 알고, 면담을 신청하다 ─────

당시에 나는 혁신을 창출하는 메커니즘의 힌트를 얻기 위해, 성공한 벤처 기업가들의 특징들을 조사하고 있었습니다. 그 중 극단적인 사례로서 주목한 것이 연쇄 창업가입니다. 창업하고 상장에 성공한 것만으로도 대단한 위업이 건만 그것을 여러 번이나 연달아 해낸 극소수의 창업가를 말합니다.

예전에는 벤처 기업을 창업하여 상장(IPO)하는 것을 '성공'이라고 했습니다. 하지만 최근에는 상장하기 전에 대기업으로부터 높은 기업 가치를 인정받고 매각하는 것도 성공으로 꼽게 되었습니다. 상장이나 매각 어느 쪽이든 이러한 성공을 연발하는 사람을 연쇄 창업가라 부릅니다.

그 존재를 알게 된 것은 실리콘밸리에서 스타트업 기업이 프레젠테이션을 하는, 이른바 피치 이벤트(pitch event)[1]에 참가했을 때의 일입니다. 벤처 캐피털[2]이

---

1 짧은 시간에 자사의 제품과 서비스를 소개하는 행사.

2 장래성 있는 벤처 기업에 투자하는 투자전문회사 또는 그 자본을 일컫는 말.

나 벤처와 관련된 업계 사람들이 참가하여 다음 투자처를 가늠해보거나 기술이나 제품 트렌드를 알아보기 위해 개최한 유료 이벤트였습니다. 실리콘밸리에서는 그런 이벤트가 정기적으로 열렸습니다.

벤처 기업 대표가 무대에 올라 프레젠테이션을 하기 전에 사회자가 그 회사의 간단한 개요와 경영자의 경력을 소개하고는 했는데 그때 '기존에 다른 사업도 상장시킨 연쇄 창업가'라고 소개된 사람이 몇 명 있었습니다. 과거에도 상장 경력이 있다고 하자 회장에 모인 사람들도 가망성이 높은 사업이라 여긴 듯 갑자기 분위기가 고조되었고, 업계 내에 지인이 많은 것인지 박수소리도 크게 느껴졌습니다.

창업해서 성공하는 것은 '거간꾼'들뿐이라고 일컬어지던 시절에, 연속해서 창업에 성공하는 사람들이 존재한다는 사실을 나는 그때까지 인지하지도 못했습니다.

대체 그 사람들은 어떻게 그런 일을 할 수 있었을까. 당시의 나는 짐작조차 할 수 없었습니다. 그 비밀을 알고 싶어 밑져야 본전이라는 심정으로 면담을 요청하는 메일을 보내봤습니다. 그러자 놀랍게도 다들 기꺼이 면담에 응해주었습니다.

IT 버블이 한창인 때였던지라 인터뷰한 창업가들 대부분이 경영 대표임과 동시에 기술자로서 개발까지 담당하고 있었습니다. 그리고 그들이 공통적으로 자신 있다고 여기는 두 가지 능력이 있었습니다.

연쇄 창업가의 특수한 능력 (1)
– 미래 '제품 서비스'와 '니즈'의 교차점 판별

연쇄 창업가가 가진 특수한 능력 가운데 하나는 '기술 등이 발전해서 새로운 제품이나 서비스가 실현 가능한 시기'와 '고객의 니즈가 구체화되어 시장이 형성될 시기'의 교차점을 판별하는 힘입니다.

좀 더 자세히 설명하면, 특정 분야에서 신제품 개발이나 새로운 서비스를 시작할 때 그 '3~5년 후'에는 어느 정도 수준의 기능이 실현될 수 있을지를 우선 내다봅니다. 그리고 추정되는 비용으로부터 고객에게 제공할 수 있는 가격을 상정합니다. 마지막으로 그 가격과 기능의 조합으로 얼마나 많은 구매 고객이 확보될지를 예상합니다. 이런 식으로 비즈니스 성립 여부를 예측할 수 있는 능력을 말합니다.

놀랍게도 인터뷰한 연쇄 창업가 전원이 입을 모아 이렇게 말했습니다.

"기술력만을 보면 저보다 우수한 기술자는 아주 많습니다. 하지만 기술 개발로 실현할 신제품·새로운 서비스의 수준과 고객의 니즈가 교차하는 지점을 예측하는 능력에 있어서는 다른 사람들에게 지지 않을 자신이 있습니다."

여기서 중요한 것은 3~5년 후라는 시간축입니다. 우수한 기술자라면 기술의 트렌드와 발전 속도를 깊이 이해하고 '10년 후'에 무엇이 실현될지를 높은 확률로 예측할 수 있을지도 모릅니다. 그러나 창업해서 비즈니스로 성공시키기 위해서는 그런 엉성한 예측만으로는 불충분합니다.

'3~5년 후' 예측은 '10년 후'보다 어렵다

　예컨대 이 책을 쓰고 있는 시점에서 "앞으로 10년 후에는 드론카가 하늘을 날아다닐까요?"라는 질문을 받으면 "상당히 높은 확률로 실현될 겁니다."라고 대답할 수 있습니다.

다만 그것이 어떤 특정한 두 지점을 연결할 뿐인 것인가, 도시 전역을 커버하는 것인가, 특별한 자격증을 가진 사람만이 운항하는가, 자율주행인가, 비용은 어느 정도이고 목표로 삼는 고객층은 누구인가 등의 구체적인 제품이나 서비스의 내용까지 예측할 수는 없습니다.

다시 말해 이때의 '10년 후 예측'이란 어디까지나 '방향성'에 지나지 않습니다. 정교하고 치밀한 제품이나 서비스로서의 형태를 수반하지 않는 일종의 판타지 같은 것입니다.

새로운 기술이 탄생했을 때 그것을 사회에 적용하고 실행한 구체적인 제품이나 서비스를 기획하기 위해서는 '3년 후는 어떨까?', '5년 후라면 어떨까?'를 생각할 필요가 있습니다.

예를 들어 '하늘을 나는 드론카'가 3~5년 후에 기술적으로 생산이 가능해진다 해도 어느 정도의 가격대가 될까, 어떤 고객이 어떤 용도로 이용할까, 법규제의 완화는 어떻게 진행될까 등 서비스 구현 예측을 위해 고려해야만 하는 것이 많고, 이 중 예상 하나가 살짝만 어긋나도 크게 답이 달라지는 것이 3~5년 후 미래 예측의 어려움입니다. 또한 여기서 든 3년, 5년이라는 시간축은 하드웨어의 개발을 전제로 하는 것이고, 소프트웨어의 세계라면 속도감은 더욱 높아집니다.

　　　　　서장_연쇄 창업가와 제프 베이조스의 공통점과 차이점

벤처 성공의 열쇠는 타이밍

    다시 말해 3~5년이라는 시간축에서 기술 등이 발전하는 속도와 제품·서비스에 대한 수요의 상승, 그리고 비용 및 법 규제라는 외부 요인까지 포함하여 복합적으로 판단함으로써 이러한 요소들이 교차하는 절호의 지점을 찾아내는 능력이 필요하다는 것입니다. 이 예상이 어긋나면 니즈는 있지만 기술이 따라가지 못하거나 기술이 발전해도 니즈가 부족해서 사업으로 성공하기 어려워지는 것입니다.

연쇄 창업가들은 이 분야에 탁월한 판단력을 지니고 있는 경우가 많았습니다. 실제 그러한 판단력에 힘입어 큰 성공을 거둔 사례를 여럿 접하기도 했습니다. 그러나 그런 능력을 어떻게 익히면 좋을까 하는 물음에 대해서는 아쉽게도 명확한 대답을 들을 수 없었습니다.

다만 적어도 소수의 개인 능력에 의존하지 않고 혁신제품이나 서비스를 개발하여 사업을 일으키기 위해서는 개발의 기초가 되는 기술 발전과 고객의 니즈가 3~5년 후에 교차하는 지점을 판별하는 메커니즘이 필요하다는 걸 알게 된 것은 큰 수확이었습니다.

미국의 저명한 벤처 투자가이자 아이디어랩(Idealabo) 등 많은 창업 경험을 가진 빌 그로스는 2015년 TED 강연에서 이런 데이터를 소개했습니다. 그는 성공한 벤처와 실패로 끝난 벤처를 비교하는 요인 분석을 해서 다음과 같은 결과를 얻었다고 합니다(*1).

1위: 타이밍 ————————————————————————42%

2위: 팀 ————————————————————————————32%

3위: 아이디어 ————————————————————————28%

4위: 비즈니스 모델————————————————————24%

5위: 자금 조달————————————————————————14%

벤처의 성공과 실패를 가르는 최대 요인이 '타이밍'이라는 것에 그로스는 굉장히 놀랐다고 합니다. 그러면서 온라인 동영상 스트리밍 업체 'Z닷컴(z.com)'의 예를 들었습니다. 1999~2000년경에 미국에서 주목을 받았던 벤처 기업으로 아이디어나 비즈니스 모델도 훌륭하고 자금 조달도 순조로워 그로스 자신 또한 Z닷컴에 많은 기대를 걸었다고 회고했습니다.

그러나 당시는 아직 브로드밴드 보급률이 낮아 온라인으로 비디오를 보는 것이 힘들었던 탓에 시장이 형성되지 못했고 결국 2003년에 사업을 접게 되었다고 합니다. 그 몇 년 후 브로드밴드 사용률이 50퍼센트를 넘는 최고의 타이밍에 등장한 것이 바로 유튜브였습니다. 유튜브의 성공 신화에 대해서는 딱히 설명할 필요도 없을 것입니다.

1998년에 연쇄 창업가의 인터뷰를 통해 알게 된 사실과 판박이였기에 '역시 그렇구나' 하는 생각과 함께 이 데이터를 아주 흥미롭게 받아들였습니다. '3~5년 후 신제품·새로운 서비스와 니즈의 교차점을 판별한다'는 것은 새로운 제품이나 서비스를 세상에 내놓아야 할 '타이밍을 판별'하는 일일 수밖에 없습니다.

연쇄 창업가의 특수한 능력 (2)

- 우수한 인재 확보

모든 연쇄 창업가들이 자부했던 또 하나의 공통된 능력은 '우수한 팀을 꾸리는 힘'입니다. 앞 페이지에서 설명한 그로스의 조사에서 스타트업의 성공과 실패를 가르는 두 번째 요인으로 '팀'을 꼽고 있는 것과 일치합니다.

연쇄 창업가들은 미국 서해안에 IT 벤처가 연달아 탄생하는 와중에 우수한 기술자는 한정되어 있다보니 인재 확보에 어려움이 있다고 당시 인터뷰에서 입을 모아 고민을 털어 놓았습니다. 아무리 좋은 아이디어가 있어도 목표 타이밍까지 높은 품질을 유지한 채 재빠르게 실현하지 못하면 벤처 캐피털 등에서 성장 단계에 따른 투자를 받을 수 없게 됩니다. 특히 우수한 엔지니어와 마케팅 담당 사원은 팀 구성에 필수 요소라 할 수 있습니다.

그러나 스타트업에서 활약할 수 있는 우수한 인재는 대기업이나 유력한 펀드가 투자하는 유망한 벤처 기업에서도 서로 끌어가려고 야단입니다. 심지어 다른 스타트업에서 개발팀을 통째로 빼가는 일도 자주 일어납니다. 그런 상황에서도 내가 인터뷰한 연쇄 창업가들은 우수한 팀을 모을 수 있다는 확고한 자신감을 갖고 있었습니다. 그것도 결코 고액의 보수로 끌어들이는 것이 아니라 회사의 미션이나 비전, 문화를 공유하고 일할 의의를 제공함으로써 사람을 모은다고 말합니다.

나 자신도 실감했습니다. 면담을 흔쾌히 응해준 연쇄 창업가들과 불과 한 시간쯤 이야기를 나누었을 뿐인데 '기회가 된다면 이 사람과 일해보고 싶다'고 생각하게 되는 일이 자주 있었습니다. 일면식도 없는 나 같은 외국인이 메일로 부탁했을 뿐인데도 바쁜 와중에 시간을 할애하여 노하우를 공유해 주는 데에서 알 수 있는 것처럼, '다른 사람에게 나눠 줄 수 있는 게 있다면 최대한 나눠 주자'는 것이 그들의 기본적인 자세였습니다. 그리고 그 행동이나 말투에서는 본인이 이끌고 있는 사업에 대한 흔들림 없는 자신감과 열의가 강하게 느껴졌습니다. 그러므로 한 시간 남짓한 대화에서도 '이 사람과 함께라면 내 능력을 완전하게 살리면서 나 혼자서는 도달할 수 없는 장소에 도달할 수 있지 않을까'라는 생각이 들었습니다. 이런 능력을 '카리스마'라고 하는 것일지도 모르겠습니다.

'다른 차원의 자기실현' 가능성을 제시하라

이런 연쇄 창업가들이 가진 매력의 본질은 무엇일까요? 당시의 인터뷰나 아마존에서 일했던 경험에 비추어 아래와 같은 한 문장으로 정리할 수 있지 않을까 싶습니다.

"다른 차원의 자기실현 가능성을 느끼게 해준다."

자기실현 가능성이 높은 회사는 의욕 있는 우수한 인재들에게 있어 돈보다 매력적인 요소를 지닌 직장이고 그곳에서 일함으로써 비약적인 성장을 통해 상상할 수 없을 만큼 다른 차원의 인간이 될 가능성을 느끼는 곳일 것입니다. 많은 연쇄 창업가들은 함께 일할 때 주위 동료들에게 자연스레 다른 차원의 자기실현 가능성을 느끼게 해주는 존재일 것입니다. 그렇기에 '우수한 팀을 모으는 힘'에 확고한 자신감을 갖고 있었던 것이겠지요.

아직 존재하지 않는 시장을 보는 힘

얼핏 무관하게 보이는 첫 번째 힘과 두 번째 힘은 사실 불가분의 것입니다. '3~5년 후 신제품·새로운 서비스와 니즈가 교차하는 지점을 판별'하기 위해서는 기술 등의 발전에 대한 확실한 전망과 함께 '아직 존재하지 않는 시장을 그리는 힘'이 필요합니다. 아직 어디에도 없는 시장이므로 시장 조사로는 보이지 않습니다. 이 '그리는 힘'은 아무도 본 적이 없는 경치를, 동료로 삼고 싶은 사람들에게 생생하게 프레젠테이션하며 '우수한 인재를 끌어들이는 힘'에도 중요한 요소가 됩니다.

가설에 기초하여 떠오른 미지의 시장을 향해 제품이나 서비스를 만들어내기까지는 다양한 과정이 있고, 각각의 과정을 담당할 인재가 꼭 필요합니다. 그 분야의 전문가를 모으지 못하면 목표로 삼는 3~5년 후 제품·서비스 완성 실현은 불가능에 가깝습니다. 첫 번째 힘으로 구축한 플랜을 두 번째 힘으로 모은 인재로 실행하는 것이 성공의 필수 요소라 하겠습니다.

제프 베이조스는 연쇄 창업가와 무엇이 다른가

- '조직'으로서 연쇄 창업

아마존의 창업자 제프 베이조스 역시 이 두 가지 능력을 겸비한 인물이었습니다. 1994년 뉴욕의 금융 중심지 월가에서 일했던 베이조스는 하나의 조사 데이터에 주목합니다. 1993년 1월부터 1994년 1월까지 1년간 웹상에서 오가는 데이터양이 2,560배나 급증했다는 내용이었습니다. 베이조스는 직감했습니다. 인터넷상에서 상품 거래가 성립할 날이 다가왔다고 말이지요. 그래서 전자상거래 사업을 구상합니다. 최초로 어떤 상품을 취급해야 할지, 후보 목록을 만들었다고 합니다.

사무용품이나 의류 등 20종류였던 후보에서 상품 수가 많은 것이나 균질성 등의 조건에서 '서적'이 가장 적합하다고 판단하고 창업했습니다[*2]. 이 '서적의 인터넷 판매'야말로 베이조스가 최초로 발견한 '미래의 제품·서비스와 니즈의 교차점'이었던 것입니다.

당시 인터넷 기술의 발전이나 이용자의 성장을 예측한 사람은 베이조스 이외에도 있었고, 성공 가능성을 뒷받침하는 데이터도 많았습니다. 전자상거래 비즈니스는 서적의 온라인 판매도 포함하여 경쟁자가 수없이 참여했습니다. 그런 가운데 베이조스는 '인터넷에서 고객에게 최고의 체험을 제공한다'는 이상을 흔들림 없이, 단기적인 적자에 기죽지 않고 이루고자 했습니다. 스스로 발견한 '미래의 제품·서비스와 니즈의 교차점'이 지닌 가능성을 믿고 누구보다도 적극적으로 돌진하여 자신의 예측이 옳았다는 것을 증명했습니다. 첫 번째 능력이 탁월했기 때문입니다.

슈퍼 연쇄 창업자 아마존

처음부터 '모든 상품을 판매하는 매장(Everything Store)'을 구상하고 있던 베이조스는 당연히 서적의 온라인 판매에 그치지 않았습니다. 점점 서적 이외의 상품 카테고리를 추가해 나갔습니다.

클라우드 사업인 '아마존 웹서비스'나 온라인 몰인 '아마존 마켓플레이스', 마켓플레이스의 출점자에게 재고 관리나 결제, 배송 등의 인프라를 제공하는 '풀필먼트 바이 아마존(FBA)' 등 갖가지 혁신을 창출해 온 것은 이미 앞에서 소개한 대로입니다. 이렇게 신규 사업을 속속 시작하여 성공으로 이끌어감으로써 시가총액 1조 7,770억 달러(약 2,187조 원/※3)에 이르는 괄목할만한 성장을 이뤄냈습니다.

그러나 아마존은 결코 '규모'를 최우선으로 추구해온 것은 아닙니다. 자세한 것은 나중에 설명하겠지만, '지구상에서 가장 고객을 소중히 여기는 기업이 되자'는 비전을 추구해 온 '결과'로서 혁신이 나오고, 규모가 커졌다고 이해하는 것이 옳을 것입니다.

지금도 여전히 온라인 처방약 판매(Amazon Pharmacy), 계산대 회계를 필요로 하지 않는 소매점(Amazon Go, Amazon Go Grocery), 아마존 오리지널의 프라이빗 상품의 개발(Amazon Basics), 온라인 결제 대행(Amazon Pay) 등 새로운 혁신을 차례로 내놓고 있습니다.

현재의 아마존은 한마디로 '슈퍼 연쇄 창업가 기업'이라고 해도 좋은 존재일 것입니다. 아마존이라는 하나의 기업 안에 축적되어 있는 거대한 자본이나 인재 등의 자산을 미래의 제품·서비스와 니즈의 교차점에 투여함으로써 여타 신규 벤처 기업은 도저히 실현할 수 없는 스피드와 규모로 혁신을 연달아 창출하고 있습니다.

"제프와 함께 어디까지 갈 수 있는지 지켜보고 싶다"

연쇄 창업가와 공통되는 또 하나의 힘인 '다른 차원의 자기실현 가능성을 제시함으로써 우수한 인재를 끌어들이는 능력'도 베이조스가 강점으로 갖고 있는 능력입니다. 창업한 지 얼마 안 된 시기부터 베이조스의 측근으로 20년 가까이 일하고 있는 본사 간부에게 "지금도 아마존에서 계속 일하는 이유는 무엇입니까?"라고 질문을 한 적이 있습니다.

그의 대답은 "아마존이 어디까지 갈지 상상도 안 됩니다. 그걸 제프와 함께 지켜보고 싶습니다."라는 것이었습니다. 이 우수한 간부는 그 능력으로 보면 다른 회사에서도 오라는 곳이 아주 많았을 테지만 베이조스 옆에서 함께 일하면서 '자신은 실현할 수 없는 것이라도 이 사람과 함께라면 해낼 수 있지 않을까', '이 사람과 함께라면 자신의 운명을 걸어도 좋지 않을까' 같은 생각을 갖게 되었겠지요.

1994년 창업하기 전, 베이조스는 월가의 헤지펀드 회사인 디이쇼(D.E. Shaw)에서 일했습니다. 동료들에게 퇴직하고 창업하겠다는 뜻을 밝혔을 때 부하였던 젊은 엔지니어 제프 홀든(Jeff Holden)은 자신도 참여하게 해달라고 간청했습니다. 퇴직하고 2년간 디이쇼에서 인재를 빼가지 않겠다는 계약 때문에 홀든이 실제로 아마존에 입사하는 것은 조금 늦어졌습니다.

서장_연쇄 창업가와 제프 베이조스의 공통점과 차이점

하지만 약속대로 아마존에 정식으로 입사하게 된 홀든은 베이조스 곁에서 꾸준한 활약을 펼쳤고 2006년에 퇴직하기 직전에는 자동 머천다이징을 총괄하는 시니어 바이스 프레지던트(Senior Vice President, SVP, 수석 부사장)라는 요직에까지 올랐습니다.

베이조스가 발굴한 인재들

1997년 베이조스가 하버드 비즈니스스쿨에서 강의를 했을 때 거기에 참가했던 학생 몇 명도 베이조스의 비전에 감명받아 아마존에 가세하기로 했습니다. 그중 한 사람이 제이슨 킬라(Jason Kilar)입니다. 그는 2006년까지 재직하며 시니어 바이스 프레지던트로 활약하고, 그 후에는 동영상 스트리밍 서비스 회사인 훌루(Hulu)의 CEO로 헤드헌팅됩니다. 킬라는 2020년에 워너미디어의 CEO로 취임했습니다.

이 하버드 비즈니스스쿨에서의 강의를 계기로 아마존에 들어온 젊은이 중에는 앤디 재시(Andy Jassy)도 있었습니다. 1997년에 마케팅 매니저로 입사한 그는 2003년에 신규 사업 기획서를 하나 작성했습니다. 나중에 아마존을 세계 최대의 클라우드 서비스 제공 회사로 끌어올리는 아마존 웹서비스의 기획서입니다. 이 기획서에 대해서는 뒤에서 'PR/FAQ'를 다룰 때 다시 설명하겠습니다. 아마존 웹서비스 사업은 지금 아마존의 경영 이익의 약 60퍼센트를 차지할 만큼 성장했습니다. 이 사업을 견인해 온 재시는 2021년 7월에 베이조스의 후계자가 되었습니다.

이처럼 베이조스는 아마존이 아닌 다른 회사에서도 많은 급료를 받을 수 있을 우수한 인재 여러 명을 끌어들이는 매력을 가졌습니다. 최근의 아마존을 봐도 최고위 임원인 SVP급 간부 중에는 10년 이상 아마존에서 일하고 있는 사람이 적지 않습니다. IT 업계의 유동성이 높다는 것을 감안하면 아마존 간부급의 재직 연수는 매우 긴 편이라고 할 수 있습니다.

예컨대 월드와이드 컨슈머 부문의 CEO를 담당하는 제프 윌키(Jeff Wilke)는 1999년에 입사하고 나서 베이조스와 함께 20년 이상에 걸쳐 아마존의 기반을 다져 왔습니다. 컨슈머 사업의 글로벌 책임자이고 전자상거래 사업과 함께 오프라인 매장 사업도 담당하는 아마존의 핵심 비즈니스에서 기둥 같은 존재이며 소매 비즈니스 성공의 중심인물이라고 해도 좋을 것입니다. 안타깝게도 2021년에 은퇴했지만 이런 인재가 오랜 세월에 걸쳐 헌신적인 활동을 보여준 사례에서 아마존이 지닌 장점을 엿볼 수 있습니다.

아마존에서는 포춘 500대 기업의 CEO도 맡을 수 있는 수준의 인재들이 간부로서 오랫동안 일을 해왔습니다. 그것은 베이조스의 비전, 미션과 그 실행력에 끌렸기 때문일 것입니다.

이 사람들이 아마존에 입사한 것은 20대 후반에서 30대 전반 무렵입니다. 앞으로 두각을 드러낼 시기에 원석 같은 인재의 가능성을 간파하고 중요한 위치나 기회를 주고 20년 이상이나 함께 사업을 성장시켜온 베이조스의 혜안은 정말 놀랄 만한 것입니다.

베이조스와 연쇄 창업가의 결정적 차이

지금까지는 연쇄 창업가와 베이조스의 공통점을 살펴봤습니다. 하지만 엄밀히 말해 베이조스는 연쇄 창업가가 아닙니다. 연쇄 창업가란 벤처 회사를 여러 개나 세운 사람입니다. 반면에 베이조스는 아마존이라는 하나의 기업을 기초로 대규모 혁신을 계속 창출하고 있습니다.

이제 아마존은 거대 기업입니다. 그럼에도 불구하고 신규 사업을 착수하는 속도는 벤처 기업에 뒤지지 않습니다.

이 속도감과 기업 규모가 가져다주는 힘이 상승효과를 발휘하는 아마존은 고객이 요구하는 획기적인 서비스·제품을 세계 최고로 빠르게, 또 최대 규모로 제공하는 기업으로 발전을 계속하고 있습니다.

어떻게 그런 일이 가능할까요? 시스템이 있기 때문입니다. 베이조스는 단순히 혁신을 창출하는 것만이 아니라 '조직으로서 혁신을 창출하는 시스템'을 만들어왔습니다.

GAFA 중에서 우리가 참고해야 하는 것은 아마존

사람들은 대부분 '혁신'이라 불릴 만한 새로운 사업이란 극소수의 재능 있는 사람만이 실현할 수 있다고 믿습니다. 그러나 아마존에서 혁신을 창출하는 사람은 회사원으로 우수할지언정 결코 '천재'는 아닙니다.

다른 말로 하자면 아마존에 소속하지 않았다면 혁신을 창출할 기회를 얻지 못했을 것이고, 연쇄 창업가도 되지 못할 사람들입니다. 어떤 의미에서 '보통'의 그런 사원들이 팀워크를 발휘하며 차례로 혁신을 창출하는 것이 아마존만이 가진 대단함입니다.

혁신을 창출할 수 있도록 구성된 아마존 시스템은 정말 잘 만들어져 있어 일본 기업에서도 충분히 재현할 수 있습니다.

그런 의미에서 GAFA(구글, 애플, 페이스북-현 메타, 아마존)로 대표되는 미국 IT 기업들 중에서 일본 기업이 모방했을 때 가장 좋은 성과를 낼 수 있는 곳은 아마존일 것입니다.

혁신 창출의 프로세스까지 시스템으로 만들어져 있는 아마존은 다른 회사에 비해 사원 개인의 센스나 역량에 의존하는 점이 적은, 어떤 의미로는 촌스러운 회사입니다. 착실한 노력이 결실을 맺는다는 의미에서 일본 기업이 모델로 삼는 데 적합하고, 일본 기업에 꼭 그 시스템을 전해주고 싶습니다.

그래서 다음 장부터는 '조직적으로 연속해서 혁신을 창출하는 아마존 시스템'을 구체적으로 전하도록 하겠습니다.

1

일반 사원을 창업가 집단으로

아마존에서 혁신을 창출하는 사원은 '천재'가 아닙니다.
'다양한 능력을 가진 보통 사람'들이 서로를 보완함으로써
특수한 능력을 가진 한 사람의 창업가에게 뒤지지 않는
성과를 올리도록 만들어 주는 것이 아마존의 시스템입니다.

앞 장에서 연속해서 혁신을 창출하는 연쇄 창업가에게는 다음과 같은 두 가지 특수한 능력이 있다고 서술했습니다.

① 미래의 제품ㆍ서비스와 니즈의 교차점을 판별한다.
② 우수한 인재를 끌어들인다.

그리고 이 두 가지 힘을 개인의 역량에 의존하지 않고 조직으로서 갖추고 있다는 것이 아마존이 지닌 대단함이라고 설명했습니다.

또한 미래의 제품ㆍ서비스와 니즈의 교차점에 있어 3~5년 후 미래라는 것이 특히 중요하다고도 말했습니다. 이 교차점을 판별하는 강력한 시스템이 'PR/FAQ'라는 아마존의 독자적인 기획서 포맷입니다. 이 시스템에 대해서는 나중에 상세히 소개하겠습니다.

연쇄 창업가의 매력을 들여다 보면 ─────────

두 번째인 우수한 인재를 끌어들이는 능력은 첫 번째 능력과 비교하면 좀 모호하지만 몇 가지 요소로 나누어 볼 수 있습니다. '우수한 인재를 끌어들이는 힘'의 본질은 '다른 차원의 자기실현 가능성을 보여주는 것'에 있다고 했는데 이는 구체적으로 어떤 것일까요? 경험한 바에 의하면 크게 다음과 같은 요소들이 있는 것 같습니다.

● **창업가**(또는 그 창업가가 이끄는 조직)**가 설정하고 있는 큰 미션, 비전에 공감할 수 있다.**

- 창업가(또는 그 창업가가 이끄는 조직)에게는 스스로 설정한 큰 미션, 비전을 실현할 수 있는 실행력이 있다고 보인다.
- 계속 도전하는 문화가 느껴진다.
- 그 밖에도 우수한 동료가 모여 있다.
- 자신이 참가하고 공헌하는 것이 가능한 조직이고, 참가함으로써 자신이 성장했다는 느낌을 받을 수 있다.

베이조스는 우수한 인재들이 이러한 요소들을 느끼게 하는 능력을 갖고 있었습니다. 덕분에 베이조스 주위에는 잠재력을 지닌 젊은 사람들이 모였고, 그 대부분이 'S팀'이라 불리는 경영 간부의 핵심을 구성하고 있습니다. 그들은 오랜 세월 동안 베이조스와 함께 아마존의 미션 실현을 위해 일함으로써 회사의 큰 성장을 이룸과 동시에 다른 차원의 자기실현도 이룩해왔습니다.

그러나 현재의 아마존은 베이조스나 S팀 멤버 같은 형태의, 개개인의 매력에만 의존한 채용은 하지 않습니다. 그 방식만으로는 충분한 수의 우수한 인재를 채용할 수 없는 규모의 회사가 되었기 때문입니다. 대신 회사 전체의 조직적인 능력으로서 '우수한 인재를 끌어들이는 힘'을 갖추었습니다. 구체적으로는 이 장에서 앞으로 소개할 몇 가지 시스템을 복합적, 상승적(synergistic)으로 작용시킴으로써 일찍이 베이조스가 S팀 멤버를 끌어들인 것처럼 사원이나 채용 후보자에게 '다른 차원의 자기실현 가능성'을 느끼게 합니다.

물론 다른 차원의 자기실현 가능성을 지향하는 것은 쉬운 일이 아닙니다. 그 때문에 채용 단계에서 아마존은 자신에게 어울리지 않는다며 물러나는 사람도 있고, 입사 후에 위화감을 느끼고 떠나는 사람도 당연히 있습니다.

아마존이 혁신을 창출하는 시스템이나 프랙티스에는 세 가지 측면이 있습니다. 먼저 사원이 갖고 있는 능력을 최대한 끌어내 성장 촉진을 노립니다. 다음으로 도전에 대한 부담을 덜어줍니다. 마지막으로 사원들이 각자의 장점과 약점을 서로 보완함으로써 높은 수준의 혁신을 지향하고 실현하는 것을 가능하게 합니다.

도전에 대한 부담감을 낮추고 조직의 힘으로 혁신을 지향한다 ──

서장에서 말했지만 아마존에서 혁신을 창출하는 사원은 결코 '천재'가 아닙니다. 조금 과장되게 말해 '보통 사람들'입니다. 물론 여기서 말하는 보통 사람이란 연쇄 창업가 같은 특별한 사람이 아니라는 뜻입니다.

아마존에 모인 인재들은 '평범한 사람'이 아닐 뿐 아니라 '무능한 사람'은 더욱 아니며 특정 분야의 전문가나 최첨단 기술에 정통한 사람, 뛰어난 특수 기능을 가진 사람들입니다. 그러나 그들 대부분은 혼자 혁신을 창출할 힘을 가졌거나 연속해서 혁신을 창출하는 연쇄 창업가 타입은 아닙니다. 그런 의미에서 보통 사람들이자 다양한 능력을 가진 사람들의 아마존의 시스템입니다.

이런 '다양한 능력을 가진 보통 사람'들이 서로의 능력을 보완하며 높은 동기부여를 갖고 혁신에 주력함으로써 특수한 능력을 가진 한 사람의 창업가에게 뒤지지 않는 성과를 올리는 걸 가능하게 하는 것이 아마존의 시스템입니다.

아마존처럼 '다양한 능력을 가진 사람들 집단'은 일본 기업에도 수없이 있고, 내가 아마존이나 GE에서 일한 경험에서 말하자면 개별적인 힘으로 일본 기업에서 일하는 사람들과 이들 글로벌 기업에서 일하는 사람들을 비교할 때 전문 분야의 능력에서 우열은 없을 것입니다. 그러므로 나는 아마존 시스템은 일본 기업과 아주 잘 어울리고 배울 만한 가치가 충분하다고 생각합니다.

1장부터 3장에 걸쳐 '조직적으로 연속해서 혁신을 창출하는 아마존 시스템·프랙티스를 설명하려고 합니다. 1장에서 다룰 내용은 '일반 사원'들을 창업가 집단으로 변화시키는 시스템과 프랙티스입니다. 구체적으로는 다음의 여섯 가지입니다. 2장에서는 이들 시스템의 영속성을 유지하기 위해 만들어진 시스템과 프랙티스를 소개합니다. 그것들은 대기업이 빠지기 십상인 '함정'을 막아주는 것입니다.

1 PR/FAQ로 역방향으로 사고한다.

2 '침묵으로 시작하는 회의'로 사내 정치를 박멸한다.

3 '이노베이션 서밋'로 혁신 풍토를 조성한다.

4 '원웨이 도어'와 '투웨이 도어'로 구별한다.

5 '기묘한 회사'란 사실을 스스로 인정한다.

6 리더십 원칙

본론인 시스템으로 들어가기 전에, 이러한 시스템의 근저에 있는 베이조스와 아마존의 기본 사상에 대해 간단히 언급해두고자 합니다.

아마존에서 혁신의 출발점은 전 사원이 '오늘이 창업 첫날'이라는 '스틸 데이 원(Still Day One)' 의식을 공유하고 있는 것입니다. 과거에 쌓아올린 실적에 머무르는 것이 아니라 오늘부터 다시 새롭게 고객을 위해 무엇을 만들어낼지 항상 생각합니다.

아마존의 비전은 '지구상에서 가장 고객을 소중히 여기는 기업이 되는 것'입니다. 이 비전을 실현하기 위해 항상 고객 중심인 관점을 갖고 발전을 계속한다는 의식이 조직의 구석구석까지 골고루 미쳐 있습니다. 사내의 다양한 미팅에서도, 리더들의 대화에서도 '고객 중심의 사고'나 '데이 원 정신', '혁신의 중요성'이 되풀이해서 언급됩니다.

2018년 11월 베이조스가 사내 회의에서 "아마존이 무너지는 날이 온다."고 말했다는 뉴스가 보도되어 큰 화제가 되었습니다. 당시에 어떻게 보도되었을까요? 인터넷 미디어 〈비즈니스 인사이더〉 일본판에서 인용하겠습니다(*1).

> 아마존의 CEO 제프 베이조스는 사내 회의에서 놀랄 만한 견해를 밝혔다. CNBC가 녹음을 확인했다. 아마존의 시가총액이 한때 1조 달러를 넘어 제프 베이조스는 세계 제일의 부자가 되었지만, 그는 아마존이 결코 무적은 아니라고 말했다. 베이조스는 시어스의 도산에 대한 질문을 받았을 때 아마존 또한 너무 커서 망하지 않는 존재가 아니며 언젠가는 아마존이 무너질 것이라고 생각한다고 답했다고 한다.
>
> "아마존은 도산할 것입니다. 대기업을 보면 그 수명은 30년 정도입니다. 100년이 아닙니다."
>
> 확실히 역사는 어떤 제국도 영원히 계속되지 않는다는 것을 보여준다. 하지만 CEO가, 그중에서도 세계에서 가장 성공한 기업의 CEO가 자사에 대해 이런 솔직한 표현을 하는 건 아주 드문 일이다. 베이조스는 아마존의 목표는 가능한 한 그날을 늦추는 것, 그리고 그 방법은 고객에게 주력하는 것이라고 말했다.
>
> "만약 우리가 고객이 아니라 우리 자신에게 주력하기 시작하면 그것은 종말의 시작일 것입니다. 우리는 종말의 날을 가능한 한 늦추지 않으면 안 됩니다."

베이조스가 '언젠가 아마존이 무너질 것'이라는 강력한 말로 전하고 싶었던 것은 고객이 바라는 것을 계속 제공하는 것이 아마존의 존재 의의라는 것, 그것을 위해 항상 고객에게 초점을 맞추고 전날보다 더욱 발전한 서비스·제품을 계속 제공하는 것. 그것을 위해 오늘이 '스틸 데이 원'이라는 의식을 갖고 계속해서 혁신을 창출하려는 것이겠지요. 이를 그만두면 아마존도 종말을 맞을 수 있다는 경종의 메시지를 사내에 전달한 것이라고 나는 이해합니다.

그럼 이제 본론인 '일반 사원을 창업가 집단으로 변화시키는' 아마존의 시스템과 프랙티스에 대해 자세히 알아보도록 합시다.

1 PR/FAQ로
뒤집어 생각한다

아마존에서는 혁신을 창출하기 위한 사고 프로세스를 '워킹 백워드(Working backwards)'라고 합니다. 번역하면 '역방향으로 사고한다'고 할 수 있는데 구체적으로는 '고객의 니즈에서 출발하여 그 해결 방안이 되는 제품·서비스를 발안한다'는 뜻입니다.

그 핵심을 담당하는 툴이 'PR/FAQ'라 불리는 기획서입니다. 아마존에서 새로운 서비스·제품을 제안할 때는 누구나 반드시 이 PR/FAQ 포맷을 이용합니다. 'PR'이란 '보도자료(press release)'를 말하고 'FAQ'는 'Frequently asked questions'의 줄임말로 '자주 하는 질문', '상정된 질문'을 말합니다.

원래 보도자료는 일반적으로 기업이 새로운 서비스나 제품을 개발하여 세상 사람들에게 널리 알리고 싶을 때 합니다. 그러므로 서비스·제품의 개발을 종료하고 준비가 갖춰진 후에 확정된 정보에 기초해 집필됩니다. FAQ도 서비스·제품의 스펙이 정해진 후에 보도 관계자나 소비자로부터 질문이 나올 것 같은 것을 상정하여 준비하는 것입니다.

그러나 아마존에서는 그것들을 새로운 서비스·신제품을 기획하는 출발점에 합니다. 서비스나 제품이 아직 흔적도 없는 단계에서 처음으로 기획 제안자가 쓰는 것이 'PR/FAQ'입니다. 다시 말해 아마존에서는 서비스나 제품 개발에 착수하기 전에 보도자료를 모방한 PR/FAQ를 씁니다.

이렇게 설명하면 가끔 오해하는 사람들이 있습니다. 이전에 "제품이 완성되기 전에 보도자료를 쓰는 행위가 일반적인 순서와 반대이니까 역방향이라는 것인가요?"라는 질문을 받은 적이 있습니다. 물론 그렇지 않습니다.

'워킹 백워드'란 '마켓 인'이다

처음에 말했듯이 아마존이 PR/FAQ로 실현하려는 '워킹 백워드'는 '고객을 기점에 두고 생각한다'는 뜻입니다. 자신들이 보유하는 기술 등의 자원을 출발점으로 하여 '서비스나 제품을 기획하는 것은 아니다'라는 의미에서 역방향인 것입니다.

좀 더 이해하기 쉬운 말로 설명하자면 '프로덕트 아웃Product-out'이 아니라 '마켓 인Market-in'으로 하자는 것입니다. '프로덕트 아웃'이란 자신들이 만들고 싶은 것, 만들 수 있는 것에서부터 서비스·제품을 기획하고 개발하는 접근법을 가리키는 말입니다. 한편 '마켓 인'은 고객의 니즈를 파악하고 그것을 충족시키기 위한 서비스·제품을 기획하고 개발하는 것입니다.

'제작자의 입장을 우선으로 생각하는 것이 아니라 고객이 요구하는 것을 중요하게 여긴다'

워킹 백워드는 이런 기본자세를 아마존 식으로 표현한 말입니다.

보도자료에는 일반적으로 어떤 정보가 담길까요? 원래 보도자료의 목적은 더욱 많은 잠재 고객에게 서비스나 제품에 흥미를 갖게 하여 구입하게 하는 것입니다. 그것을 위해 보도 관계자에게 배포합니다.

그러므로 어떤 회사에서도 자사의 상품을 홍보하는 보도자료에는 서비스나 제품의 강점이나 이점을 알기 쉽게, 가능한 한 매력적으로 강조해서 쓰려고 합니다. 하지만 아마존의 PR/FAQ에는 그런 일반적인 보도자료와 크게 다른 측면이 있습니다.

'PR/FAQ를 쓴다'는 것은 '고객의 관점에 선다'는 것

앞에서 아마존에서는 보도자료를 모방하여 PR/FAQ를 쓴다고 했습니다. 그러나 더 정확하게 말하자면 자신들이 기획하는 서비스나 제품이 실제로 시장에 도입되었을 때 신문 등의 미디어에 어떤 식으로 기사가 실릴지 상상하며 씁니다. 제안자가 스스로 그 서비스나 제품의 기사를 써 보는 것입니다.

어디까지나 사내 검토용 자료이기 때문에 외부에는 일절 공표하지 않고, 판매하는 것을 목적으로 하는 것도 아닙니다. 그러므로 표현이나 내용은 실제 보도자료나 기사에 비해 훨씬 자유롭고 마음 편히 쓸 수 있습니다. 서비스나 제품을 실력 이상으로 매력적이게 보이는 노력도 하지 않습니다. 이러한 PR/FAQ에는 주로 다음의 세 가지 요소가 담깁니다.

● 어떤 서비스 · 제품이 시장에 도입되는가?
● 사용하는 사람에게 어떤 이점이 있는가?
● 실제로 사용해 본 사람의 피드백은 어떤가?

특히 사용하는 사람의 피드백을 상상해서 쓴다는 것은 무척 의미 있는 시도입니다. 이 시도를 통해 발안자는 서비스·제품을 만드는 측의 의도를 벗어나 고객에게 어떤 메리트가 있고, 그것을 얼마나 기꺼이 받아들여줄지를 구체적인 형태로 상상할 기회를 얻습니다.

다시 말해 자신이 사용하는 측의 관점에 서지 않으면 쓸 수 없고, 써가는 것에 의해 정말 고객에게 메리트가 있는지, 또한 있다고 한다면 그것은 무엇인지가 확실히 보이게 됩니다.

이러한 일련의 과정을 통해 자신이 상상하고 있던 서비스·제품에 대해 '제공하는 메리트가 고객한테는 불충분하겠군'이라든가 '이 기능을 이 가격에 사는 사람이 없을지도 모르겠는걸' 하는 가상 피드백을 더욱 현장감 있게 확인할 수 있습니다.

PR/FAQ 작성은 시작일 뿐

더욱 중요한 포인트는 PR/FAQ는 쓰면 끝이 아니라 그때부터가 시작이라는 것입니다. 제안자가 PR/FAQ를 쓰면 관계자가 리뷰를 합니다. 그리고 "장기적으로 볼 때 고객이 정말 이 서비스·제품을 필요로 할까요?", "좀 더 나은 아이디어는 없나요?", "서비스 내용이나 제품의 스펙을 이렇게 변경하는 것이 낫지 않을까요?" 하는 식의 논의를 합니다. 이러한 의논 과정에서 PR/FAQ를 개선하고 완성도를 높여 나갑니다.

이처럼 PR/FAQ를 쓰고 논의해 가기 위해서는 팀 전체가 철저하게 고객의 관점에 서고 창업가의 관점을 갖지 않으면 안 됩니다. 나도 여러 번 쓰는 과정에서 팀 전원의 관점이 더욱 고객 중심이 되는 것을 체감했습니다.

물론 우수한 사원 중에는 회사에서 요구하지 않아도 '이런 제품을 요구하는 고객이 정말 있을까?'를 생각하여 기획서를 쓰는 사람이 있습니다. 그러나 대부분의 경우, 그것은 극소수의 사원이 가설을 세워 시장 규모 예측이라는 숫자로 치환하는 것에 그칩니다. 그리고 "그것이 정말 고객의 니즈를 충족시키는 것일까요?", "그 사원의 그 예측은 많은 사람들의 관점에서 볼 때 타당한가요?" 하는 식의 논의를 거치는 회사는 거의 없을 겁니다.

반면 아마존에서는 PR/FAQ의 서식을 사용하고, 그 PR/FAQ를 기초로 하여 모두가 의논하는 자리가 마련됩니다. 거기서 "정말 고객의 니즈가 있나요?", "그 서비스·제품이 제공하는 솔루션을 고객은 정말 기뻐해줄까요?" 하는 것을 심도 있게 의논할 수 있습니다. 그런 과정을 통해 '일반 사원'들의 관점을 높이는 기능이 PR/FAQ 포맷에는 있습니다.

PR/FAQ는 기획 제안자와 관계자의 관점을 저절로 고객에게 다가가게 하는 툴입니다. 이 시스템에 의해 아마존에서 일하는 사람들은 자연스레 '워킹 백워드' 방식으로, 다시 말해 '고객의 니즈에서 출발하여 아이디어를 낸다'는 사고 습관으로 이끌려 갑니다.

만약 아마존 식으로 '탑승용 드론' PR/FAQ를 쓴다면 ─────

실제 예를 들어보는 게 이해하기 쉽기 때문에 다음 페이지에 가공의 제품에 대한 아마존 식의 PR/FAQ를 써봤습니다. 앞으로 5년 후에 '탑승용 드론'을 발매한다는 기획을 상정했습니다.

다만 어디까지나 PR/FAQ가 어떤 것인지 감을 잡아보기 위해 간략하게 쓴 것이기 때문에 드론 기술이나 관련 법규에 분야에 정통한 사람이 본다면 '5년에 그 정도의 개발은 힘들지 않을까' 같은 현실과의 괴리감을 느낄지도 모릅니다. 그런 부분은 양해하고 이미지 파악을 위한 용도로만 여겨주면 감사하겠습니다. 현장감을 높이기 위해 〈마이니치타임즈신문〉이라는 가공의 신문에 게재되었다는 설정으로 썼습니다.

이젠 도로 대신 하늘,
차세대 자가용 드론 출시

도쿄모터주식회사는 이번에 '탑승용 드론'을 발매했습니다. '하늘을 나는 자가용'으로 이용할 수 있는 이 '탑승용 드론'의 크기는 폭 2미터, 길이 4미터, 높이 1.5미터이고 정원은 네 명입니다. 종래의 승용차와 거의 같은 크기로, 자택의 주차장에 세워둘 수 있습니다.

올라타면 바로 지상에서 1미터 고도로 올라가고, 자동차와 동일한 교통법규에 따라 이동합니다. 완전한 자율주행이기 때문에 목적지를 설정하면 도착할 때까지 시간을 자유롭게 쓸 수 있습니다.

드론의 최대 매력은 하늘 높이 날아가는 것입니다. 도쿄모터는 정부의 인가를 얻어 도시 지역에서는 대략 10평방킬로미터마다 1곳의 비율로 '상승(하강) 가능 포인트'를 설정했습니다. 상승 가능 포인트에 도착하면 탑승용 드론은 자율적으로 고도 50미터까지 상승하여 고속 이동합니다.

같은 방향으로 가는 드론이 있을 경우 한쪽이 수직 상승하여 5미터의 고도 차이를 두고 이동하기 때문에 정체에 휘말릴 일이 없습니다. 이런 시스템이어서 도심에서도 10킬로미터 거리를 약 10분에 이동할 수 있습니다.

완전한 자율주행이 가져다주는 또 하나의 메리트는 목적지에 도착한 후 주기장(駐機場)을 찾을 필요가 없다는 점입니다. 이용자가 목적지에서 내린 후 자율적으로 주기할 수 있는 장소를 찾아 이동하고 이용자가 스마트폰으로 부를 때까지 대기합니다.

최고 속도는 시속 250킬로미터입니다. 도쿄와 오사카 사이를 약 2시간에 이동할 수 있습니다(다만 현재의 최장 항속 거리는 200킬로미터이기 때문에 논스톱으로는 갈 수 없습니다).

고속 이동의 경우에는 자동차용 고속도로 상공을 고도 50미터로 날아갑니다. 다른 드론이 있을 경우에는 5미터의 고도 차이를 두어 고도 55미터 지점을 날게 됩니다. 100미터 상공까지 사용할 수 있기 때문에 11대가 나란히 고속으로 이동할 수 있습니다. 드론에 탑재된 인공지능이 서로 커뮤니케이션을 함으로써 충돌을 피하는 안전 기능도 갖춰져 있습니다.

구입 가격은 한 대에 5,500만 엔입니다. 리스의 경우, 옵션에 따라 월 10만~100만 엔의 다양한 상품을 준비하고 있습니다.

시승자 A의 코멘트

"도심의 사무실로 갈 때 자가용이라면 정체에 휘말려 한 시간이나 걸리는 일도 있었습니다. 하지만 이 탑승용 드론이라면 확실히 10분 만에 도착합니다. 처음에는 공중을 이동하는 건 무서울 거라고 생각했지만 상승도 하강도 부드럽고 흔들림은 일반 자동차보다 적어서 안심감이 있습니다. 이 드론이 있다면 역 근처에 살 필요도 없고 회사 근처에 집을 가질 필요도 없습니다. 개인이 구입하는 것은 부담이 크지만 경영하고 있는 회사용으로 구입하는 것은 괜찮을지도 모르겠습니다. 투자 효과로 판단하고 싶습니다."

시승자 B의 코멘트

"아기와 함께 탈 때는 완전한 자율주행이 참 좋네요. 제가 운전하지 않기 때문에 놀이 상대가 될 수 있어서 아기가 칭얼거리지 않고, 의외로 흔들리지 않아서 수유나 기저귀 가는 것도 간단히 할 수 있어요. 바람이 세게 부는 날에도 흔들리지 않으면 좋을 것 같습니다. 할아버지, 할머니 집은 100킬로미터나 떨어져 있어서 최근에는 줌(Zoom)으로만 우리 애들을 만났는데, 이 탑승용 드론을 이용했더니 30분 만에 도착했어요. 이거라면 일주일에 한 번쯤 놀러 갈 수 있어서 할아버지도 할머니도 갖고 싶다고 하네요. 최근에는 운전하는 게 불안해진 모양이에요. 이런 탈것을 갖고 싶었어요. 일단은 금액 문제가 있으니 제일 가격이 저렴한 대여 서비스로 시도해 보고 싶어요."

개발자의 코멘트

"도로 교통 상황에 구애받지 않고 고속 이동할 수 있는 자율주행 탑승용 드론을 발매했습니다. 이것으로 직장이 어디든 상관없이 누구나 살고 싶은 곳에서 살 수 있는 사회를 만들고 싶습니다. 장애를 가진 사람의 쾌적한 이동수단으로 만들기 위해 휠체어 탑승도 원활하게 할 수 있도록 설계했습니다. 또한 가정의 콘센트로 충전할 수 있기 때문에 환경에도 좋습니다. 1회 5시간의 충전으로 2시간의 비행을 할 수 있습니다. 개발할 때 가장 중시한 것은 안전성입니다. 모터는 배선이나 구조가 모두 독립된 방식으로 되어 있기에 일부 모터가 고장 나도 안전하게 지상으로 내려올 수 있도록 설계했습니다. 또한 바람의 영향에 대해서는 그 강도, 방향 정보를 예측함으로써 영향을 최소한에 그치도록 설계했습니다. 여객기보다 안전성이 높은 탈것이 되었습니다."

[FAQ]

1. 모터의 안정성에 문제는 없나요?

모터는 4개가 독립된 형태로 설치되어 두 개까지 고장 나도 안전하게 착륙할 수 있습니다. 만일 4개의 모터가 모두 고장 난 경우에도 5개째의 예비 모터가 있습니다. 급강하로 착륙할 때 긴급하게 5번째 모터로 단시간의 부력을 얻음으로써 탑승자에 대한 충격을 최소한으로 억제하는 시스템입니다. 에어백 등 기타 안전 수단도 모두 갖추고 있습니다.

2. 드론끼리 충돌할 가능성은 없습니까?

완전한 자율주행이고 또한 서로 통신하며 이동하기 때문에 충돌할 가능성은 거의 없습니다. 수만 시간의 테스트 비행을 되풀이한 결과에서도 충돌은 발생하지 않았습니다.

3. 이용에는 면허가 필요합니까?

완전한 자율주행이어서 탑승자가 운전하지 않아 면허는 불필요합니다. 정부와의 협의하에 운행 때의 고도나 승강 포인트, 가속 포인트 등을 정함으로써 자율주행을 실현하여 허가를 받았습니다. 그렇기 때문에 시스템을 수동으로 조작하는 모드는 없습니다.

4. 보험은 필요합니까?

필요 없습니다. 완전 자율주행이어서 사고는 상정하고 있지 않습니다. 하지만 만약 배상 책임이 발생할 경우 도쿄모터주식회사가 보상합니다.

5. 점검 정비는 어떻게 됩니까?

드론의 상태는 항상 자동으로 체크되어 도쿄모터주식회사로 데이터가 전송됩니다. 뭔가 이상한 징후가 감지된 경우에는 곧바로 소유자에게 통지합니다. 해당 드론은 스스로 입고되어 예방 점검과 수리를 합니다. 정기 점검은 불필요합니다.

어떤가요? 감이 좀 잡히시나요? 실제 기획서에는 FAQ 수가 훨씬 많습니다만 아마존의 PR/FAQ란 대체로 이런 내용입니다.

힘을 모아 제안서를 더욱 세밀하게

아마존의 PR/FAQ에 요구되는 요소는 앞에서 말한 탑승용 드론의 예처럼 '202×년 10월'이라는 언론 발표 날짜나 '5,500만 엔'이라는 구체적인 가격을 비롯해 제품의 개요가 과부족 없이 설명되어 있을 것, 리뷰 참가자가 서비스·제품의 실현 가능성과 고객의 강한 니즈가 있는지를 검토하기 위해 충분한 재료가 갖춰져 있을 것 등입니다. 처음부터 완전한 것일 필요는 없고 리뷰를 거듭하며 완성도를 높여갑니다. 최종적으로는 제안서를 설계 팀에 제출하면 서비스·제품의 구체적인 설계를 시작할 수 있는 수준으로 마무리하는 것이 이상적입니다.

특히 중요한 것은 다음 다섯 가지를 명확히 하는 일입니다.

1) 고객은 누구인가?
2) 고객은 어떤 과제를 안고 있는가?
3) 고객의 과제에 대해 이 서비스 · 제품이 제공하는 솔루션은 무엇인가?
4) 그 솔루션은 고객의 문제를 정말 해결하는가?
5) 고객이 이 서비스 · 제품을 진심으로 '원한다'고 생각하는가?

앞에서 다룬 자가용 드론에 대해 개인적인 감상을 말하자면, 그 기능만 놓고 봤을 때 '갖고 싶다'고 생각하지만, 가격을 고려해 얼리어답터(초기수용자)가 되지는 않을 것입니다.

이 탈것이 있으면 어디에 살든 도심에 접근하기 쉽기 때문에 도심에서의 일을 계속하며 자연이 풍부한 곳으로 이주하는 것도 검토할 수 있습니다. 그리고 장기간 이용하면 지금까지 살았던 도심과 이주지인 지방의 주거비 차액으로 드론 구입 대금의 일부를 회수할 수 있을지도 모릅니다.

얼리어답터가 되는 사람은 구입 대금을 회수할 가능성이 높다고 판단하여 구입을 결단하는 계층이 아닐까 예측합니다. 이러한 잠재 고객들이 일정 수 있을 것으로 보여집니다.

그런 관점으로 접근할 때 이 자가용 드론 시장은 단기적으로는 이미 소형 헬리콥터 등을 소유한 기업이나 개인의 수요를 대체하게 될 것이고, 장기적으로는 양산에 의한 비용 절감 효과로 가격이 내려가 구매층이 확대될 가능성도 생각해볼 수 있습니다.

PR/FAQ에는 이런 '고객에게 매력적인 것'을 담는 것 외에 고객이 걱정할 것으로 예상되는 점도 취합해서 'FAQ'에 열거합니다. 이것들에 대해서는 엔지니어나 각 분야의 관계자와 의논함으로써 리스크를 철저히 밝혀내고 해결책을 생각해갑니다.

PR/FAQ는 발안자가 만들기만 하면 끝나는 것이 아니라 팀이 토론을 함으로써 기획의 완성도를 높여가는 툴입니다. 완성도를 높인 PR/FAQ에 대해 최종적으로 누가 개발 허가를 내리는지는 프로젝트의 규모에 따라 달라집니다.

현장에서의 제안이 무조건 각하되는 일도 없습니다. 상사와 토론할 자리가 마련되어 "여기에 과제가 있는데 이렇게 개선하면 되지 않을까?" 같은 식의 어드바이스를 받습니다. 이에 입각한 토론과 함께 긍정적으로 심의하는 형태로 피드백이 이루어집니다.

특히 파괴적 혁신으로 이어지는 큰 투자를 수반하는 안건에 대해서는 베이조스나 'S팀' 등의 경영진이 기획의 가부를 판단하게 됩니다. 그때 기본적으로 긍정적으로 검토하려는 방향성에서 의논이 이루어집니다. 단순히 각하되는 것이 아니라 아이디어의 완성도를 높이기 위한 어드바이스를 생각하고 논의하려는 것이 기본자세입니다.

연쇄 창업가의 머릿속을 팀으로 재현한다

연쇄 창업가라 불리는 사람들이 3~5년 후라는 미래의 제품·서비스와 니즈의 교차점을 판별하는 능력에 뛰어나다는 이야기를 해왔습니다. PR/FAQ에는 상정하는 발매 기일을 반드시 넣는 것이 규칙인데 대체로 3~5년 후로 설정되는 경우가 많습니다.

따라서 PR/FAQ를 쓰는 기획 제안자는 무조건 3~5년 후에 대해 가설을 세워야만 합니다. 나아가 그 가설을 관련된 사업이나 기술, 자금, 법무 등의 전문가를 포함한 팀에서 검증하고 더 보완해 나감으로써 정밀도를 높여 미래 예측의 적중률을 높여가는 것입니다.

이는 연쇄 창업가라 불리는 천재가 무의식중에 진행하는 프로세스를 PR/FAQ라는 툴을 써서 천재가 아닌 사원들이 팀으로 추진한다는 것입니다. 팀으로 검토하는 것은 기술이나 기능 문제만이 아닙니다. PR/FAQ를 기초로 팀으로 논의하는 가장 중요한 테마는 '고객은 이 서비스·제품을 진심으로 원한다고 생각하는가?'입니다.

많은 기업에서는 신규 사업을 생각할 때 다음과 같은 논의에서 시작하는 것이 일반적일 것입니다.

"시장 규모는 어느 정도가 되리라고 예상하는가?"
"자사의 기존 자원을 얼마나 활용할 수 있는가?"
"필요한 투자 금액은?"
"거기에서 나오는 매출·이익의 분석 수치는?"
"실현 가능성은?"

역으로 말하자면, 이러한 조건이 자사 기준을 충족하는 프로젝트가 아닐 경우 대부분의 회사에서는 허가가 나오지 않겠지요. 그러나 아마존에서는 다릅니다. 설사 매출과 이익을 확보할 수 있고 자사의 기존 자원을 활용할 수 있는 사업이어도 '고객이 이 서비스·제품을 진심으로 원한다고 생각하는가?'라는 조건을 충족하지 못하는 프로젝트에는 결코 허가가 나오지 않습니다.

그러므로 신규 사업을 담당하는 프로젝트 멤버도 고객의 니즈를 중심으로 논의를 진행합니다. 머릿속에는 당연히 매출이나 이익 문제가 있고, 때로는 직접 언급도 합니다. 하지만 신규 사업의 가부를 생각할 때 장기적인 잠재성이

1장_일반 사원을 창업가 집단으로

보여진다면 단기적인 매출이나 이익 규모 등의 검토 사항은 다른 회사에 비해 우선적으로 고려되지 않는다는 것이 내가 아마존에서 일했던 기간 동안 느꼈던 솔직한 감상입니다.

거꾸로 말하자면 '고객이 진심으로 원한다고 생각하는가?'라는 조건만 충족한다면 단기적인 이익이 나올 전망이 낮아도 장기적으로 큰 수익을 얻을 수 있다고 판단하여 과감히 허가를 하는 것이 아마존의 대단한 점이자 큰 혁신으로 이어질 수 있는 구조적 특징이 되겠지요.

아마존에는 계속적으로 상품의 가격을 내려 제공한다는 방침이 있고, 이 또한 단기적으로 계산하면 이익을 줄이는 행위였습니다. 하지만 공정(operation)의 생산성 향상, 규모의 경제에 의한 비용 절감 효과, 낮은 가격으로 인한 판매량 증가가 장기적으로는 큰 수익을 가져왔습니다. 동시에 충성 고객도 획득하여 비즈니스 전체에 강력함을 가져왔습니다.(※2) 뒤에서 설명할 '아마존 고'도 그런 새로운 전례가 될 가능성이 큽니다.

기존 자원에 집착하면 아이디어가 작아진다

신규 사업의 가부를 판단할 때 '자사의 기존 자원을 살릴 수 있는가'를 중시하는 회사가 많다고 조금 전에 말했습니다. 아마존은 이 점도 신중하게 검토합니다. 그런데 고객에게 충족되지 않은 큰 니즈가 있다고 판단하면 실현을 향해 도전합니다.

예를 들어 현재 영업 이익의 약 60퍼센트를 차지하는 '아마존 웹서비스' 클라우드 사업 역시 아마존이 고객의 입장에 서 있었기에 가능한 성공이었습니다. 그런 위치에서 시장을 봤을 때 '충족되지 않은 크고 보편적인 고객의 니즈가 있다'는 것과 '그 시장의 니즈를 충족시킬 수 있는 다른 회사가 없다'는 것이 이 사업을 착수한 주된 이유입니다.

당초에는 클라우드 사업을 홍보하고 판매하기 위한 사내 자원 등이 아마존에는 거의 없었습니다. 하지만 외부에서 적극적으로 인재를 획득함으로써 사내 개발이나 투자로 사업을 가능하게 하는 능력을 구축해 나갔습니다. 당시만 해도 컴퓨터 제조사인 썬마이크로시스템즈나 IBM 등이 클라우드 사업을 실현하기 위한 사내 자원이나 능력을 훨씬 더 잘 갖추고 있었을 겁니다.

아마존의 회의에서는 "우리가 지금 보유하고 있는 기술이나 수치로 예측할 수 있는 단기적인 이익에 집착한 작은 아이디어가 되지 않았나." 같은 문제 제기가 빈번하게 이루어졌습니다. "다른 회사가 아니라 아마존이 함으로써 고객에게 더 큰 가치를 제공할 수 있는가."라는 물음도 아마존의 회의에서 쉽게 접할 수 있는 문구입니다.

이런 회의에서는 "그 새로운 서비스·제품으로 충족시킬 수 있는 고객의 니즈는 충분히 큰 것 같은가?", "그것은 단기적으로 없어지는 것이 아니라 장기적으로 필요한 것인가?"라는 내용도 논의됩니다. 물론 아직 존재하지 않는 시장이어서 상세한 수치 분석이 아니라 가설에 근거한 판단을 수반합니다.

다시 말해 아마존에서는 신규 사업을 시작할 때 '단기적 채산성'이나 '시장 규모 분석', '사내 자원에 의한 차별화'에서부터 논의를 시작하지 않는 것입니다.

이러한 아마존의 방식은 색다른 것 같으나 이치에 맞습니다. 무엇보다 중요한 것은 누누이 말하지만 '고객이 진심으로 원한다고 생각하는가?'와 그것이 '크고 보편적인 니즈인가?'입니다. 고객이 그렇게 생각할 것으로 예상한다면 장기적인 사고로 주력했을 때 큰 수익을 얻을 가능성은 충분히 있습니다. 물론 어디까지나 예상이기 때문에 오랜 시간에 걸쳐 노력과 자본을 들였지만 실패로 끝나는 일도 자주 발생합니다.

이 일련의 프로세스에 '워킹 백워드'의 원칙이 관통하고 있습니다. 고객을 목표가 아니라 시작점으로 삼는 데서 생겨나는 필연적인 귀결입니다.

일본의 셀프 계산대와 '아마존 고'의 차이는? ─────────

자신들이 보유한 기술, 스킬이나 인프라를 사업 구상의 시작점으로 삼는 기업과 고객을 시작점으로 하는 아마존의 차이에 대해 예를 하나 들어 보도록 하겠습니다.

2018년 아마존이 소매 매장 '아마존 고' 1호점을 시애틀에 오픈했을 때 시찰한 사람이 이런 감상을 내놓았습니다.

"비용 절감을 위한 무인 매장이라 생각했습니다만, 가게 안을 들여다 보니 상품을 보충하거나 안내 역할을 하는 점원 몇 명이 있어 인건비가 꽤 들겠네요. 설비투자도 상당한 액수일 테니 흑자 전환은 아직 멀었지요. 일본의 셀프 계산대가 더 효율적이고 낫지 않을까요?"

어떤 의미에서 이 지적은 옳습니다. 하지만 일본의 셀프 계산대와 아마존 고는 지향하는 목표에 차이가 있습니다. 그 차이를 고려하지 않고 비교하면 아마존 고의 위력을 제대로 가늠할 수가 없습니다.

그래서 일본의 셀프 계산대와 아마존 고에 대해 각각 간단한 보도자료를 써서 비교해봤습니다. PR/FAQ의 FAQ를 생략한 형태입니다.

우선 일본의 셀프 계산대입니다. 가상의 마트 '미노리야'가 셀프 계산대를 도입했다는 보도자료를 쓴다면 이런 느낌이겠지요.

미노리야, 셀프 계산대를 도입해 인건비 절감

전국에 체인점을 둔 '미노리야' 마트의 계산대가 쇄신되었습니다. 미노리야는 세미 셀프 방식의 계산대를 도입하여 고객이 계산대 앞에서 기다리는 시간을 줄임과 동시에 인건비 절약 효과도 같이 노립니다.

세미 셀프 방식에서는 계산대에 점원이 있어 지금까지와 마찬가지로 고객이 구입한 상품 정보를 바코드로 등록하고 구매 금액을 집계합니다. 그 후 지불은 다른 장소로 이동하여 고객이 셀프로 하게 됩니다. 셀프 계산대는 액정 화면이 달린 터치패널 방식이어서 처음 해보는 사람도 화면의 지시를 따라하면 간단합니다. 스마트폰을 사용하는 데 익숙한 사람이라면 전혀 문제없을 것입니다. 기계 조작에 익숙하지 않은 사람이라도 걱정할 필요 없습니다. 근처에 계산원이 대기하고 있어 신속하고 정중히 도와줄 것입니다.

이러한 셀프 방식의 매력은 누가 뭐래도 계산대 앞에서 대기하는 시간이 짧아진다는 점입니다. 길게 줄을 설 필요가 없어진 덕분에 약 20퍼센트의 시간이 단축될 것으로 기대되고 있습니다.

체험자 C의 코멘트

"직원 수가 적을 때 계산대 앞에서 기다리는 시간이 약간 짧아진 것 같아요. 무엇보다 계산대에서 일하는 사람의 부담이 줄어든 것은 좋은 일이지요. 힘들어 보였으니까요. 인건비가 줄어든 만큼 상품이 싸지는 것을 기대하게 돼요. 다른 가게에도 똑같은 시스템이 도입되면 좋겠네요. 가게마다 시스템이 다르면 적응하는 게 좀 귀찮아지니까요."

체험자 D의 코멘트

"이 기계를 도입하기 전에 비해 계산대 앞에 서서 기다리는 시간이 줄어든 것은 기뻐요. 하지만 익숙해질 때까지는 긴장하게 돼요. 그리고 옆 동네의 나리타야

마트에는 다른 방식의 계산대가 도입되어서 양쪽의 사용 방법을 다 익혀야 하는 게 좀 번거로워요."

한편 아마존 고에 대해 아마존식의 보도자료를 쓴다면 어떻게 될까요. 어디까지나 개인적 상상으로 간략하게 쓴 것이지만 아마 이런 느낌이 아닐까요.

마이니치타임즈신문

2018년 1월 15일

아마존이 신형 '계산대 없는 매장'을 오픈

이번에 시애틀에 개점한 '아마존 고'는 새로운 시대의 '캐시리스(cashless) 매장'입니다. 아마존 회원이라면 스마트폰을 입구 단말기에 대고 들어가 원하는 물건을 들고 게이트로 나가기만 하면 됩니다. 자동으로 당신의 아마존 계정에서 요금이 결제됩니다. 향후 스마트폰이 없어도 미리 등록한 지문 인식이나 얼굴 인식으로 결제가 끝나게 개선해 나갈 계획입니다.

체험자 E의 코멘트

"아무튼 스피드가 빠릅니다. 진열장에서 필요한 것을 들고 가게를 나오기만 하면 되니까요. 계산대에 줄을 서기는커녕 지갑을 꺼내지 않아도 된다니, 무척 새로운 경험이었습니다. 시간이 없을 때는 도움이 되겠네요."

체험자 F의 코멘트

"진열장에서 상품을 들고 나가기만 하면 된다는 것은 계산대가 없어졌다는 뜻이에요. SF 세계를 보는 것 같아요. 이제 계산대 앞에 줄을 서고 싶지 않게 되었지요. 다른 가게도 이와 같은 시스템을 도입해 주면 좋겠어요."

일본 계산대의 발전은 고객의 이익을 최대화한다기보다 매장 측의 비용 절감이나 효율화를 지향하는 것처럼 보입니다. 매장의 직원 수를 늘리면 계산대 기계를 교체하지 않아도 신형 계산대로 얻을 수 있는 이익을 실현할 수 있습니다. 고객의 입장에서 보면 그러는 편이 품이 들지 않습니다. 다만 그것은 소매점 경영의 관점에서 보면 실현하기 어렵기 때문에 신형 계산대를 도입할 수밖에 없다는 판단을 한 것으로 보입니다. 한편 아마존 고는 고객이 지불할 때 드는 품을 한없이 제로에 가깝게 한다는 새로운 고객 체험(Customer Experience)을 지향하고 있습니다. 물론 이를 위한 투자가 필요하고 무인이 아니어서 비용도 듭니다. 단기적으로는 손실이 발생하지 않을까 생각합니다.

물론 일본의 셀프 계산대도 고객의 만족을 지향하겠지요. 그러나 우선순위로는 매장 운영비용을 줄이고 그것으로 경쟁 우위에 서는 것이 먼저가 아닐까 싶습니다. 이것은 내 추정입니다만 '신형 계산대의 도입 비용 < 계산대 주위 인건비 절감액'이라는 계산이 성립하는 범위에서 신형 계산대의 도입을 판단하고 있는 것 같습니다.

그에 비해 아마존 고는 무엇보다도 먼저 고객의 편의성을 향상시키는 걸 주안점으로 삼고, 단기적으로는 적자여도 그것이 고객의 지지로 이어진다면 최종적으로는 매장이 이익을 낼 것이라는 발상입니다. 여기서도 역방향에서 사고하는 '워킹 백워드'의 원칙을 느낄 수 있습니다.

어느 것이 옳다고 말할 생각은 없습니다. 다만 'PR/FAQ'라는 툴과 '워킹 백워드' 원칙의 유무 차이로 인해 새로운 서비스나 제품을 발상할 때의 접근 방법이 달라지고, 생겨나는 서비스나 제품 또한 크게 변한다는 사실을 느꼈을 것입니다.

고객을 기점에 두고 생각하여 '3~5년 후 신제품·새로운 서비스와 니즈가 교차하는 포인트'에 가설을 두고 그 잠재성의 크기와 충족되지 않은 고객 니즈

1장_일반 사원을 창업가 집단으로

의 크기를 발안자와 관계자의 논의를 통해 확신할 수 있다면, 거기에서 생겨나는 서비스나 제품에 대해 단기적으로 '팔린다/팔리지 않는다'라든가 '돈을 벌 수 있다/없다'라는 수치 분석만으로 판단하며 커다란 기회를 놓치는 일은 없어집니다. 고객에게 어떤 체험을 제공하고 싶었는가 하는 본질적인 목표에 대해 장기적인 관점으로 많은 사람들과 논의할 수 있게 됩니다. 이를 설명하기 위한 한 예로서 일본의 셀프 계산대와 아마존 고를 비교해 본 것입니다.

2020년 이후 일본의 대형 편의점 회사에서 무인 키오스크 매장을 실험한다거나 오픈한다는 보도자료를 쉬이 접하게 되었습니다. 사용되는 시스템은 회사마다 다른 것 같습니다만 아마존 고를 하나의 계기로 하여 계산대 없는 매장을 목표로 하고 있다는 사실은 틀림없을 겁니다.

베이조스는 회사 안팎에서 이런 취지의 발언을 자주 합니다.

"아마존이 고객을 소중하게 여기는 행위의 기준을 끌어올리고 다른 기업도 이에 호응해서 같이 따라오기를 바랍니다."(※3)

아마존 고는 아마존이 고객 서비스의 기준을 올린 좋은 예가 아닐까요.

예전에 '소니는 마쓰시타의 모르모트', '마쓰시타는 마네시타'라는 말을 들었다는 사실이 떠오릅니다. 당시 소니가 신제품을 내놓으면 마쓰시타전기산업(현 파나소닉)이 그와 비슷한 제품을 내놓았습니다. 그러면 매출의 대부분은 판매력이 강한 마쓰시타가 가져간다는 구도였습니다. 사원의 입장에서 보면 분한 이야기이지만 당시 소니의 어떤 간부로부터 "그래도 상관없다."는 말을 들은 일이 있습니다. 그때는 의미를 잘 이해할 수 없었습니다만, "서로 절차탁마한 결과 고객에게 더 좋은 상품이 제공되는 거라면 괜찮다."라는 의미였다고 지금은 이해하고 있습니다.

---

1 '마네'는 일본어로 흉내라는 뜻.

아마존 고를 이야기하는 베이조스의 말 ―――――

'아마존 고'의 개발에 대해 베이조스는 2018년 주주에게 보내는 편지에서 다음과 같이 언급합니다. 문장은 《베이조스 레터[2]》에서 인용했습니다.

> "세계 전체의 소매업계에서 보면 아마존은 지금도 소규모 회사입니다. 아마존이 소매 시장에서 차지하는 점유율은 한 자릿수 전반으로, 아마존이 진출한 어느 나라에도 각각 거대한 대규모 소매업자가 군림하고 있습니다. 그 이유의 대부분을 차지하는 것이 소매점의 90퍼센트 가까이가 현재도 '오프라인', 즉 실제 매장이라는 점입니다. 아마존은 지난 몇 년간 실제 매장에서는 어떤 형태로 고객에게 서비스할 수 있을지를 검토해 왔습니다. 우선은 그런 환경에서 고객이 정말 기뻐해줄 만한 것을 발명해야만 한다는 생각으로 말입니다."

이것에 이어지는 베이조스의 말이 특히 인상적입니다.

> "아마존 고의 비전은 명확합니다. 오프라인 매장에서 최악의 시간, 다시 말해 계산하는 줄을 없애는 것입니다. 기다리는 것을 좋아하는 사람은 없습니다. 우리가 상상한 매장은 들어가고 나서 원하는 제품을 집어 들면 그대로 밖으로 나갈 수 있는 장소입니다."

나아가 베이조스는 이렇게 말합니다.

---

2 スティーブ&カレン・アンダーソン著, 加藤今日子訳, 《ベゾス　レター》, すばる舎, 2019.(인용은 일본어판에서. 한국어판은 스티브 앤더슨, 한정훈 옮김, 《베이조스 레터》, 리더스북, 2019)

"이를 실현하는 것은 무척 힘들었습니다. 기술적인 고생도 꽤 많았습니다. 전 세계에서 우수한 컴퓨터 사이언스 전문가나 엔지니어를 수백 명이나 모아 노력하지 않으면 안 되었습니다. 카메라나 진열장을 자사에서 설계하고 구축할 뿐 아니라 연계된 수백 대의 카메라에서 모은 영상을 연결하는 기능 등 새로운 컴퓨터 비전의 알고리즘을 만들어낼 필요가 있었습니다. 그리고 그런 복잡한 기술이 사용되는 것이 겉으로 보기에는 알 수 없을 정도로 고성능의 테크놀로지가 아니면 안 되었습니다. 힘들었지만 고객의 반응을 보면 보상을 받습니다. 고객은 아마존 고에서의 쇼핑을 '마법' 같은 시간이라고 평해주고 있습니다."

아마존에서는 간부가 솔선하여 기획서를 쓴다

아마존의 PR/FAQ는 누가 어떤 타이밍에 회사에 제안을 하든 차별 없이 수리됩니다. 새로운 혁신에 열정을 가진 개인 또는 팀이 꼭 실현하고 싶다는 열의를 담아 PR/FAQ를 쓰고, 상사나 실행 가부의 결재 권한을 가진 사람은 이를 적극적으로 검토하게 되어 있습니다.

실제로는 1년에 한 번, 부문별로 2~3년의 장기사업계획을 정리하는 타이밍이 있기 때문에 그때 각자 어떤 아이디어가 있는지 확인하여 정리하기 위해 PR/FAQ를 쓰는 경우가 많습니다. 물론 갑자기 신의 계시처럼 혁신적인 아이디어가 떠올랐다면 이 시기까지 기다릴 필요는 없습니다.

아마존이 아니어도 '사업 아이디어 제안 제도'를 가진 회사는 적지 않습니다. 그러나 그런 제안 제도를 가진 기업에서 간부는 대부분의 경우 현장에서 올라온 아이디어를 평가하는 측에 위치하게 됩니다. 그런 기업과 아마존이 크게 다른 것은 베이조스의 측근에 해당하는 SVP급의 간부가 몸소 적극적으로 PR/FAQ를 써서 베이조스에게 제안한다는 점입니다.

미국의 어느 SVP로부터 직접 이야기를 들은 적이 있습니다. 그 사람은 신선 식품을 배송하는 '아마존 프레시'나 이동 판매 서비스인 '트레저 트럭', 일용품을 전용 박스에 모아 배송하는 '아마존 팬트리(2021년 서비스 종료)' 등 갖가지 새로운 서비스를 견인한 사람입니다.

이런 기획들 전부가 주말에 남는 시간을 이용하여 PR/FAQ를 써낸 것이라고 합니다. 베이조스에게 제안하기 전에는 S팀 멤버 몇 명의 피드백을 받아 여러 번 고쳐 썼다고 합니다.

베이조스는 이런 제안을 받아 논의하고 그중 몇 개를 허가했습니다. 그 SVP가 제안한 PR/FAQ를 둘러싸고 베이조스와의 사이에 상당히 심각한 논쟁으로 발전한 장면도 많았던 것 같은데, 그러한 논의에서도 '고객의 충족되지 못한 니즈를 채워주는 것인가'를 묻는다는 기준에 흔들림은 없었습니다.

허가가 나온 프로젝트에는 헤드 카운트(Head Count)가 주어집니다. 헤드 카운트는 외국자본계열 기업에 근무하는 사람이라면 익숙한 말이라고 생각합니다만, 어떤 특정한 부서나 프로젝트, 조직이 채용할 수 있는 인원수를 가리킵니다. 다시 말해 '헤드 카운트가 주어졌다'는 것은 '그 프로젝트가 승인되어 추진할 권한이 주어졌다'는 것도 의미합니다.

톱다운 방식이어서 '제안하는 것의 재미'가 전해진다 ──────

SVP 같은 톱클래스의 경영 간부가 몸소 PR/FAQ를 쓰고 프로젝트를 추진할 권한을 따내 새로운 비즈니스를 만들어가는 것을 가까이서 보고 있으면 그 부하들에게도 '나도 해보자'라는 동기가 생기는 법입니다.

미국 SVP의 그 이야기를 들은 후 나 또한 의욕이 샘솟아 두 개의 신규 사업 안에 대한 PR/FAQ를 썼고, 둘 다 실현할 수 있었습니다.

PR/FAQ를 실제로 쓰기 시작하면 새로운 아이디어에 가슴이 설레어 주위 사람들에게 이야기하고 싶어집니다. 그래서 '이런 것을 하려고 생각한다'고 주위 사람에게 말했더니 "재미있는데!", "이런 아이디어는 어때?", "소개하고 싶은 사람이 있는데 만나볼래?"하며 협력해 주는 사람들이 차례로 나타났습니다. 그렇게 하여 다듬은 PR/FAQ가 미국 본사의 회의에서 심의되고 SVP로부터 허가를 받았습니다.

프로젝트가 정식으로 시작되면 팀 멤버를 할당하여 팀을 움직여 나가게 됩니다. 그 멤버 중에 "다음에는 자신이 PR/FAQ를 써서 재미있는 신규 사업을 하고 싶다."는 소리가 나왔을 때는 무척 기뻤습니다.

이것이 PR/FAQ가 만들어내는 아마존의 기업 풍토입니다. 신규 사업 제안이 밑에서부터 올라오는 것을 기다리는 것이 아니라 먼저 미국 본사에서 SVP를 맡은 경영 간부가 손수 PR/FAQ를 써서 신규 사업의 아이디어를 내고 그 실현을 향해 매진하는 일의 재미를 주위에 자신의 모습으로 전해 나갑니다.

경영 간부가 몸소 혁신을 창출하는 묘미를 직접 보여주기 때문에 그 재미가 해외법인을 비롯하여 각 부문의 리더층에도 전해지고, 나아가 각 팀의 멤버에게도 전해집니다. 그 결과 아마존 전체에 "나도 PR/FAQ를 써서 혁신을 스스로 창출해 나간다."는 창업가 마인드가 확산되어 갑니다.

'아마존의 혁신'이라고 하면 기존 비즈니스를 단숨에 진부하게 만드는 '파괴적 혁신'을 상상할지도 모릅니다. 그러나 PR/FAQ에 의한 기획 제안은 혁신성의 크고 작음으로 제한되는 것이 아닙니다. 물론 파괴적 혁신이 발안되는 일도 있습니다만, 기존 비즈니스를 더 세련되게 개선하는 '지속적 혁신'도 환영받습니다. 중요한 것은 고객을 시작점으로 하여 출발하였는지 아닌지이며 PR/

FAQ의 포맷에 따라 검증되고 다듬어진 기획이라면 그 조건을 충족한 것으로 여겨집니다.

참고로 아마존에서는 파괴적 혁신, 지속적 혁신이라는 말을 일절 사용하지 않습니다. 다만 이쪽 업계에서 일반적으로 쓰이는 표현으로 '지금까지의 서비스·제품을 진부하게 만드는 대규모 혁신'을 파괴적 혁신이라 하고, '기존의 것을 발전·개선하는 타입의 혁신'을 지속적 혁신이라 하는 경우가 많습니다. 그래서 이 책에서는 독자 여러분의 이해를 돕기 위해 두 용어를 사용하도록 하겠습니다.

혁신 제안의 진입 장벽을 낮춘다

PR/FAQ는 잘 만들어진 시스템입니다. 하지만 사용하지 않으면 의미가 없습니다. 아마존에는 누구나 적극적으로 PR/FAQ를 쓰도록 유도하는 시스템을 갖추고 있습니다.

우선 대다수 사원이 PR/FAQ를 쓰는 훈련을 받습니다. 각 레벨의 리더십 연수의 한 과목으로서 한나절 정도의 프로그램이 짜여 있습니다. 이 연수에서는 맨 먼저 PR/FAQ의 근저에 있는 워킹 백워드란 어떤 사고이며, 고객을 시작점으로 둔 혁신을 창출하기 위해 얼마나 중요한지를 전해줍니다. 그 후 자신의 아이디어에 기초한 PR/FAQ를 직접 써보는 실천적 커리큘럼이 마련되어 있습니다.

이러한 연수는 사원이 '기획서 쓰는 스킬을 높이는' 것으로 이어집니다. 그러나 애초에 PR/FAQ가, 작성하는 데 고도의 스킬을 필요로 하지 않는 서식으로 설계되어 있는 것도 놓칠 수 없는 포인트입니다.

PR/FAQ는 어디까지나 보도자료라는 형식을 갖추고 있기 때문에 방대한 분량을 요구하지 않습니다. PR 부분만이라면 A4 용지로 대략 한 페이지에서 한 페이지 반 정도의 길이로 정리하는 경우가 많고, 거기에 FAQ가 더해집니다. 어느 정도 자신의 아이디어를 갖고 있는 사람이라면 일단 몇 시간 안에 충분히 써낼 수 있습니다. 그 후 몇 번의 퇴고를 거쳐 완성하는 것이 일반적인 작성 과정입니다.

이렇듯 아마존은 혁신 제안의 기획 포맷을 간결한 것으로 함과 동시에 쓰는 방법을 가르쳐줌으로써 작성하는 사람의 부담을 덜어주고 있습니다. 결과적으로 혁신 제안의 진입 장벽이 낮아지고 여러 부서의 다양한 직무의 멤버가 더욱 많은 아이디어를 내놓을 수 있게 되어 있습니다.

만약 아이디어를 제안하는 포맷이 좀 더 복잡하고 방대한 시장조사 데이터나 치밀한 매출·이익 계획 등으로 수십 페이지나 되는 양을 요구한다면 어떨까요? 아마 도전하는 사람이 제한될 것이고, 제안되는 아이디어의 수도 크게 감소하겠지요.

나는 아마존 이외의 회사에서도 새로운 제품이나 서비스, 프로젝트가 제안되는 장면을 많이 접했습니다. 그런 장면에서 분량이 있는 기획서가 제출되는 경우, 아이디어 자체보다는 그 아이디어가 시장에 받아들여질 가능성이 있는지 어떤지에 중점을 두는 케이스가 많은 것처럼 느꼈습니다. 즉, 아이디어 그 자체보다 시장조사 데이터나 매출 예측 등에 많은 페이지를 할애한다는 것입니다. 그렇게 되면 기존 시장을 전제로 한, 단기적인 논의가 중심이 될 수 밖에 없습니다.

그러나 아마존의 PR/FAQ는 시장조사나 매출 예측의 치밀한 데이터를 요구하지 않습니다. 앞으로 만들어 가려는 시장에서 현재의 데이터는 금세 과거의 것이 되고, 세상에 아직 존재하지 않는 것이 팔리는 양상을 예측한다고 해도 정확성이 떨어지는 경우가 많다고 인식하기 때문입니다.

그런 것보다는 정말 이 제품이나 서비스를 '고객이 필요로 하는가'라는 것에 집중하는 것이 본질적인 논의가 된다는 것이 아마존의 사고입니다. 결과적으로 그 방침이 대규모 시장조사나 매출 예측을 하는 시간이나 자원을 갖지 못한 사원에게 기획서를 쓸 기회를 주고 혁신 제안의 난이도를 낮춰 주는 것으로 이어지고 있습니다.

한 사람의 정열을 팀의 힘으로 키운다

요컨대 아마존은 최초의 제안에 완성된 아이디어를 요구하는 것이 아닙니다. 일단 제안된 PR/FAQ는 제안자와 제안을 받은 측, 나아가 다른 관점을 제공할 수 있는 사람까지 참가하여 함께 논의해 가는 시스템입니다.

이 논의에 의해 PR/FAQ는 더욱 핵심에 다가간 내용으로 갱신됩니다. 처음에는 불완전한 제안이라도 제안을 받은 상사나, 제안자와는 다른 스킬·관점을 가진 사람들과 함께 다듬어 가면 된다는 자세입니다. 거듭 말하자면 이 프로세스는 제안자로부터 창업가적인 능력을 끌어내고 개발하는 것으로도 이어집니다.

이러한 시스템 덕분에 아마존에서는 '정열'만 있다면 누구나 아이디어를 제안할 수 있습니다. 단 한 사람의 정열로 제안이 이루어진 후에는 경영층이 토론에 참가하고 팀의 힘으로 그 제안을 개선하고 갱신해갑니다. 그렇게 해서 정밀도를 높인 기획을, 때로는 제안자 스스로 리더가 되어 비즈니스로서 새롭게 시작할 수도 있습니다. 이런 기회가 누구에게나 있다는 것을 아마존에서는 많은 사원이 인식하고 있습니다.

이처럼 원래는 연쇄 창업가라는, 천재라고도 할 수 있는 사람들만 할 수 있었던 일을 보통 사람들도 이룰 수 있도록 시스템화해 온 것이 아마존의 대단함입니다.

미국의 애니메이션 제작 세계에도 이와 유사한 '히트작을 양산하는 시스템'이 있습니다. 이것에 대해서는 나중에 칼럼에서 다루도록 하겠습니다. 관심이 있는 사람은 참조하시기 바랍니다.

2 '침묵으로 시작하는 회의'로 사내 정치를 박멸한다

PR/FAQ의 가부를 심의하는 회의를 진행하는 방식에서도 아마존은 독특한 시스템을 갖고 있습니다.

애초에 아마존의 회의 자료에는 아래와 같은 규칙이 있고, PR/FAQ도 이런 규칙에 따라 작성됩니다.

- 회의 자료에 파워포인트를 사용하는 것은 금지.
- 회의 자료는 반드시 워드파일로 1장, 3장 또는 6장으로 정리한다 (별도로 첨부 자료를 배포하는 것은 괜찮다).
- 항목별로 열거하여 쓰는 것은 금지.
- 그래프나 그림을 사용하는 것은 금지.
- 의견은 모두 산문 형식으로 표현한다.

회의가 시작되면 먼저 긴 침묵의 시간이 흐릅니다. 왜냐하면 워드로 작성된 회의 자료를 전원이 조용히 정독하고 나서 논의를 시작하기 때문입니다. 길어질 때는 한 시간 가까운 시간이 정독에 할애되는 경우도 있습니다.

내가 처음으로 그런 회의에 참여한 것은 본사의 SVP도 참가하는 4분기 업적 리뷰 미팅이었습니다. 처음 보는 자료를 모두가 일제히 읽기 시작했습니다. 정적 속에서 심상치 않은 긴장감이 돌았습니다. 그 후 나도 어떤 때는 회의 자료를 작성한 측으로서 또는 자료를 리뷰하는 측으로서 여러 번 침묵으로 시작하는 회의를 경험했습니다. 하지만 제한된 시간 안에 모두 진지하게 최선을 다하는 분위기였기에 어느 쪽 입장에서도 매번 등줄기가 쭉 펴지는 긴장감을 느꼈습니다.

'등' 사용 금지

항목별 쓰기나 그림 설명이 금지된 이유는 비판적 사고(Critical Thinking) 성장에 산문 형식이 도움이 된다는 베이조스의 생각이 반영되었기 때문입니다. 확실히 그런 측면의 효과도 큽니다. 나 자신도 파워포인트로 자료를 작성했을 때는 논리적, 구조적인 명확함이 좀 부족해도 청자가 이해해 주기를 기대하는 구석이 있었습니다. 이는 결과적으로 자기 자신이 충분히 논리적, 구조적으로 주장하고 싶은 것을 철저하게 생각하지 않았다는 것과 같은 뜻입니다. 아마존의 규칙에 따라 워드파일에 산문으로 쓰다 보면 아래와 같은 항목들에 대해 깊게 생각하고 검토해야만 한다는 사실을 깨닫게 됩니다.

● 요컨대 자신이 제안하고 싶은 것은 무엇인가?
● 그 제안의 근거는 무엇인가?
● 실현성은 어느 정도인가?
● 실현을 위한 방법은 자신이 제안하는 방법 이외에 없는가?

왜냐하면 이런 사항들을 고려하지 않으면 머릿속의 생각을 문장으로 표현할 수 없기 때문입니다.

실은 '등(等)'이라는 말도 아마존 사내에서는 허용되지 않습니다. '등'에 무엇이 들어 있는지 끝까지 추궁하여 쓰는 것이 요구됩니다. 모호함은 허용되지 않습니다.

개인적 견해입니다만 이 방식에는 다른 숨겨진 효능도 있습니다. 의사 전달이 확실한 덕분에 회의 외 시간에 일어나곤 하는 사전 교섭이 불필요해져 사내 정치가 발생하지 않는다는 점입니다.

사내 정치 및 사전 교섭 없애기

아마존 회의에서는 참가자에게 의제와 제안자를 사전에 알리지만 제안 내용을 사전에 알린다거나 결제권이 있는 사람에게 미리 타진하지 않는 것이 규칙입니다. 그리고 이 규칙은 철저히 지켜집니다. 그렇기 때문에 사전 교섭의 여지가 없습니다.

동서양을 불문하고 대기업에서는 회의 전에 엄청난 사전 교섭이 필요한 경우가 많습니다. 그런데 사전 교섭이 주도면밀한 사람의 아이디어만 통과되는 회사에서 혁신이 창출될까요?

사전 교섭을 받고 이미 비공식적인 허락을 해버린 사람은 회의를 거치는 과정에서 견해가 바뀐다고 해도 의견을 뒤집는 것이 꺼려지겠지요. 회의 본래의 기능은 참가자가 각자의 독자적인 관점에서 논쟁을 벌여 회사의 시책을 더 나은 내용으로 발전시켜가는 데 있습니다. 그러나 사전 교섭을 통한 사내 정치는 회의 본연의 그런 기능을 잃게 합니다.

나아가 결제권이 있는 사람들의 사전 승낙을 얻는 과정에서는 제안 내용을

1장_일반 사원을 창업가 집단으로

누구에게나 호평받는 방향으로 수정하는 현상이 자주 발생합니다. 그 때문에 회의에 올랐을 때는 원래의 제안에 있었던 날카로운 요소가 없어지는 사태도 흔하게 일어납니다.

아마존은 그런 사전 교섭이나 사내 정치와 무관합니다. 실제 회의에서는 제안자가 여러 방면에서 의견이나 정보를 얻어 제안 내용을 바꾸는 일도 일어나며 제안자와 그 상사의 의견이 다른 경우도 자주 있습니다. 속내를 적나라하게 드러내는 논의가 진지하게 이루어집니다.

3 '이노베이션 서밋'으로
혁신 풍토를 조성한다

아마존에서는 정기적으로 '이노베이션 서밋(Innovation Summit)'이라는 사내 이벤트를 개최합니다. 이와 유사한 '아마존 웹서비스 서밋'이라는 이벤트도 있습니다. 아마존 웹서비스의 고객 등 회사 밖 사람을 초대하는 이벤트인데 이노베이션 서밋과는 근본적으로 다릅니다. 이제 설명할 이노베이션 서밋은 사원만이 참가하는 이벤트입니다.

견본 시장 대신 아웃풋

이노베이션 서밋의 근본적인 목적은 서로 혁신 아이디어를 내고 끌어올려 실현에 다가가게 하는 데 있습니다. 미국에서는 기술자만 모여 개최하는 경우도 있습니다. 그리고 내가 일했던 무렵의 아마존 일본 법인에서는 1년에 한 번 정도 수백 명 정도의 사원이 회사 이외의 장소에 모여 대규모 이노베이션 서밋을 진행했습니다.

아마존 이외의 회사에도 사내에서 창출한 혁신의 성과를 공유하는 이벤트가 있기는 합니다. 하지만 그런 이벤트는 대부분 혁신을 창출한 부서나 팀 사람들이 성과를 발표하는 스타일입니다. 예컨대 1년에 한 번 회사가 사내외에 커다란 전시장을 설치하고, 다양한 연구 개발을 해온 부서가 부스를 만들어 연구 성과를 전시하면 사내 사람들이 그것을 둘러보는 방식입니다. 이러한 행사들은 사내 기술의 '견본 시장(sample fair)'인데 정보의 '인풋'을 주안점으로 삼습니다. 견학하는 사원은 지금까지 없었던 식견을 배우는 귀중한 장이고, 여기서 얻은 식견을 자신이 담당하는 사업에 응용하는 계기가 되는 의미 있는 이벤트입니다.

그러나 아마존의 이노베이션 서밋은 그러한 견본 시장형의 성과 발표회와는 확연히 구별됩니다.

아마존의 이노베이션 서밋은 다음과 같은 순서로 진행합니다.

1) **참가 멤버 각자가 혁신 아이디어를 갖고 모여 발표한다.**
2) **전원이 발표를 마친 후 비슷한 아이디어를 가진 사람들과 팀을 꾸린다.**
3) **팀별로 토론을 해서 아이디어를 다듬어 정리한다.**
4) **팀별로 아이디어를 프레젠테이션한다.**
5) **매니지먼트 멤버가 뛰어난 아이디어를 뽑는다. 뽑힌 아이디어는 PR/FAQ 형식으로 정리하고 회사가 실행으로 옮길지 어떨지를 판단한다.**

이노베이션 서밋이 개최되는 며칠간 참가자는 일상 업무에서 벗어나고, 평소 소속된 부서의 울타리에서도 해방됩니다. 여느 때와는 다른 멤버와 팀을 짜서 새로운 혁신 제안에 도전합니다. 앞서 예시로 든 타사의 견본 시장형이 아니라 팀 빌딩에 입각한 '아웃풋'을 목적으로 하는 것입니다.

다른 사람들의 성과를 단순히 '견학'하는 것이 아니라 그 자리에서 자신들이 성과를 내는 걸 목적으로 하는 '참가'형 이벤트라는 점에 이노베이션 서밋만의 특징이 있습니다.

다른 부서 사람과 '같은 아이디어'로 연결된다 ────────

　이노베이션 서밋이 1년에 한 번 개최되는 것만으로 사원의 일상적인 의식과 행동이 달라집니다. 나 역시도 연 1회 열리는 서밋을 의식하여 평소부터 '고객에 기점을 둔 혁신을 창출할 수 있는 아이디어는 없을까' 하고 계속 생각하고는 아이디어 구상에 강력한 동기가 부여되었던 것입니다.

서밋 당일은 평소 전혀 다른 부서에서 일하고 있음에도 불구하고 자신과 비슷한 아이디어를 갖고 있는 멤버와 만나게 됩니다. 덕분에 '나와 같은 의견을 가진 사람이 사내에 이렇게나 있었구나'라는 용기를 받을 때도 있었습니다. 반대로 내 안에서 어렴풋했던 아이디어를 명확한 말로 표현하는 사람을 직접 보고 압도당하기도 하고 내 생각의 스케일이 얼마나 작은지를 통감하는 일도 있었습니다.

하지만 그것이 계기가 되어 내 안에서 새로운 아이디어나 발상이 나오는 일도 있었습니다.

그렇게 해서 미지의 동료와 팀을 이뤄 논의를 심화하여 새로운 비즈니스나 업무 개혁 제안을 정리하고 며칠 걸려 프레젠테이션까지 하게 됩니다. 그렇게 다듬은 아이디어 중에서 매니지먼트 팀의 눈에 들어 회사가 추진하는 것도 나옵니다. 일상 업무에서 벗어나 혁신 제안에 몰두하는 그 며칠은 사원에게 다이내믹한 체험입니다.

이노베이션 서밋에 참가하면 혁신을 창출하는 사람은 기술 개발, 사업 개발이나 상품 기획 담당자만이 아니고, 업무 책임자만도 아니라는 사실을 실감할 수 있습니다. 인사든 법무든 영업이든, 어떤 부서에서 어떤 역할을 하는 사람이든 스스로 발안하여 혁신을 창출하는 힘을 갖고 있다는 걸 피부로 느낄 수 있습니다.

혁신을 창출하는 프로세스의 유사 체험

　타인이 만든 혁신 내용을 아는 것도 귀중한 체험입니다. 하지만 자기 자신이 혁신을 창출하는 프로세스에 몸을 둔다는 의미에서 이노베이션 서밋은 뛰어난 시스템입니다.

덧붙여 말하자면 이노베이션 서밋을 통해 참가자는 아마존이라는 회사가 고객에게 가치를 제공하는 것을 최우선으로 삼는 회사라는 것도 인식하게 됩니다. 토론의 중심에는 반드시 '고객을 위해', '보편적', '잠재적이지만 대규모'라는 말이 들어가는 반면에 단기에 예측할 수 있는 매출·이익에 대한 논의는 아주 적습니다.

'지구상에서 가장 고객을 소중히 여기는 기업이 된다'는 비전은 혁신을 계속 창출하는 아마존 기업 풍토의 열쇠이고, 그 정착에 공헌하고 있다는 의미에서도 이노베이션 서밋은 아주 의미 있는 활동입니다.

4 '원웨이 도어'와 '투웨이 도어'로 구별한다

"그것은 원웨이 도어인가, 투웨이 도어인가?"

아마존에서 일하고 있으면 위와 같은 질문을 자주 받습니다. 이 질문은 중간층 리더의 의사 결정 속도를 높이는 데 굉장히 효과적입니다. 아마존에서는 크고 작은 다양한 논의에서 이 질문을 빈번히 사용하는데 혁신에 관한 프로젝트 추진의 가부를 결정할 때도 중요한 판단 포인트가 됩니다.

돌이킬 수 있는 도전이라면, 실패를 두려워 말고 전진하라

원웨이 도어란 일방통행 문이고 투웨이 도어는 양방향 도어입니다. 새로운 과제에 도전한다는 것은 미지의 영역에 발을 들여놓는 일입니다. 그런 행위를 '새로운 방'에 들어가는 것에 비기어 표현했습니다. 아직 아무도 실현한 적이 없는 것을 만들어내는 것이 혁신이기 때문에 도어 너머에 어떤 세계가 기다리고 있는지는 아무도 알지 못합니다.

다만 도어에는 두 종류가 있습니다. 하나는 도어를 열고 미지의 방에 발을 들여놓았을 때 그 방이 바람직한 장소가 아닌 것을 알았다면 돌아 나올 수 있는 도어입니다. 이것이 '양방향 도어(two-way doors)'입니다.

또 하나는 일단 도어를 열고 방으로 들어가면 돌아 나올 수 없는 도어입니다. 이것은 '일방통행 도어(one-way doors)'입니다.

앞으로 도전하는 혁신이 전자인 '투웨이 도어'라면 사전에 충분한 조사나 분석이 이루어지지 않았다 하더라도 그것을 이유로 걸음을 멈출 필요는 없습니다. 도어를 열고 바람직하지 못한 장소라면 곧바로 돌아서 나오면 됩니다. 현 상황에서는 아무도 도어 너머를 알지 못하기 때문에 그 도어를 열고 도어 너머의 상황을 아는 것은 큰 이점이 됩니다.

반대로 앞으로 도전하는 혁신이 '원웨이 도어'라면 도어 너머에 기다리고 있는 것이 무엇인가를 신중하게 예측, 검토하고 나서 도어를 열 필요가 있습니다.

'투웨이 도어'는 중간층 매니저에게 용기를 부여한다 ─────

이 '양방향 도어와 일방통행 도어'라는 분류에는 사원들, 특히 중간층 매니저들에게 보내는 베이조스의 메시지가 들어 있습니다.

베이조스는 의사 결정권이 있는 사람에게 되도록 위험을 감수하고 앞으로 나아가기를 바랍니다. 자기 자신이나 S팀 멤버는 물론 그렇게 하고 있습니다만, 그 이외의 매니저들에게도 위험을 두려워하지 말고 전진하기를 바랍니다.

애석하게도 일반적인 회사에서는 중간층 매니저 대부분은 위험을 감수하는 일에 겁을 많이 냅니다.

하지만 아마존에서는 모든 의사 결정권자에게 전진하는 자세를 권장합니다. 왜냐하면 어떤 특정한 결단이 '투웨이 도어'를 여는 것인지, 아니면 '원웨이 도어'를 여는 것인지 구별할 수 없다는 베이조스의 생각 때문입니다. 이 두 가지 차이를 냉정하게 판단하여 지금 눈앞에 있는 것이 '투웨이 도어'라고 확신할 수 있다면 누구든 앞으로 나아갈 것입니다. 실패해도 언제든지 돌이킬 수 있으므로 주저 없이 앞으로 나아가면 되는 게 아니냐고 매니저들의 등을 미는 것이 베이조스가 노리는 바입니다.(※4)

반대로 눈앞에 있는 것이 '원웨이 도어'라면 신중해지지 않으면 안 됩니다. 그러나 현실에서는 '원웨이 도어'를 넘어가 실패하는 매니저보다 '투웨이 도어' 앞에서 겁을 내서 전진하지 않는 매니저가 더 많기 때문에 기업이 발전하기 위한 과제가 되어 있는 게 아닐까 싶습니다.

이런 사고는 아마존의 매니저층에 깊이 뿌리내려 있어 의사 결정 회의에서도 '이것은 투웨이인가 원웨이인가'라는 논의가 빈번히 이루어집니다. 그리고 '투웨이'라고 판단되면 '스피드를 중시하여 위험을 감수하고 앞으로 나아간다'는 판단이 내려집니다. 나 역시 다양한 논제의 미팅에서 이 이분법적 논의와 의사 결정을 경험했습니다.

의사 결정의 속도를 높이는 '투웨이 도어'

이 이분법에 의한 심플한 의사 결정은, 지금은 거대 기업이 된 아마존이 아마존에 두 가지 메리트를 가져오는 것 같습니다.

하나는 창업 당시의 의사 결정 속도를 유지하는 데 유효한 것입니다. 역으로 말하자면 아마존 창업 때는 이런 이분법을 멤버에게 보일 필요가 없었을 것입니다. 왜냐하면 베이조스 자신이 현장의 리더들 가까이에 있으면서 결단을 내렸기 때문입니다. 그때 베이조스 내부에 '투웨이 도어인가 원웨이 도어인가'라는 판단 기준이 있었는지 분명하지 않지만, 창업가 정신이 흘러넘치고 주인의식을 가진 창업자가 속도감을 갖고 매일 결단을 내린다면 그 판단 기준을 주위에 전할 필요는 없습니다.

그러나 아마존도 이제 세계 유수의 거대 기업이 되었습니다. 세계의 직원 수는 2021년 3월 말 시점에 127만 1,000명에 달한다고 합니다.(※5) 그런 규모가 되어도 아마존은 여전히 '스틸 데이 원' 정신을 내세우고 있습니다. 아무리 큰 기업이 되었다 하더라도 오늘이 막 창업한 '아직 1일째'인 것처럼 혁신에 계속 도전한다는 뜻입니다.

'스틸 데이 원'을 이상으로 끝내지 않게 하기 위해서는 막 창업했던 무렵에 베이조스와 간부들이 실천했던 결단의 속도와 혁신에 도전하는 자세를 누구나 재현 가능한 시스템으로 변화시키지 않으면 안 됩니다. 그 가운데서 가장 강력한 시스템 하나가 '투웨이 도어와 원웨이 도어'라는 이분법적 의사 결정입니다.

사원의 창업가 정신을 높이는 심플한 판단 기준

'양방향 도어와 일방통행 도어'라는 심플한 판단 기준이 가져오는 또 하나의 메리트는 중간층 매니저에게 창업가 정신을 심어주는 것입니다.

아마존에는 'Our Leadership Principles(OLP)'라는 16항목으로 구성된 전 세계 지부 공통의 행동 지침이 있습니다. 직역하자면 '우리의 리더십 원칙'이 되는데 이 16항목은 팀 멤버를 가진 매니저인지 아닌지를 불문하고 전원이 발휘해야 할 지침으로 여겨지고 있습니다.

이 OLP 첫머리에는 아마존이 바라는 인물상으로서 '아마존에서는 전원이 리더'라고 명기되어 있습니다. 아마존은 포지션에 관계없이 모든 멤버에게 리더십을 발휘하기를 요구합니다.

다시 말해 베이조스나 S팀이 가지는 리더십이나 창업가 정신을 전원이 가져달라, 그것이 아마존이라는 조직이 창업가 정신을 잃지 않고 혁신을 계속 창출하는 데 필요한 일이다. 이런 메시지를 담고 있다고 생각됩니다.

OLP에 대해서는 '리더십 원칙'에서 자세히 말하겠지만, '양방향 도어와 일방통행 도어'에 관련해서는 다음 두 가지 항목에 주목하고자 합니다.

● 주인의식(Ownership)

리더에게는 주인의식이 필요합니다. 리더는 장기적 관점에서 생각하고 단기적인 결과 때문에 장기적인 가치를 희생시키지 않습니다. 리더는 자신의 팀만이 아니라 회사 전체를 위해 행동합니다. 리더는 '그건 내 일이 아니다'라고는 결코 말하지 않습니다.

● 대체로 리더는 옳다(Are Right, A Lot)

리더는 대부분의 경우 올바른 판단을 합니다. 뛰어난 판단력과 경험으로 뒷받침된 직감을 갖고 있습니다. 리더는 다양한 사고를 추구하고 자신의 생각을 반증하는 것도 마다하지 않습니다.

다시 말해 모든 사원에게 장기적 관점으로 회사 전체를 위해 행동할 것을 기대합니다. 그리고 뛰어난 판단력과 경험으로 뒷받침된 직감을 가지고 있기를 기대합니다. 전 사원에게 그런 리더가 되는 걸 목표로 삼으라는 것은 상당히 높은 기준을 요구하는 것으로 생각되기도 합니다. 그러나 '돌아갈 수 있다면 실패를 두려워하지 말고 전진하라'는 '양방향 도어와 일방통행 도어'의 심플한 판단 기준은, 모든 사원에게 이런 높은 기준을 충족하는 인재라는 사실을 증명할 기회를 부여합니다. 왜냐하면 이 판단 기준이야말로 아주 사용하기 쉽고 강력한 도구이기 때문입니다.

1장_일반 사원을 창업가 집단으로

'원웨이 도어'라면 상위층과 논의한다

지금까지 '투웨이·원웨이'라는 판단 기준의 '의의'를 말해왔습니다. 다음으로는 어떻게 '운용'되고 있는지에 대해 말하겠습니다.

돌아갈 수 있는 투웨이 도어라면 실패를 두려워하지 않고 전진합니다. 구체적으로 설명하면 그 프로젝트를 담당하는 리더는 주어진 인원수와 예산의 범위 안에서 프로젝트를 진행해도 상관없습니다.

그러나 돌아갈 수 없는 원웨이 도어인 경우에는, 예측되는 사태의 중대함에 따라 다르기도 하겠지만 S팀을 비롯한 더욱 상위의 의사 결정자와 함께 논의하여 의사 결정을 합니다. 인원수나 예산이라는 자원이 리더에게 주어진 범위를 넘어서는 의사 결정도, 마찬가지로 상위층과의 논의를 거쳐 합니다.

이처럼 '투웨이·원웨이'를 경우에 따라 달리 적용함으로써 의사 결정의 기준치를 올렸다 내렸다 하며 프로젝트의 진척 속도를 컨트롤하는 것이 아마존 시스템입니다.

이 장에서는 이 시스템을 '일반 사원을 창업가 집단으로 키우는' 시스템의 하나로 소개했습니다. 그러나 동시에 다음 장에서 소개하는 '대기업의 함정을 피하는' 시스템의 하나이기도 합니다.

5 '기묘한 회사'란 사실을 스스로 인정한다

아마존이라는 회사에는 '우리의 방식은 색다르다'는 강한 자부심이 있습니다. 뒤집어 말하자면 색다른 방식을 부정하지 않을 뿐 아니라 오히려 긍정하고 추천하고 촉진하는 것이 아마존의 사풍입니다. 아마존은 그런 기업 풍토를 스스로 '아마존식의 기묘한 방법(Amazon's Peculiar Ways)'이라고 합니다.

아예 여기서 모티브를 가져온 '페키(PECCY)'라는 마스코트까지 만들었습니다. '기묘한(peculiar)'이라는 단어에서 따온 이름에서 알 수 있듯이 독자적이고 독특한 일 진행 방식이나 사고방식을 자랑스럽게 생각한다는 것을 상징하는 존재입니다.

아마존 사내에는 도처에 페키가 그려진 모조 전지 크기의 포스터가 붙어 있습니다. 어떤 캐릭터인지 흥미 있는 사람은 인터넷을 검색하면 찾아볼 수 있을 것입니다. 한가롭고 느긋한 이미지의 유머러스하고 사랑스러운 캐릭터입니다.

'괴상한 아이디어'를 지키는 페키

PR/FAQ를 사용하여 제안되는 아이디어 중에는 미성숙한 것도 있고 괴상한 것도 있습니다. 그러나 내가 아는 한 아무리 괴상한 아이디어라도 경영 간부는 진지하게 검토하여 아이디어의 정수만이라도 어떻게 살릴 수 없을까 하고 노력했습니다.

만약 거기서 간부가 눈살을 찌푸리고 "말도 안 돼."라든가 "좀 더 생각하고 나서 기획서를 내주세요." 같은 식으로 대응한다면 그 제안자가 다음에도 독창적인 아이디어를 내리라는 기대는 할 수 없습니다. 그것은 혁신의 싹을 꺾는 일을 의미하기 때문입니다.

아마존이 우려하는 위기란 거대한 자본을 가진 누군가가 비슷한 비즈니스 모델로 도전하는 것은 아닐 것입니다. 앞으로 아마존이 곤경에 처할 일이 있다면 일찍이 아마존이 그랬던 것처럼 이름도 모르는 작은 기업이 괴상한 아이디어를 내고 그것을 실현시키기 위해 아마존에 도전해올 때일 것입니다.

그렇다면 아마존은 지금의 규모나 지위에 안주할 것이 아니라 언제까지고 '스틸 데이 원' 정신으로 기묘한 아이디어를 계속해서 내지 않으면 안 됩니다. 그러므로 아마존은 "아무리 이상한 것을 제안해도 나는 놀라지 않습니다."라는 메시지를 담아 페키에게 웃는 얼굴을 보이게 하는 게 아닐까요. 아마존에서 일했던 무렵 여기저기 붙어있던 페키 포스터를 보며 들었던 생각입니다.

6   16가지 아마존 혁신의 법칙 – 리더십 원칙

아마존은 대규모 혁신을 계속해서 창출한다는 의미에서 특별한 기업입니다. 그것을 가능하게 하는 시스템의 근저에는 아마존이 정한 미션이 있습니다. 우선은 아마존의 미션 스테이트먼트(Mission Statement)를 읽어주기 바랍니다.

> "우리는 지구상에서 가장 고객을 소중히 여기는 기업이 되는 것을 지향한다. 우리의 미션은 고객 체험의 바(기준)를 계속 올리기 위해 인터넷과 테크놀로지를 이용하여 소비자가 모든 것을 찾고 발견하고 구입하는 것을 돕고 기업과 콘텐츠 크리에이터가 자신의 성공을 최대화하는 것을 지원한다."

지구상에서 가장 고객을 소중히 여기는 기업이 된다 — 솔직히 말하자면 내가 처음으로 이 비전, 미션 스테이트먼트를 봤을 때는 무슨 의미인지 이해할 수 없었습니다. 서서히 이해할 수 있게 된 것은 베이조스가 회사 안팎에서 했던 발언을 듣고 그 의미를 생각하게 되고 나서입니다.

> "후세에 고객 중심으로의 변혁을 일으킨 기업으로 기억되고 싶다."
> "아마존이 고객을 소중히 여기는 기준을 올려 다른 기업의 기준도 올리기를 바란다."

"지금까지의 기업과는 레벨이 다른 차원으로 고객을 소중히 여기고 싶다."

"고객을 늘 사고의 중심에 두고 고객을 위해 발명을 해 나간다."

베이조스가 바라는 '고객 중심'이란?

'고객 중심 주의'를 내세우는 경영자는 많습니다. 하지만 이러한 베이조스의 발언에서 알 수 있는 것은, 그가 바라는 고객 중심이란 지금까지 존재한 모든 기업을 넘어선 '차원이 다른 수준'에 있다는 것입니다.

다시 말해 높은 수준으로 고객을 중심에 두는 기업 문화를 만들어냄으로써 다른 기업의 모범이 된다는 것입니다. 자신이 만들어낸 아마존이 선례가 되어 다른 기업을 변화시키고 '고객을 소중히 여긴다'는 것에 대한 사회나 문화의 수준을 향상시키는 것까지 바라고 있습니다. 앞에서 설명한 아마존 고를 계기로 일본의 컴퓨터 대기업에서도 계산대 없는 매장 개발의 움직임이 나오기 시작한 것은 그 좋은 예일 것입니다.

아마존이 다른 기업의 모범이 됨으로써 세계의 상식이 바뀐다는 것이 베이조스의 목표입니다. 편리한 서비스나 제품을 만들어내는 것은 그것을 위한 수단이고 중간 과정에 지나지 않습니다.

장대한 미션은 '시스템'을 요구한다

서장에서 쓴 것처럼 나는 베이조스의 경영을 접하기 전에 뛰어난 자질을 갖고 훌륭한 성과를 남긴 연쇄 창업가들을 거듭 인터뷰했습니다. 다들 굉장히 매력적인 사람들이었는데 그들이 내세웠던 목표는 '특정한 제품이나 서비스를 세상에 내놓고 널리 보급'하는 것의 성공이었습니다.

베이조스의 미션은 이들의 목표보다 훨씬 장대합니다. 베이조스 본인과 주변인들 세대 하나로는 실현하기 불가능합니다. 그것은 베이조스 자신도 자각하고 있을 것입니다. 처음부터 한 세대에 끝나지 않을 미션을 설정하고 회사를 설립한 것입니다.

자신이 사라진 후에도 회사가 이 미션을 향해 나아가는 것을 전제로 한 발상입니다. '지구에서 가장 고객을 소중히 여기는 기업이 된다'는 미션의 실현을 위해 해야 할 일에는 무한한 여지가 있습니다.

너무나도 거대한 이 목표 덕분에 베이조스는 지키기에 급급하지 않고 매일 위험을 감수하고 새로운 혁신에 계속해서 도전할 수 있었습니다. 그리고 아마존은 베이조스라는 한 사람의 시간을 넘어 멤버 전원이 공유하는 기업 문화로서 그 도전을 지속할 수 있습니다. 베이조스와 아마존의 장대한 미션은 자연스럽게 '시스템'을 요구하는 것입니다.

창업가 중에서도 사회적인 의의나 역할을 회사 설립의 목적으로 내세우고 그 실현이야말로 자신의 미션이라고 자리매김하는 사람들을 '미셔너리(missionary)'한 경영자라고 부르는 일이 있습니다. 그중에서 베이조스는 그런 경향이 가장 두드러진 존재라고 할 수 있겠지요.

2018년 전 사원이 참가하는 회합이 미국에서 개최되어 나도 온라인으로 참가했습니다. 그때 한 사원으로부터 아마존이 어떤 기업에 출자한 건에 대해 이유를 묻는 질문이 나왔습니다. 베이조스는 이렇게 대답했습니다.

> "그 기업의 창업자는 미셔너리여서 좋아요. 앞으로 장래를 기대할 수 있다고
> 생각합니다."

그 투자처인 기업이 가진 기술이나 자산이라는 대답이 돌아오리라 생각했던 나는 그 의외의 답변에 감탄할 수 밖에 없었습니다.

투자의 평가 기준이 되는 '미셔너리'

베이조스가 어떤 기업에 대한 투자 여부를 판단할 때는 그 기업이 특별한 기술이나 유형, 무형의 자산을 갖고 있는가 하는 것만이 아니라 자신에게 무엇을 미션으로 설정하고 그 실현을 위해 어떻게 나아가는지를 중요한 평가 포인트로 삼는다는 것이 잘 전해졌습니다.

베이조스 자신이 그런 창업가의 전형으로서 비즈니스를 성장시켜왔다는 점도 있습니다. 하지만 무엇보다 미셔너리한 비전을 설정하는 회사는 장기적으로 큰 것을 성취할 가능성이 높다는 걸 경험적으로 알고 있다는 것이겠지요.

베이조스는 매년 주주에게 보내는 편지를 씁니다. '베이조스 레터'라는 이름으로도 알려져 있는데 2007년 편지에는 이런 문구가 있습니다.

> "미셔너리들은 더 좋은 제품을 만드니 기쁩니다(I'm glad about that because missionaries build better products)."

이 문구 앞의 단락에서 베이조스는 자신의 화법이 대체로 미셔너리처럼 받아들여진다는 것을 언급하고 이러한 평가를 받은 것을 기뻐했습니다. '기뻐하는 이유로는 미셔너리는 더 나은 제품을 만들기 때문'이라고 말하고 있습니다. 베이조스가 자기 자신이 미셔너리로 간주되는 것을 기쁘게 생각함과 동시에 다른 미셔너리한 사람들에 대해서도 높이 평가하고 있다는 것을 알 수 있습니다.

미션은 창업가를 지탱하는 신념일 뿐 아니라 거기서 일하는 사람들이나 관련 파트너 기업에게도 큰 영향을 미칩니다.

나 자신도 경험이 있습니다. 눈앞의 목표를 달성하려고 전력으로 일하여 성과를 내려고 할 때 문득 자신이 지금 하고 있는 일에 의문을 느끼는 일이 가끔 있었습니다. "이건 세상에 도움이 되는 건가?", "돈을 벌기 위해 세상에 도움이 되지 않는 일을 하고 있는 건 아닐까?", "돈을 위해 뭔가 잘못된 일을 하고 있는 건 아닌가?"라고 말입니다.

그때 아마존의 미션 스테이트먼트를 다시 읽었더니 "아니, 이 정도면 돼.", "나는 세상에 도움이 되는 일을 하려 하고 있어."라고 생각하게 되었습니다. 지금의 프로젝트가 어디를 향하고 있고 회사에 어떻게 공헌하려 하는지를 확인할 수 있었지요. 그것이 모티베이션을 유지하고 높이는 데 기여한 것은 말할 것도 없습니다.

아마존의 '리더십 원칙'

앞에서 말한 것처럼 아마존에는 16항목으로 된 OLP가 있습니다. 이 행동 지침은 팀 멤버를 거느린 매니저인지 아닌지를 불문하고 전 사원이 발휘해야 할 행동 원칙입니다.

참고로 마지막 두 항목은 2021년 7월, 베이조스가 CEO를 퇴임하기 직전에 추가한 것으로 종래부터 있던 14항목과는 성격이 다릅니다. 그 차이에 대해서는 나중에 말하겠지만 이 책의 목적인 '아마존이 계속적으로 혁신을 창출하는 시스템'을 설명할 때 더욱 중요한 것은 종래부터 있던 14항목일 것입니다.

이러한 리더십 원칙은 이 장에서 지금까지 소개해온, 혁신을 계속해서 창출하는 시스템과 불가분의 관계에 있습니다. 이 책에서는 나중에 나오는 칼럼에서 이 '14원칙'을, 혁신 창출 프로세스에 따르는 형태로 정리합니다.

일단 16항목으로 된 OLP는 아래와 같습니다. 이 내용은 아마존 공식 홈페이지에서도 확인할 수 있습니다.

바라는 인물상

아마존에서는 전원이 리더입니다.

아마존에는 '우리의 리더십 원칙'이라는 14항목으로 이뤄진 계열사 공통 신조가 있습니다. 팀을 가진 매니저인지 아닌지를 불문하고 아마존에서는 전원이 리더라는 사고로, 사원 한 사람 한 사람이 하루하루의 모든 활동에서 항상 이 원칙에 따라 행동하려고 항상 주의합니다.

우리의 리더십 원칙(OLP)

● **고객에게 집착한다(Customer Obsession)**

리더는 고객을 기점에 두고 생각하며 행동합니다. 고객으로부터 신뢰를 얻고 유지해 나가기 위해 전력을 다합니다. 리더는 경쟁자에게도 주의를 기울이지만 무엇보다 고객을 중심으로 생각하는 데 집착합니다.

● **주인의식(Ownership)**

리더에게는 주인의식이 필요합니다. 리더는 장기적 관점에서 생각하고 단기적인 결과 때문에 장기적인 가치를 희생하지 않습니다. 리더는 자신의 팀만이 아니라 회사 전체를 위해 행동합니다. 리더는 '그것은 내 일이 아니다'라고는 결코 말하지 않습니다.

● 발명과 단순화(Invent and Simplify)

리더는 팀에 혁신(혁신)과 인벤션(창조)을 요구하고 동시에 항상 심플한 방법을 모색합니다. 리더는 상황의 변화에 주의를 기울이고 모든 장에서 새로운 아이디어를 찾아냅니다. 그것은 자신들이 만들어낸 것에만 한정되지 않습니다. 우리는 새로운 아이디어를 실행에 옮길 때 장기간에 걸쳐 외부에 오해받을 가능성이 있다는 것도 받아들입니다.

● 대체로 올바른 판단(Are Right, A Lot)

리더는 대부분의 경우 올바른 판단을 내립니다. 뛰어난 판단력과 경험으로 뒷받침된 직감을 갖고 있습니다. 리더는 다양한 사고를 추구하고 자신의 생각을 반증하는 것도 마다하지 않습니다.

● 늘 배우고 호기심을 갖는다(Learn and Be Curious)

리더는 늘 배우고 자기 자신을 향상시킵니다. 새로운 가능성에 호기심을 갖고 탐구합니다.

● 최고의 인재를 채용하고 성장시킨다(Hire and Develop the Best)

리더는 모든 채용이나 승진에서 평가 기준을 끌어올립니다. 뛰어난 재능을 가진 인재를 판별해내고 조직 전체를 위해 적극적으로 활용합니다. 리더 자신이 다른 리더를 육성하고 코칭에 진지하게 임합니다. 우리는 모든 사원이 더욱 성장하기 위한 새로운 메커니즘을 만들어냅니다.

● 최고의 기준을 고집한다(Insist on the Highest Standards)

리더는 항상 높은 수준을 추구하는 걸 고집합니다. 많은 사람들에게 이 수준은 너무 높다고 느껴질지도 모릅니다. 리더는 계속적으로 요구되는 수준을 끌어올려 팀이 더 나은 품질의 상품과 서비스, 프로세스를 실현할 수 있도록 추진합니다. 리더는 수준을 충족하지 못한 것은 실행하지 않고 문제가 일어났을 때는 확실히 해결하여 다시 같은 문제가 일어나지 않도록 개선책을 강구합니다.

● 크게 사고한다(Think Big)

좁은 시야로 사고하면 큰 결과를 낼 수 없습니다. 리더는 대담한 방침과 방향성을 제시함으로써 성과를 냅니다. 리더는 고객을 위해 종래와는 다른 새로운 관점을 갖고 모든 가능성을 모색합니다.

● 행동을 우선한다(Bias for Action)

비즈니스에서는 속도가 중요합니다. 많은 의사 결정이나 행동은 다시 할 수 있기 때문에 대대적인 검토를 필요로 하지 않습니다. 계산한 상태에서 위험을 감수하는 것에 가치가 있습니다.

● 절약(Frugality)

우리는 더 적은 자원으로 더 많은 것을 실현합니다. 절약 정신은 창의적 고안, 자립심, 발명을 낳는 원천이 됩니다. 스태프의 인원수, 예산, 고정비가 많다고 꼭 좋은 것은 아닙니다.

● 신뢰를 얻는다(Earn Trust)

리더는 주의 깊게 귀를 기울이고 솔직하게 이야기하며 경의를 갖고 상대를 대합니다. 설령 어색한 일이 있어도 잘못은 순순히 인정하고 자신이나 팀의 잘못을 정당화하지 않습니다. 리더는 항상 자신을 최고 수준과 비교하고 평가합니다.

● 깊이 파고든다(Dive Deep)

리더는 항상 모든 업무에 마음을 쓰고 상세한 점도 파악합니다. 빈번하게 현 상황을 확인하고 지표와 개별 사례가 합치하지 않을 때는 의문을 표합니다. 리더가 관여할 이유가 없는 업무는 없습니다.

- **줏대를 가지고 반대하며 헌신한다**

  (Have Backbone: Disagree and Commit)

  리더는 동의할 수 없는 경우 경의를 갖고 이의를 제기하지 않으면 안 됩니다. 설령 그렇게 하는 것이 귀찮고 노력을 요하는 일이어도 예외는 없습니다. 리더는 신념을 갖고 쉽게 포기하지 않습니다. 쉽게 타협하여 야합하는 일은 하지 않습니다. 하지만 일단 결정되면 전면적으로 헌신합니다.

- **결과를 낸다(Deliver Results)**

  리더는 비즈니스상의 중요한 인풋에 초점을 맞추고 적정한 품질로 신속하게 실행합니다. 설령 어려운 일이 있어도 맞서고 결코 타협하지 않습니다.

- **지구 최고의 고용주를 목표로 한다**

  (Strive to be Earth's Best Employer)

  ※ 2021년 7월 추가 항목

- **성공과 규모에는 광범위한 책임이 따른다**

  (Success and Scale Bring Broad Responsibility)

  ※ 2021년 7월 추가 항목

맨 처음의 '고객에게 집착한다'는 가장 중요한 리더십 원칙입니다. Obsession은 망상이나 강박관념, 집착이라는 강한 의미를 가집니다. 그러므로 'Customer Obsession'은 '뭔가에 사로잡힌 것처럼 집중적으로 고객을 위해 생각하고 행동'하는 것을 기대하는 말입니다.

아마존에 들어갔을 때 나는 이 말의 강렬함에 깜짝 놀랐습니다. 다만 솔직히 돌아보면 '그렇게 말은 해도 역시 회사의 이익이 있고 나서의 일이겠지.', '여차

하면 경영 판단으로서 고객보다는 회사의 이익을 택하겠지'라고 생각했습니다. 고객 만족이 가장 중요하다고 이념으로 내세우는 기업은 적지 않습니다. 하지만 실제로는 연간 매출·이익을 우선시하는 판단을 내리는 일이 많은 법입니다.

그러나 그 후 아마존에서 나는 내 예상이 틀렸다는 것을 통감합니다. 재직했던 6여 년 동안 아마존에서 회사 이익을 위해 고객의 만족을 뒤로 물리는 경영 판단이 내려지는 것을 단 한 번도 본 적이 없었습니다.

리더가 모여 뭔가 중요한 의사 결정을 하는 회의에서 최우선으로 고려하는 것은 항상 '그 결정이 고객에게 플러스가 되느냐 아니냐'하는 점이었습니다. 예컨대 '고객이 저비용으로 상품을 받을 수 있도록 한다'는 것과 '회사로서 이익을 확보한다'는 것은 많은 경우 이해가 상충합니다. 그러나 아마존의 회의에서 '회사로서의 이익을 확보하기 위해 이용자가 지불해야 할 대가의 수준을 높인다'고 하는 타협적인 결단이 내려지는 일은 한 번도 없었습니다.

아마존에서는 '회사의 이익을 확보하는 것'과 '고객을 만족시키는 것'을 같은 선에 두고 생각하지 않습니다. 고객을 만족시키는 것은 각별한 최우선 사항, 이를테면 '성역'입니다. 고객 만족은 당연한 일로 생각하고, 우선 그 실현 방법을 생각합니다. 그 결론이 나온 다음에 기업으로서의 이익을 어떻게 확보할지를 생각합니다.

이를 양립시키기 위해서는 뭔가의 혁신을 필요로 하는 것이 보통입니다. 예컨대 위에서 예로 든 낮은 가격으로 상품을 제공하는 것과 동시에 이익을 확보하기 위해서는 매출 규모를 확대하여 비용을 절감하거나 대담하게 시스템화를 진행하여 비용을 절감하거나 싼 구입처를 개척하는 등의 장기적인 개혁이 필요해집니다.

앞서 새롭게 추가된 마지막 두 항목은 종래의 14항목과는 성격이 다소 다르다고 썼습니다. 사견이긴 하지만 기존 14항목은 '구체적인 일의 방식'이나 '발휘해야 할 능력'을 보여줍니다. 그것들에 비하면 마지막 두 항목은 '지구 최고의 고용주가 된다', '사회에 대한 책임을 다한다' 등 비전이나 목표에 가까운 것처럼 느껴집니다. 그래서 '재현 가능한 시스템'의 소개를 목표로 하는 이 책은 14항목을 중심으로 해설하고자 합니다. 다만 모든 것에 대해 해설하면 다소 긴 이야기가 되기에 여기서는 요점 정리를 최우선으로 하고 상세한 것은 나중에 칼럼 3에서 다루도록 하겠습니다.

채용도 인사평가도 리더십 원칙이 기준 ——————

OLP라 불리는 리더십 원칙은 아마존의 일상 업무에 녹아들어 있습니다. 사원을 채용할 때는 모집하는 위치에서 중요하다고 생각되는 리더십 원칙이 무엇인지를 처음에 정합니다. 예컨대 이런 식입니다.

"이번에 모집하는 마케팅 담당자는 고객 동향의 데이터 분석이나 조사를 담당합니다. 이 업무에 강하게 요구되는 리더십 원칙은 '깊이 파고든다'와 '늘 배우고 호기심을 갖는다', 그리고 '고객에게 집착한다', 이 세 가지입니다. 그러므로 면접을 위해 이 세 가지와 관련된 질문을 준비하고 평가합시다."

"이번에는 이 사업 부문을 이끌 리더 자리를 모집합니다. 고객의 니즈에 따라 전략적으로 판단하는 것은 물론이고 강한 책임감을 갖고 팀을 리드할 것을 요구하고 싶습니다. 그러므로 '주인의식', '올바른 판단', '고객에게 집착한다', 이 세 항목을 중점적으로 봅시다."

채용만이 아니라 사원의 인사평가도 리더십 원칙에 기초하여 이루어집니다. 자신의 장점이나 약점이 어떤 리더십 원칙에 있는지를 팀 멤버나 상사로부터 피드백을 받는 시스템입니다. 그 결과에 입각하여 차기에 중점적으로 주력할 테마를 정합니다. 이미 발휘하고 있는 리더십 원칙은 장점으로서 더욱 신장시키고, 기대되는 수준과 갭이 있는 리더십 원칙이 있다면 보완해 갑니다. 그것을 위해 무엇을 실시할지 연간 계획도 입안하고 정기적으로 상사와 그 진척 상황을 리뷰합니다.

모든 발언에 리더십 원칙이 인용된다

일상 회의의 토론에도 리더십 원칙이 빈번하게 등장합니다. 예컨대 어떤 멤버가 제안한 기획에 근거가 되는 분석이 부족한 경우, 리더는 "이번 제안에는 '깊이 파고든다'가 부족하기 때문에 다시 검토해봤으면 합니다."라는 식의 말로 피드백합니다. 역으로 리더의 제안에 고객의 장기적인 이익을 손상시키는 점이 있다고 멤버가 느꼈다면 "이 아이디어에는 '고객에게 집착한다'의 관점에 선 검토에 아직 불충분한 점이 있는 게 아닐까?" 등으로 지적하는 일도 있습니다. 이처럼 모든 논의에서 리더십 원칙이 인용되는 것이 아마존 사내 논의의 특징입니다.

입사한 시점에는 위화감이 있었습니다. 그러나 매일 이러한 논의를 듣고 있으면 자기 자신도 저절로 이러한 리더십 원칙을 축으로 사고하게 됩니다. 그리고 주위 사람에게 자신의 의견을 전할 때도 '고객에게 집착한다'나 '깊이 파고든다'라는 사내의 공통 언어를 사용하여 표현하게 됩니다.

이렇게 1년만 지나면 몇 년이나 아마존에 재직하고 있는 선배 사원과 같은 사고 스타일, 행동 스타일을 취하게 됩니다. 완전히 동일한 가이드라인에 따라 일에 임하기 때문입니다.

미국 기업에서 행동 지침이 뿌리 내린 이유

　이처럼 사내 공통의 행동 지침을 잘 활용함으로써 성공하고 있는 기업은 아마존만이 아닙니다. 미국에서는 많은 기업이 정착시켜 활용하는 데 성공하고 있고, 내가 과거에 근무한 기업, 예컨대 일본 GE에서도 잘 기능하고 있었습니다. 그 정착을 위해 인사평가, 의사 결정, 행동에 대한 피드백에 공통의 행동 지침이 반드시 쓰이는 프로세스를 만들어 내고 있습니다.

일본 기업에서도 행동 지침을 정하고 있는 기업은 많다고 생각하지만, 회사의 다양한 프로세스에 정확히 넣고 있는 회사는 그다지 접하기 힘듭니다. 미국의 경우 일본 기업에 비해 일하는 사람들의 인종이나 종교, 모국어 등의 백그라운드가 다양한 것이나 인재의 유동성이 커서 이직해서 입사하는 사람이 항상 많다는 것 등이 그 이유일 것입니다.

반면 일본 기업은 예로부터 대학 졸업과 동시에 입사하여 정년까지 일하는 사람이 많았기 때문에 미국에 비하면 행동 지침의 중요성을 느끼지 못했을지도 모릅니다. 경력직 채용을 꺼리는 경향은 최근에 희박해졌지만, 그래도 일본 기업은 여전히 미국 기업에 비하면 같은 언어를 사용하고 비슷한 교육과 문화적 배경을 가진 사람들이 많이 모여 있습니다. 그 때문에 규칙이나 원칙을 명시하지 않고 호흡을 맞춰 일을 진행하는 일도 어느 정도 가능합니다.

미국과 일본의 방식에는 각각 좋은 면과 나쁜 면이 있습니다. 일본 기업이 특기로 하는 것은 기발한 발상보다는 지속적인 개선으로 특정한 제품이나 서비스의 질을 높이는 일일 것입니다. 그것이 바로 1980년대에 일본이 번영을 이룬 초석이었습니다. 그러나 '혁신을 창출한다'는 현재 직면한 과제에 대처하기 위해서는, '다양성을 늘려가며 기업을 하나의 목표로 나아가는 방향을 정한다'는 미국의 강점에서 배울 필요가 있는 게 아닐까요.

브레인 트러스트

– 디즈니가 '조직'으로서 히트 애니메이션 영화를 양산하는 비결

이 책에서는 아마존이 '조직적으로 혁신을 연속해서 창출하는 시스템'을 설명하고 있습니다. 그것 이외에도 많은 미국 기업에서 뭔가를 실현할 확률이나 재현성을 높이는 시스템이 잘 구축되어 있는 것을 보고 감탄한 일이 자주 있었습니다. 그중에서도 특히 감탄한 것은 디즈니 애니메이션 스튜디오에 '브레인 트러스트(brain trust)'라는 시스템이 있는 것을 알았을 때입니다.

정확히 말하자면 디즈니에서는 '스토리 트러스트(story trust)'라 불리는 것 같습니다. 원래는 영상제작회사 픽사(Pixar)가 만든 브레인 트러스트라는 시스템이 있고, 픽사가 디즈니에 합병된 후 그 시스템이 디즈니에 이식되어 스토리 트러스트가 되었습니다. 픽사에서는 지금도 브레인 트러스트라 부르는 것 같습니다. 그래서 여기서는 양자를 종합하여 브레인 트러스트라 부르기로 하겠습니다.

브레인 트러스트는 '히트 애니메이션 영화를 연속해서 낳을 확률을 높이기' 위한 시스템입니다.

브레인 트러스트의 구체적인 내용은 앞으로 설명하겠지만, 이 사례에서 내가 배운 것은 높은 창조성이 필요하다고 생각되는 애니메이션 영화 제작에서도 '히트 작품을 만들어내는 재현성 있는 시스템'이 구축될 수 있다는 것입니다. 이것을 알기까지 높은 창조성은 천재 크리에이터라 불리는 극소수의 사람들만이 보유하고 있는 것이고, 시스템 같은 것과는 무관한 세계라고 생각했습니다.

애니메이션 세계에서까지 시스템화가 가능하다면 혁신 창출에서도 특정한 개인의 능력이나 우연에 기대하지 않고 성공 확률을 높이는 시스템을 구축하는 것이 가능할 것입니다.

여러분도 잘 알고 있는 것처럼 디즈니 애니메이션은 '겨울왕국', '라푼젤', '모아나',

'주먹왕 랄프', '토이 스토리' 등 여기에 다 적을 수 없을 만큼 갖가지 히트 영화를 차례로 만들어냈습니다. 디즈니 애니메이션이 이토록 많은 히트 영화를 만들어낼 수 있었던 것은 왜일까요? 뭔가 비밀이라도 있는 걸까요? 특정한 천재적인 감독이나 각본가가 있는 걸까요?

각 작품의 감독을 조사해보면 특정 감독이 히트작을 양산하고 있는 게 아니라는 사실을 알 수 있습니다. 예컨대 겨울왕국의 감독이 크리스 벅과 제니퍼 리, 라푼젤의 감독이 네이슨 그레노와 바이런 하워드, 모아나의 감독이 론 클레멘츠와 존 머스커, 주먹왕 랄프의 감독이 리치 무어인 것처럼 특정한 감독만이 히트작을 만들어내고 있는 것은 아닙니다. 이를 가능하게 한 것은 무엇일까요?

디즈니 관계자에게 물어보거나 책(※1)을 통해 찾아봤더니, 픽사의 공동 창업자로 2006년에 디즈니가 픽사를 매수한 후 디즈니 애니메이션 스튜디오를 이끌어온 애드 캣멀과 존 래시터가 중심이 되어 질 좋은 작품을 높은 확률로 계속해서 만들어낼 수 있는 시스템을 픽사 시절에 만들었다는 사실을 알게 되었습니다.

그것이 브레인 트러스트라는 작품 리뷰 모임입니다. 몇 달에 한 번 스튜디오 내의 감독이나 각본가가 함께 만나 제작 중인 작품을 시험 상영합니다. 그 후 그 작품을 담당하는 감독이나 각본가도 함께 논의합니다. 논의하는 것은 '개선해야 할 부분', '효과가 없는 부분', '약한 부분', '진실성이 느껴지지 않는 부분', '바꿔야 할 캐릭터' 등에 대해서입니다.

참가자들은 제안이나 조언을 합니다만, 어떻게 개선해야 할지는 담당하는 감독이나 각본가에게 맡깁니다.

브레인 트러스트에서 논의된 작품의 감독과 각본가는 자신과 같은 수준의 감독이나 각본가로부터 솔직한 의견을 들을 기회를 얻을 수 있습니다. 사람에 따라서는 가혹한 피드백을 받고 그날 밤은 잠을 잘 수 없을 만큼 충격을 받는 일도 있겠지요. 또한 동료의 제안을 '그건 틀렸어. 잘못이야'라고 단정하고 받아들이지 않는 사람도 있을 겁니다. 다만 그러한 갈등을 말끔히 소화해갈 수 있다면 더 많은 사람들이 보고 감동받는 질 좋은 작품으로 완성할 수 있게 됩니다. 왜냐하면 담당하는 감독이나 각본가 이외의 사람들이 '개선해야 한다', '약하다', '재미없다'고 생각했다는 것은 극장에서 감상하는 고객의 대부분도 그렇게 생각할 것이기 때문입니다. 그것을 공개 전에 알아낼 수 있는 멋진 기회를 얻었다는 사실입니다.

애드 캣멀은 "어떤 영화도 만들기 시작할 때는 차마 볼 수 없을 만큼 '졸작'이다."라고 단언합니다. 그리고 "픽사 영화도 처음에는 무척 따분하다. 그것을 재미있게 만든다, 즉 '졸작을 졸작이 아니게 만든다'는 것이 브레인 트러스트의 역할"이라고 말합니다.(※1)

작품 리뷰 모임이라고 하면 '간단한 일 아닌가', '어떤 영화 회사나 다 하고 있을 것이다'라고 생각하는 사람도 있을지 모릅니다. 그러나 브레인 트러스트에 참가하여 의견을 말하는 것은 모두 일류 감독이나 각본가입니다. 리뷰를 받는 측의 감독, 각본가도 원래 타인의 조언이 없더라도 수준 높은 작품을 만들어낼 수 있는 능력을 지닌 사람들입니다.

그러므로 질 좋은 논의가 가능하다고도 생각할 수 있지만 우려도 있습니다. 재능 있는 크리에이터만 모여 논의했을 때 각자의 자신감이나 자기중심주의가 앞서 동료가 아무리 좋은 아이디어를 제공해도 좀처럼 받아들이지 않는 경우도 있겠지요. 게다가 라이벌에게 좋은 아이디어를 제공해 주고 싶지 않다고 생각하는 감독이나 각본가가 있어도 이상하지 않을 겁니다. 또한 다른 사람이 제작하고 있는 작품에 솔직한 의견을 말하는 것은 간단하지 않습니다. 속마음을 가장한 간접적인 표현이 되거나 상대에게 정확히 전해지지 않고 끝나버리는 일도 있겠지요.

그런 우려를 말끔히 해소하고 이 브레인 트러스트라는 리뷰 모임을 제대로 기능하게 하는 것은 캣멀의 "솔직함, 탁월함, 커뮤니케이션, 독자성, 자기평가라는 것이 중요하다고 입으로만 말하는 것이 아니라 그것이 얼마나 불쾌한 생각을 동반해도 말한 것은 반드시 실행한다."(※1)는 강한 신념이겠지요. 평소부터 사람들의 공동 작업과 솔직한 의견 교환으로 더욱 창의적이고 고품질 작품이 만들어진다는 사실을 믿고 타협하지 않았기 때문입니다.

브레인 트러스트라는 시스템을 알기 전까지 나는 애니메이션 영화는 극소수의 천재 감독이 혼자 이끌며 영혼을 담아 만들어내는 것이라고 생각했습니다. 실제로 스튜디오 지브리의 경우는 미야자키 하야오(宮崎駿), 다카하타 이사오(高畑勲)라는 두 명의 천재 크리에이터가 있습니다. 각자가 혼을 담은 작품 제작에 몇 년이라는 단위로 집중하여 활동한 결과 멋진 작품을 세상에 내놓고는 했습니다.

지브리의 대표작을 살펴보면 대부분 각본과 감독을 미야자키와 다카하타가 담당했습니다. 예컨대 '붉은 돼지', '천공의 성 라퓨타', '이웃집 토토로'는 모두 원작, 각본, 감독이 미야자키입니다. 그리고 '폼포코 너구리 대작전'은 원작, 각본, 감독이 모두 다카하타입니다. 이외에도 지브리에는 많은 히트작이 있지만 대부분 이 두 사람이 각본과 감독을 맡았습니다.

나도 지브리의 작품을 아주 좋아하고 두 거장은 천재이며 그 누구도 흉내 낼 수 없는 영역에 있다고 생각합니다. 그리고 지브리는 질 좋은 작품을 만들어내는 근원을 두 사람의 천재에게 맡긴 것으로 보입니다. 어떤 의미에서 디즈니와는 정반대일지도 모릅니다.

픽사, 디즈니에도 존 래시터라는 뛰어난 크리에이터가 있었습니다. 그가 브레인 트러스트라는 시스템에 참가함으로써 스튜디오로서 관여하는 모든 작품의 질을 높일 수 있었습니다. 그리고 미래의 감독, 각본가의 육성으로도 이어집니다. 픽사와 디즈니가 목표로 한 것은 그때의 리더들이 빠진 후에도 영속하는 스튜디오를 만들어내는 일이었습니다. 많은 감독이 히트작을 만들어내고 있는 현 상황을 보면 그 이상이 실현된 것으로 보입니다.

애니메이션 영화 제작이라는 가장 창의적인 영역의 일 하나에서도 성공의 재현성과 영속성을 높이는 시스템이 구축될 수 있는 것입니다. 그 이외의 비즈니스 영역에서 혁신을 창출하는 확률을 높이고 재현성을 높이는 시스템도 각각의 회사가 창조해 나갈 수 있는 게 아닐까, 창조할 수 있는 게 당연하지 않을까라는 용기를 얻습니다.

1장_일반 사원을 창업가 집단으로

2

대기업의 **함정** 피하기

기업이 성장하면 빠지기 쉬운 '대기업병'이라는 함정이 있습니다.
파괴적 혁신을 게을리하여 존망의 위기에 처하고 마는 딜레마입니다.
베이조스는 이를 회피하기 위한 여러 제도적 장치를
아마존에 심어 두었습니다.

아마존만이 아니라 기업이 성장하면 빠지기 쉬운 함정이라는 게 있습니다. 그것을 '대기업병'이라고도 부릅니다.

비단 대기업이 아니어도 '현장에서는 혁신의 싹이 보이는데도 사내의 다양한 굴레 때문에 그 싹을 키울 수 없는 안타까운 장면'을 경험한 사람이 적지 않을 것입니다.

몇 년 전 출판업계에서 일하는 지인으로부터 "종이 잡지의 시장 규모는 해마다 줄어들고 있고 그 대신 각 회사는 인터넷 매체를 만들고 있다. 그러나 인터넷 매체에서 얻을 수 있는 매출이나 이익은 아직 적고, 그에 비해 종이 잡지에서 얻을 수 있는 매출은 감소 경향에 있다 하더라도 절대 액수는 크다. 그래서 현장 인원을 늘리지 않은 채 종이 잡지와 인터넷 매체를 병존시키게 된다. 그러자 한 사람당 업무 분량이 늘어나 기사의 질 저하로 이어지고, 결과적으로 종이 잡지도 인터넷 매체도 어중간한 것이 되고 말았다."라는 식의 푸념을 들은 적 있습니다.

이것은 클레이튼 크리스텐슨이 《혁신기업의 딜레마》에서 지적한, 대기업이 파괴적 혁신 때문에 존망의 위기에 빠지는 전형적인 예가 아닐까요.

아직 매출이 적은 성장 사업에 어디까지 투자할 수 있을까

나 자신도 이와 비슷한 경험을 한 적이 있습니다. 2014년, 나는 아마존에서 엔터테인먼트 사업의 책임자로 일했습니다. 그중에 CD나 DVD 등 '형태 있는 피지컬(물리 매체) 음악·영상 상품'을 다루는 상품 카테고리가 포함되어 있었습니다.

그때 디지털 음악 카테고리를 담당하고 있던 책임자가 갑자기 퇴직하게 되어 음악에 대해서는 내가 디지털과 피지컬 양쪽 카테고리의 책임자를 같이 맡게 되었습니다.

아마존에서는 통상 디지털과 피지컬 카테고리를 같은 사람이 겸임하는 일이 없습니다. 그러나 당시는 '프라임 뮤직(프라임 멤버가 무료로 들을 수 있는 주문형[on demand] 디지털 음악 송신)'의 도입을 앞두고 있었기 때문에 인력 문제가 해결이 되고 정식으로 후임이 정해질 때까지 맡는다는 조건으로 단기 대타로서 겸임하게 되었습니다.

그때 처음으로 디지털 음악 부문의 인원 채용 계획을 알고 깜짝 놀랐습니다. 매출 규모로 말하자면 당시 피지컬 CD 쪽이 디지털 음악보다 현격하게 컸는데도 불구하고 그해에 계획된 인원 채용 수는 디지털 쪽이 대폭 늘어나 어느 쪽 비즈니스가 주력인지 알 수 없을 정도였습니다. 왜냐하면 아마존에서는 중장기적인 성장을 중시한다는 기본 방침이 철저하여 그것을 가능하게 하기 위해 아직 매출이 적은 디지털 음악 카테고리를 대폭 증원할 계획을 세웠기 때문입니다.

그것을 알았을 때 나는 순간적으로 '왜지?' 하고 생각했습니다. 그러나 다음 순간 자신의 마음속에, 성장이 기대되는 디지털보다는 자신이 담당해온 기존 사업인 피지컬을 우선하려는 '대기업의 함정'이 있다는 것을 발견하고 반성했습니다.

서두에서 말했던 내게 투덜거린 지인이 일하는 출판사와 아마존은 비즈니스 모델 자체가 다르기 때문에 나의 경험과 지인의 경험을 단순 비교할 수는 없습니다.

그러나 아마존이 단기적인 이익에 사로잡히지 않는 대담하고 장기적인 투자를 하고 있는 것은 이런 이야기 하나에서도 분명합니다. 이런 점에서 일본의 일반적인 회사와는 상당히 차이가 있는 것 같습니다.

'혁신의 딜레마'를 예측한 베이조스

내가 입사한 2013년에 아마존은 이미 대기업이었습니다. 그러나 그 시점에 아마존에는 이미 이른바 대기업병을 피하는 시스템이 있었습니다. 내가 상상하기에 베이조스는 아마존이 대기업병의 리스크에 직면할 것을 예상하고 그것을 피할 시스템을 사전에 만들었던 것이겠지요. 앞에서도 말한 '대기업이 파괴적 혁신에 의해 망해가는 법칙'을 다룬 클레이튼 크리스텐슨의 명저 《혁신기업의 딜레마》를 읽고 대기업 안에서 혁신을 계속해서 창출하는 방법을 연구했던 게 아닐까 상상합니다.

이 회사는 왜 이런 시스템을 사전에 만들 수 있었을까 — 문득 이런 질문이 머릿속에 떠올랐던 기억이 있습니다.

그 대답은 아마 베이조스의 모토인 '고객에게 집착한다'가 구호에 그치지 않고 기본 개념으로 정착한 덕분이 아닐까요? 대기업병이란 요컨대 '자사의 사정을 우선'하는 데서 생겨나는 병입니다. 극단적으로 말하자면 '기존 사업을 지킨다'는 것이나 '고용을 유지한다'는 것도 '자사의 사정'일 뿐입니다. 고객에게 집착하는 것을 대원칙으로 내세운다면 그것들은 경영의 최우선 사항이 될 수 없습니다. 정말 기존 사업을 지키고 고용을 유지하고 싶다면 고객의 관점에 선 혁신을 계속 창출하는 것 외에 장기적인 해답은 없습니다.

일본 기업, 특히 일본의 대기업에는 변화를 뒤로 미루고 싶어 하는 경향이 있다고들 합니다. 그러나 이런 문제를 안고 있는 것은 일본 기업만이 아닙니다. 그렇기에 베이조스는 대기업병을 피할 시스템을 만들었던 것이고, 그 시스템은 모든 기업에 참고가 되는 것입니다.

이 장에서는 다음의 여섯 가지 문제에 대해 아마존이 어떤 시스템이나 프랙티스로 대처하고 있는지를 소개하고자 합니다.

대기업의 함정 1 신규 사업의 리더가 기존 사업을 겸임하여
사내 조정에 쫓긴다.

→ **대책** 싱글 스레드 리더십

대기업의 함정 2 기존 사업이 우선되어 신규 사업에 자원이
돌아가지 않는다.

→ **대책** 사내 카니발리제이션(cannibalization)을 권장

대기업의 함정 3 신규 사업의 실패가 담당자의 '책임'이 된다.

→ **대책** 인풋으로 평가

대기업의 함정 4 기존 사업의 무난한 목표 설정이 도전을 피하는
조직 문화를 만든다.

→ **대책** 기존 사업에도
스트레치 목표(stretch goal)를 설립

대기업의 함정 5 성역화된 '과거의 핵심 사업' 간부가 권력을 가진다.

→ **대책** '규모'가 아니라 '성장도'로 평가

대기업의 함정 6 규칙 우선으로 사원이 지시만을 기다리게 된다.

→ **대책** 전원이 리더

1 신규 사업의 리더가 기존 사업을 겸임하여 사내 조정에 쫓긴다

대책 : 싱글 스레드 리더십

아마존이 파괴적 혁신을 연속해서 창출할 수 있는 이유 가운데 하나로 '싱글 스레드 리더십' 개념이 있습니다. '싱글 스레드(single-threaded)'라는 것은 원래 프로그래밍 세계에서 사용되는 말로 '멀티 스레드(multi-threaded)'와 쌍을 이룹니다.

스레드란 프로그램의 처리 단위를 의미하는 말입니다. 병렬된 복수의 스레드를 동시에 처리하는 프로그램을 멀티 스레드 방식이라고 하고, 스레드가 옆으로 나열되지 않고 한 번에 직선적으로 처리하는 프로그램을 싱글 스레드 방식이라고 합니다.

아마존이 추구하는 '싱글 스레드 리더'란?

아마존에서는 이 싱글 스레드 개념을 리더십이 있는 사람을 표현하는 데 사용합니다. 구체적으로는 중요한 혁신을 이끄는 프로젝트 리더는 멀티 스레드가 아니라 싱글 스레드가 아니면 안 된다고 여겨지고 있습니다.

이 싱글 스레드 리더에는 두 가지 의미가 담겨 있습니다. 첫 번째는 한 사람의 리더가 프로젝트 결과까지 포함한 모든 것에 주인의식을 갖는다는 의미입니다. 다시 말해 리더는 전략이나 자원의 사용 방법 등 모든 의사 결정권을 가진 유일한 존재라는 얘기이고, 다른 의사 결정 라인을 병렬해서 만드는 일은 결코 해서는 안 된다는 뜻입니다. 또한 프로젝트가 진척되는 상황에서 열쇠가 되는 기술 등의 요소를 그 리더가 컨트롤할 수 없는 것이어서는 안 된다는 의미이기도 합니다.

또 하나는 그 프로젝트의 리더는 다른 일을 겸임하지 않고 자신이 가질 수 있는 자원의 100퍼센트를 해당 프로젝트에 쏟아 부어야 한다는 의미입니다. 단 하나의 프로젝트에 아침부터 밤까지 몰두하고 전심전력을 다해 그 프로젝트를 추진하라는 뜻입니다. 아마존은 왜 이런 원칙을 만들었을까요.

대기업이 혁신을 창출하려고 할 때 장애가 되는 것은 의사 결정이 복잡하고 늦다는 점입니다. 이런 장애로부터 프로젝트 리더를 해방하는 것이 싱글 스레드 리더라는 원칙입니다. 자신이 모든 의사 결정을 하는 것이 허락되고 다른 업무와 겸임하지 않으며 신규 사업의 프로젝트를 맡는다는 것은 창업가와 같은 입장에 선다는 의미입니다. 싱글 스레드 리더십이란 이를테면 아마존이라는 거대한 기업체 안에 유사 창업가와 벤처 집단을 만들어내는 시스템입니다.

게다가 그런 '아마존 내 벤처'는 진짜 스타트업이라면 누릴 수 없는 혜택을 받을 수 있습니다. 그것은 풍부한 자금과 인재입니다. 아마존 내 벤처의 리더는 많은 창업가를 지치게 하는 자금 조달에 분주할 필요가 없습니다. 아마존이라는 거대 기업에서 자금을 제공받기 때문입니다. 그리고 우수한 인재 확보라는, 모든 창업가가 직면하는 또 하나의 난제도 아마존은 사내에서 인재를 스카우트함으로써 해결할 수 있습니다. 아마존이 오랫동안 육성해온 기술 기반이나 고객 기반에 의존하는 것도 허락되어 있습니다. 그리고 다음 장에서 자세히 설명할 'S팀'을 비롯하여 신규 사업을 시작한 경험이 풍부한 간부로부터 조언을 들을 수 있습니다.

다시 말해 제로에서 시작하는 스타트업과 기업 내 벤처의 장점만을 골라 취하는 것이고, 이를 가능하게 하는 중요한 시스템의 하나가 싱글 스레드 리더십입니다.

왜 신규 사업의 책임자를 '겸임'시키는가?

전자책 비즈니스를 시작할 때 베이조스는 그 프로젝트 리더로서 그때까지 종이책 사업의 책임자였던 인물을 발탁했습니다. 그때 종이책 비즈니스에서는 완전히 제외하고 전자책 비즈니스에 풀타임으로 전념할 수 있도록 했습니다.(※1)

전자책과 종이책 판매에서는 출판사와의 관계나 판매 노하우 등에 공통되는 점이 많습니다. 그러므로 한 사람의 리더 아래 두 가지 사업을 두는 것도 메리트가 있었을지도 모릅니다. 하지만 베이조스의 판단은 전자책이라는 새로운 시장에서 새로운 고객 체험을 제로에서 구축하기 위해서는 기존 비즈니스와의 연결을 끊는 것이 좋다는 것이었습니다.

이 판단의 배경에는 자기 잠식(cannibalization) 문제도 있었겠지요. 종이책과 전자책 양쪽을 담당하게 되면 아무래도 그 시점에 회사의 주 수입원이며 매출도 이익도 많은 종이책 비즈니스에 의식이 기울고 맙니다. 베이조스는 자기 잠식을 신경 쓰지 않고 전자책의 가능성을 전력으로 개척하기 위해서는 프로젝트 리더를 종이책 비즈니스에서 분리할 필요가 있다고 생각했을 겁니다.

그렇다고 해도 2004년 당시 그런 결단을 내리기 위해서는 각오가 필요했을 겁니다. 종이책을 판매하는 아마존 비즈니스는 아직도 성장하고 있었습니다. 그 사업의 책임자였던 인물이라고 하면 아마존 안에서도 에이스 같은 존재였을 것입니다. 그런 우수한 인물을 주 수입원인 비즈니스에서 완전히 빼내고 겸임을 허락하지 않는 형태로 제로에서 시작하는 신규 사업에 투입합니다. 아마존에서 파괴적 혁신이 연속해서 창출되는 토대에 이런 각오가 있는 것은 틀림없습니다.

독자 여러분은 여기서 꼭 자사에서 행해지고 있는 신규 사업의 조직을 떠올려 봤으면 합니다. 자사의 최고경영진이 이 신규 사업은 회사의 '최우선 사업'으로 추진한다고 회사 전체에 선언했다고 합시다.

- 그 프로젝트에 대해 전권을 부여받은 사람의 존재가 누구의 눈에도 분명합니까?
- 그 프로젝트의 책임자는 다른 부문의 동의를 얻지 않고 의사 결정을 할 수 있는 상황입니까?
- 만약 책임자에게 전권이 부여되어 있다고 해도 그 사람이 그 프로젝트를 위해 100퍼센트의 시간을 쓸 수 있는 체제입니까?

위의 세 가지 질문 중 어느 하나가 '노'라면 그 프로젝트 리더는 일반적인 창업가보다 불리한 상황에 몰려 있는 것이 됩니다.

'두 계통의 보고 라인'이 없는 아마존의 특이성

아마존 이외의 글로벌 기업에서는 매트릭스 조직이라 불리는 조직 형태를 취하는 것이 일반적입니다. 매트릭스 조직은 조직을 두 축으로 나눕니다. 흔히 있는 예에서는 한쪽 축에 기능을 둡니다. 예를 들어 '판매', '조달', '물류' 등의 분류입니다.

그리고 또 다른 한쪽에 사업('서적', 'DVD', '가전' 등)이나 지역('북미', '일본' 등)을 둡니다. 이러한 매트릭스 조직에서 멤버는 원칙적으로 두 개의 소속과 역할을 갖게 됩니다. 예컨대 '서적 판매(서적×판매)'라든가 '일본의 물류(일본×물류)'라는 식으로 말입니다.

두 가지 소속과 역할을 갖는 데서 멤버는 두 개의 보고 라인을 갖게 됩니다. 예를 들어 '서적 판매'를 담당하는 멤버는 무슨 일이 일어나면 '서적' 부문의 상사와 '판매' 부문의 상사에게 보고하는 것이 요구됩니다.

매트릭스 조직에서는 대체로 두 축 중 어느 한쪽이 '주'이고 다른 한쪽이 '종'으로 여겨집니다. 그리고 주축이 되는 상사에게 올리는 보고는 '직접 보고(direct reporting)'라 불리고, 종축이 되는 상사에게 올리는 보고는 '점선 보고(dotted reporting)라 불립니다.

조금 전의 예처럼 서적이나 가전이라는 판매 카테고리 분류가 주가 되는 조직이라면 서적 부문의 상사에게 올리는 보고가 직접 보고이고 판매 부문의 상사에게 올리는 보고는 점선 보고입니다.

여담이지만 종측이 점선 보고라 불리는 것은 조직도에서 점선으로 나타내는 일이 많기 때문입니다. 그에 비해 주가 되는 직접 보고는 조직도상 실선으로 표시됩니다.

외자 계열 기업에 근무하는 사람에게는 당연한 일일지도 모릅니다만, 처음 듣는 사람에게는 상당히 성가신 이야기로 들리겠지요.

실제로 나 자신이 경험해온 외자 계열 기업의 실무에서 직접 보고와 점선 보고라는 두 계통의 보고가 요구되는 것은, 속도를 저해한다고 느끼는 일이 적지 않았습니다.

GE에서 체감한 매트릭스 조직의 이점과 단점 ————

　아마존은 글로벌 기업으로는 드물게 매트릭스 조직이라는 조직 형태를 취하지 않습니다. 따라서 직접 보고와 점선 보고라는 두 가지가 요구되는 일도 없습니다. 그것은 매트릭스 조직이 갖는 이점과 단점을 비교했을 때 '혁신을 추진'하는 것을 우선한다면 단점이 더 크다는 판단을 내렸기 때문일 것입니다. 실제로 내가 일본 GE에서 일했을 때의 체험에서부터 설명하지요.

나는 당시 일본의 사업 개발 책임자로 일했습니다. GE의 성장을 위해 M&A(인수·합병)나 전략적 제휴를 추진하는 업무입니다. 그때는 일본 GE의 최고 경영자에게 직접 보고를 함과 동시에 아시아의 사업 개발 책임자에게 점선 보고를 했습니다. GE는 글로벌 기업이기 때문에 일본에서의 사업 개발은 아시아는 물론이고 세계 각국 GE의 사업 개발 전략과 동기화할 필요가 있습니다. 그러므로 내게 점선 보고를 시키는 데에는 정당한 이유가 있을 거라고 생각했습니다.

그러나 주위를 둘러보면 나뿐 아니라 대부분의 관리직급 간부가 보고 라인을 두 개, 때로는 세 개 이상이나 갖고 있었습니다. 그 때문에 뭔가 큰 보고회가 있으면 관리직은 사전에 관련 부서에 보고하는 일에 쫓깁니다. 거기에 소비되는 시간이나 노력이라는 비용은 결코 작은 것이 아닙니다. 게다가 그러한 관련 부서에 보고하는 것과 조정의 과정은 아이디어를 개선해가는 과정으로 볼 수도 있지만 아이디어가 원만해지고 평범해지는 과정인 것도 사실입니다.

내가 일본 GE에 재직하던 때 GE의 CEO였던 제프리 이멜트는 혁신에 무척 적극적이어서 '에코매지네이션(Ecomagination)', '헬시매지네이션(Healthymagination)' 등의 전략을 차례로 내세우며 추진했습니다. 내가 퇴직한 후인 2015년에는 '디지털 인더스트리얼 컴퍼니'라는 새로운 전략을 발표하고 '디지털 기술과 산업 기기의 통합과 활용'을 목표로 한다는 방침을 제시했습니다. 결과적으로 이 멜트가 재임 중에 이것을 성공하지 못했던 이유는 다양할 것입니다. 다만 그 중 하나는 복잡한 매트릭스 조직이 변혁을 늦추고, 사원이 이멜트의 사고 속 도를 따라갈 수 없었던 때문이 아닐까 여겨집니다.(※2)

조정 거듭의 장단점

매트릭스 조직에서는 프로젝트 리더가 의사 결정을 할 때 적어도 두 명의 상 사에게 보고할 필요가 있고, 거기서 조정이 요구되는 일도 자주 있습니다. 커 뮤니케이션 비용이 올라가는 것은 물론이고, 조정의 단계 수가 늘어남으로써 타협이 생길 가능성도 늘어납니다. 체크와 조정을 거듭함으로써 다양한 리스 크가 줄어드는 것은 확실합니다. 반면에 예리했던 아이디어와 프로젝트 추진 속도가 희생되는 일도 부정할 수 없습니다.

아마존은 전자의 리스크보다 후자의 희생을 두려워합니다. 아마존에서는 일 본 시장에 한정된 프로젝트에서도, 미국 본사가 관련된 프로젝트에서도 사전 에 의논하기 위한 보고를 요구받거나 그런 보고를 받은 경험은 한 번도 없습 니다. 애초에 아마존에서는 앞에서 말한 대로 회의에도 사전 교섭이 전혀 없 습니다. 사내 정치가 없고 조직이 속도감 있게 움직일 수 있는 것도 혁신 창출 을 뒷받침하고 있습니다.

지금까지 아마존이 매트릭스 조직을 군이 선택하지 않는 이유와 그 이점에 대 해 말했습니다. 하지만 매트릭스 조직이 적합한 기업과 업계도 물론 있습니다. 특히 절대 실수가 허락되지 않는 의료업계나 안정성이 중시되는 인프라나 금 융에 관련된 업계에서는 위험을 감수하고 시행착오를 속도감 있게 되풀이하는 이점보다 한 번이라도 치명적인 실패를 범하는 것의 단점이 더 크겠지요.

다만 현재 수많은 일본 기업에서 과제가 되고 있는 '혁신을 창출'하는 것에 대한 해결책을 요구한다면, 혁신이란 늘 실패가 따라다니는 법이라는 전제로 임하고 있는 아마존의 발상과 시스템은 많은 참고가 될 것입니다.

2　기존 사업이 우선되고
　　　신규 사업에 자원이 돌아가지 않는다

대책 : 사내 카니발리제이션을 권장

새로운 비즈니스 아이디어가 있고 상사에게 상담했더니 "좋은 아이디어이지만 우리 회사에는 유사한 사업이 있어서 경쟁해야 하니까"라며 난색을 표합니다. 비교적 규모가 큰 기업에 근무하는 사람 중에는 이런 경험을 해본 사람이 적지 않겠지요. 전도유망한 비즈니스의 존재가 보여도 기존 비즈니스와 '카니발리제이션(자기 잠식)[1]'을 일으키니까 발을 들여놓을 수 없는 것입니다.

아마존은 이 점에서도 철저합니다. 새로운 비즈니스 아이디어가 고객에게 지금까지 없던 가치를 제공하고 또 큰 비즈니스가 될 가능성이 크다고 판단했다면 비록 그것이 주 수입원인 기존 비즈니스를 진부화하는 것이라고 해도 주저하지 않고 전진하게 합니다.

전자책 분야에서 일본 기업은 아마존보다 앞서 있었다

예컨대 아마존의 전자책 사업은 바로 그런 존재였습니다.

1　어떤 상품이나 기술이 신제품 발표나 기술 혁신으로 낡은 것이 되어 버리게 되거나 계절상품으로 남게 되거나 하여 판매 가치가 없어지는 일.

창업 직후인 1990년대 후반 아마존의 주 수입원은 서적이나 CD, DVD 등 미디어 상품이었습니다. 이 장르의 상품을 온라인으로 판매하는 것의 이점은 아이템 수가 많고 오프라인 소매점에서는 모든 것을 진열해둘 수 없다는 데 있습니다.

특히 '롱테일(long tail)'이라 일컬어지는, 단기간에 많이 팔리는 상품은 아니지만 무슨 일이 있어도 갖고 싶어 하는 사람이 찾아서 구매하는 상품군의 존재가 아마존의 강점이 되었습니다. 매장 면적에 한계가 있는 오프라인 매장의 경우 회전율이 낮은 롱테일 상품으로 채산을 맞추기가 어렵습니다. 그러나 온라인 판매라면 재고를 늘림으로써 발생하는 비용 상승이 오프라인 매장만큼은 아닙니다. 게다가 서적이나 CD 등은 상품 사이즈가 비교적 작고 가벼워서 우송 비용이 억제되고, 그것에 비해서는 단가가 높기 때문에 온라인 판매라면 일정한 수준의 이익을 얻을 수 있었습니다. 고객의 상품 리뷰에 의해 판매가 늘어나기 쉬운 것도 온라인 판매와 잘 어울리는 이점이었습니다.

그러나 머지않아 롱테일 서적이나 미디어 상품을 판매하는 데 더욱 적합한 판매 형태가 떠오릅니다. 서적이나 음악, 영상을 데이터로 송신하는 판매 형태입니다.

전자책을 제공하는 활동은 1990년대부터 이미 시작되었습니다. 일본에서는 소니가 일찌감치 이 분야의 개척에 착수하여 1990년 7월에 액정 디스플레이를 이용한 전자북 플레이어 'DATA Discman DD-1'을 발매했습니다. 게다가 2004년 4월에는 액정 디스플레이보다 소비 전력이 적고 보기에도 편한 전자 잉크(E-ink) 디스플레이를 채택한 전자책 리더기 '리브리에'를 발매했습니다. 그리고 1995년 11월에는 후지 온라인 시스템이 일본 최초의 전자책 스토어 '전자서점 파피레스'를 설립했습니다. 아마존이 전자책을 판매하기 12년이나 전의 일입니다.

그 무렵부터 누구나 결국 서적이 전자화하는 것은 장기적으로 의심할 수 없는 흐름이라고 생각했습니다. 그러나 그것이 언제 본격화될지를 예측할 수 있는 사람은 없었습니다. 이를테면 '미래의 제품·서비스와 니즈의 교차점'을 내다볼 수 없는 상황입니다. 그 때문에 많은 기업이 참여는 했지만 본격적인 투자를 하지 못하고 있었습니다.

주 수입원을 부술 생각으로 신규 사업에 임하라

그런 상황이 일본에서 10년 가까이 계속되었던 2004년 베이조스는 전자책 비즈니스를 시작하는 데 전력을 기울이기로 결심합니다. 주 수입원이었던 서적의 온라인 판매 사업의 책임자를 전자책 책임자로 선정했다는 것은 앞에서 말한 대로입니다.

그때 베이조스는 "종이책의 필요성을 없앨 정도의 마음으로 전자책 비즈니스에 임하라."고 지시했다고 사내에 전해졌습니다. 자사의 기간 사업을 부술 생각으로 임하라는 것이므로 엄청난 지시입니다.

아마존의 순이익은 2006년 단계에서도 1억 9,000만 달러(약 2,515억 원)로 여유 있는 상황이 아니었습니다. 그렇다면 서적의 디지털화라는 흐름을 늦추고 그 사이에 기존 비즈니스가 낳는 풍족한 이익을 축적하는 편이 합리적입니다. 동일한 상황에 놓인다면 그런 합리적 판단을 내리는 경영자가 적지 않을 것입니다.

하지만 아마존에서 베이조스가 했던 것은, 기존의 서적 판매 비즈니스는 성장에 걸맞은 최소한의 자원으로 해 나갈 수 있도록 오퍼레이션의 효율화를 진행하는 일이었습니다. 그와 동시에 앞으로 늘어날 전자책 비즈니스에 인적, 기술적 자원을 많이 배분했습니다.

데이터화의 흐름은 CD와 DVD 등 미디어 상품에도 밀려 들었습니다. 애플이 2001년 10월에 초대 아이팟을 발매한 것을 계기로 광매체 제품을 구입하지 않고 인터넷을 경유하여 디지털 데이터로 음악이나 영상을 다운로드하여 즐기는 방식이 퍼져 갑니다. 이 카테고리에서도 아마존은 기존 사업과의 카니발레제이션을 주저하지 않고 다운로드형 비즈니스를 시작합니다. 나아가 구독(subscription)형의 '프라임 비디오'나 '프라임 뮤직'이라는 서비스를 투입하고 강력하게 성장시키고 있습니다.

아마존은 기존 비즈니스와의 카니발리제이션을 두려워하여 고삐를 늦추는 것이 아니라 오히려 기존 비즈니스를 집어 삼키려는 기세로 신규 사업을 성장시키려 하고 있습니다. 그런 자세가 흔들림 없기 때문에 혁신이 계속해서 창출되는 것입니다.

카니발리제이션을 두려워하지 않는 원점은 '고객 집착'

아마존은 왜 카니발리제이션을 두려워하지 않을까요. 그 원점 역시 '고객에게 집착한다'에 있습니다. 고객이 무엇을 선택할지 그 선택권은 서비스나 제품을 제공하는 기업 측에 있는 것이 아니라 고객에게 있기 때문입니다.

신규 사업을 시작하여 실제로 카니발리제이션이 일어났을 때 기존 비즈니스가 위협을 받을지 어떨지를 정하는 것은 기업이 아닙니다. 고객이 어떤 서비스·제품을 선택하느냐에 따라 정해집니다. '고객 집착'을 리더십 원칙 첫 번째로 내세우는 아마존의 입장에서 보면 고객에게 더욱 사용하기 쉬운 서비스라면 한시라도 빨리 도입하는 것이 옳습니다. 그 결과 사내의 기존 사업이 위협

받는다면 그런 현실을 받아들일 수밖에 없습니다.

실제로 전자책 시장이 가동되기 시작하는 과정에서 아마존이 선택한 것은 기존 사업인 종이책 판매의 오퍼레이션을 철저하게 효율화하는 것, 그리고 종이책의 매출 감소를 그저 받아들이는 것이 아니라 '서적 선택의 지속적인 확대', '재고가 없는 상품의 지속적인 최소화'라는 기본을 철저히 하는 것, 나아가 '프린트 온 디맨드(Print-on-Demand)'라는, 온라인에서 주문받은 책을 아마존이 한 권 단위로 인쇄하여 판매하는 혁신을 창출하여 성장을 향한 노력을 계속하는 일이었습니다. 종이책 부문의 이러한 혁신이 받아들여지는지의 여부도 결국 고객의 판단에 달려 있습니다.

전기 자동차 논의에서 '고객'이 빠져 있다 ————

현재 카니발리제이션에서 생겨나는 커다란 과제에 직면해 있는 것이 자동차 업계입니다. 지금까지 주류였던 가솔린 자동차는 중장기적으로 전기 자동차(EV)로 전환될 것입니다. GM은 2035년, 볼보는 2030년까지 가솔린 자동차의 판매를 중지하고 전기 자동차로 전환한다고 선언했습니다. 이러한 해외의 추세에 비하면 일본의 자동차 제조사는 가솔린 자동차를 전기 자동차로 전환하는 데 그다지 적극적이지 않은 것으로 보입니다.

그 이유에 귀를 기울이면, 예컨대 '전기 자동차는 정말 친환경인가'라는 논의도 있습니다. 전기 자동차를 움직이는 전기의 공급원인 발전소가 만약 석탄 화력발전이라면 어떨까요? 발전소에서 배출되는 이산화탄소를 더한다면 전체적으로 가솔린 자동차의 이산화탄소 배출량이 더 적을 가능성이 있다는 것입니다. 또한 "전기 자동차로의 전환을 일시에 추진하면 고용을 유지할 수 없다.

지금의 사원을 유지하기 위해서는 가솔린 자동차의 제조·판매를 당분간 계속할 필요가 있다."는 주장도 듣습니다.

이것들은 무척 중요하고 좋은 논의이며 꼭 해야 할 논의라고 생각합니다. 다만 안타까운 것은 '고객이 어느 쪽을 선택할지'를 논의한다는 이야기를 거의 들은 적이 없다는 사실입니다. 고객의 존재가 논의의 중심에 들어 있지 않은 것입니다.

만약 해외에서 가솔린 자동차의 제조가 전면적으로 중지되고 전기 자동차가 표준이 되며 또한 일본 국민이 대부분 전기 자동차를 선택할 경우, 일본 자동차 제조사가 무슨 주장을 해도 그 흐름은 멈추지 않을 것입니다.

1980년대 음악업계에 'LP 레코드의 소리가 더 좋으니까 CD는 팔리지 않을 것'이라고 주장했던 사람들이 있었다는 사실을 떠올립니다. 지금이야 복각판 LP 레코드가 화제가 되기도 합니다만, 1990년대에 고객이 선택한 것은 CD였습니다. 물론 CD와 자동차는 관여하고 있는 노동자 수, 사업 규모, 산업의 저변도 무척 다르기 때문에 의사 결정의 복잡함은 현격히 다르다고 생각합니다. 하지만 고객에게 구매의 선택권이 있다는 사실에는 변함이 없습니다.

자동차업계는 일본 경제의 핵심이 되는 중요한 업계입니다. 앞으로 고객의 선택 기준이 크게 변화하는 흐름이 생겨난다고 해도 충분히 대응할 수 있는 준비가 되어 있다는 것을 믿고 싶습니다.

카니발리제이션을 두려워해서는 신흥 기업에 시장을 빼앗긴다 ────

앞서 소개한 출판업계 지인의 투덜거림에 대한 해결방안을 말하자면, 인터넷 매체의 매출이 지금은 적다고 하더라도 가령 그 사업의 성장성을 확신할 수 있다면 거기에 경영 자원을 집중 투여해야 할 것입니다. 그렇지 않으면 인터넷 매체를 전업으로 하는 신흥 기업이 먼저 시장을 빼앗아갈 것입니다. 그 때문에라도 옛날부터 있는 사업, 즉 종이 잡지의 오퍼레이션은 극한까지 효율화하고 경영 자원을 성장 분야로 돌려야 합니다. 그때 인터넷 매체의 책임자에게는 우수한 인재를 뽑아 "종이 잡지를 박살낼 각오로 일하라!"고 CEO가 지시를 내려야 합니다. 아마존의 흉내를 낸다면 이런 흐름이 되겠지요.

실제로 베이조스는 2013년에 워싱턴포스트를 매수했을 때 '디지털 퍼스트'를 내세우며 단숨에 디지털화 개혁을 추진했습니다. 그 결과 4년 만에 적자 체질을 벗어나 흑자를 이뤄냈습니다. 그 사이에는 디지털화를 위한 기술자의 채용은 물론이고 워싱턴이라는 제한된 지역의 니즈에 대응할 뿐만 아니라 미국 전역, 나아가 전 세계 독자의 니즈에 대응할 수 있는 보도 인원에 대한 선행 투자도 대담하게 실행했습니다. 기사를 디지털화하면 독자는 어디서도 읽을 수 있습니다. 그 특성을 살려 정보의 발신 대상을, 중요하기는 하지만 한 도시에 지나지 않는 워싱턴이라는 지역에서 미국 전역, 전 세계로 비약적으로 확대한 결과 광고 수입 등이 늘어나 흑자에 이르렀습니다.(※3)

고객에게 더욱 사용하기 쉬운 서비스를 제공할 수 있다면 주 수입원인 비즈니스가 작아지는 것을 두려워할 시간적 여유가 없다는 것이 아마존의 사고입니다. 왜냐하면 카니발리제이션을 두려워하여 새로운 서비스나 제품의 제공을 주저하거나 굳이 품질을 떨어뜨리게 된다면 기존 사업이라는 굴레가 없는 새로운 도전자가 더 나은 서비스를 제공하여 아마존의 고객을 빼앗아가기 때문입니다.

내가 아마존에 재직하는 동안 '기존 사업에서 지금 나오고 있는 이익을 지킨다'라든가 그것 때문에 '신규 사업의 투자액을 억제한다'는 발상을 언급하는 일은 한 번도 없었습니다.

3 신규 사업의 실패가
담당자의 '책임'이 된다

대책 : 인풋으로 평가

일반적으로 회사가, 특히 대기업이 새로운 혁신을 창출하려고 시도할 때 이를 가로막는 커다란 장애로 다가오는 것 중 하나가 바로 '리스크에 대한 우려'입니다.

당연하다면 당연한 얘기겠지만 파괴적 혁신에 도전하는 일에는 항상 리스크가 따릅니다.

이미 있는 시장을 베이스로 삼아 성장시켜가는 지속적 혁신과 달리 파괴적 혁신은 아직 아무도 본 적이 없는 새로운 시장을 제로에서 창출하려는 시도입니다.

그러므로 사전의 시장조사 등에서 그 성패를 미리 예측하는 것은 우선 불가능합니다. 애석한 일이지만 아무리 공을 들여도 신규 사업의 시도는 대부분 실패로 끝납니다.

그래도 계속 시도함으로써 단 하나라도 성공을 얻을 수 있다면 갖가지 실패에 의한 손실을 메우고 충분한 성과를 얻을 수 있다는 사실을 목표로 삼아 전진하는 것이 파괴적 혁신입니다.

아마존은 지금까지 갖가지 혁신을 연속해서 창출했습니다. 하지만 그 이면에 성공의 수를 훨씬 상회하는 수많은 실패가 있었다는 것은 베이조스도 인정하는 바입니다.

'파이어폰'의 대실패를 어떻게 평가해야 할까?

내가 아마존에 들어간 다음 해인 2014년, 미국 본사에서는 세계 각국에서 간부급 사원이 모이는 리더십 미팅이 있었고 나도 참가했습니다. 그 종료 파티 회장에서 한 SVP가 막 발매하기 시작한 '파이어폰'을 보여주었습니다. 당시 화제가 되었던 아마존에서 만든 스마트폰입니다.

그는 다른 회사 스마트폰을 꺼내 거기서 SIM 카드를 뽑아 파이어폰에 넣고 "앞으로는 이 스마트폰을 쓰는 거야!"라며 높이 들어 모두에게 보여주었습니다.

나도 그때 손에 들고 실물을 다루어 보았는데 당시 내가 갖고 있던 아이폰4보다 화면이 세로로 약간 길고 3차원의 화상 표시나 물체 인식을 할 수 있는 선진 기능도 있어 '굉장하다. 일본에서도 빨리 발매 안 하나'하고 설렜습니다. 하지만 결과적으로는 미국 내 판매가 시원치 않아 해외 전개도 하기 전에 미국에서 판매가 중지되었습니다. 연간 1억 7,800만 달러(약 2,356억 원)나 부채를 갚아야만 했다고 합니다.(※4)

파이어폰 개발에서도 당연히 PR/FAQ가 작성되었고, 그것을 기초로 프로젝트 멤버가 이거라면 고객을 만족시킬 수 있겠다는 자신감을 가질 수 있게 될 때까지 끝까지 논의하고 세상에 물었을 것입니다. 그래도 여전히 고객이 정말 받아들여줄지 어떨지는 마지막까지 알 수 없습니다. 그 정도의 노력을 다해도 파괴적 혁신이 꼭 성공한다는 보장은 없습니다.

아마존의 대단함은 이 정도로 큰 실패를 해도 도전을 그만두지 않고 계속한다는 점입니다. 파이어폰은 실패했지만 아마존에서는 그 후에도 전자 디바이스 개발을 계속했습니다. 그 결과 파이어폰의 실패도 교훈으로 삼아 인공지능을 활용한 가상 어시스턴트 '알렉사'를 탑재한 스마트 스피커 '에코'가 발매되어 히트했습니다.(※4)

그리고 수많은 실패로부터 얼마 안 되는 성공이 나온다면 그 분야에 대한 투자를 가속적으로 늘린다는 것이 아마존의 방식입니다. 제1세대 '에코'가 성공을 거두자 '에코닷', '에코 쇼', '에코 스팟', '에코 스튜디오', '에코 오토' 등 후속 기종을 연달아 시장에 도입했습니다. 잘 나가기 시작한 것에 집중 투자하는 '더블다운 베팅'의 전형적인 예입니다.

혁신에 대한 도전과 실패는 분리할 수 없는 쌍둥이 ─────

베이조스는 파괴적 혁신과 실패 리스크는 도저히 분리할 수 없는 쌍둥이라고 했습니다. 베이조스가 매년 주주에게 보내는 베이조스 레터의 2015년판에 이런 기술이 있습니다.

> "실패와 발명은 분리할 수 없는 쌍둥이입니다. 발명하기 위해서는 실험하지 않으면 안 됩니다. 성공할 거라는 사실을 사전에 알고 있다면 그것은 실험이 아닙니다. 대기업은 대부분 발명이라는 개념을 받아들이기는 하지만, 거기에 도달하기 위해 필요한 실패로 끝나는 실험의 연속에 대해서는 관용적이지 않습니다."

> "10퍼센트의 확률로 100배의 이득을 기대할 수 있는 도박이 있다면 매번 계속해서 걸지 않으면 안 됩니다. 그러나 걸면 10번 중 9번은 실패합니다."

베이조스는 이와 같은 발언을 회사 안팎에서 몇 번이고 되풀이합니다. 그 정도로 위험을 감수하고 혁신 창출에 도전하는 것을 중요시하고 있습니다.

2장_ 대기업의 함정 피하기

'1승 9패'를 허용하기 위해서는 시스템이 필요하다 ───

1장에서 다루었던 PR/FAQ를 비롯하여 아마존에는 뛰어난 기획을 낳게 만드는 시스템이 있습니다. PR/FAQ를 기초로 팀으로 논의를 다함으로써 3~5년 후라는 미래의 '제품·서비스'와 '니즈'의 교차점을 찾아가면 멤버는 '거기에 반드시 고객이 있다'는 확신을 얻을 수 있습니다. 게다가 그 제품·서비스를 다른 회사가 아니라 다름 아닌 아마존이 시작함으로써 고객의 메리트를 최대화할 수 있을지의 여부도 판단합니다. 그래도 여전히 예상과 달리 현실에서 실패로 끝나는 사업은 많습니다.

이 리스크에 아마존은 어떻게 대처하고 있을까요? 거기에도 지금의 일본 기업에 시사를 주는 시스템이 있습니다.

프로젝트의 실패와 인사 평가를 분리한다 ───

신규 사업을 시작하기 위해 '리스크를 감수한다'고 할 때 거기에는 두 가지 측면이 있습니다.

하나는 회사로서 일정한 손실을 허용한다는 측면입니다. 또 하나는 신규 사업의 담당자가 된 사원 개인의 평가라는 측면입니다.

베이조스가 지적한 것처럼 파괴적 혁신을 창출하는 것이 '10퍼센트의 확률로 100배의 이득을 얻을 수 있다'는 도박이라고 생각했을 때, 대기업이라면 회사로서 도박을 할 수 있는 횟수는 비교적 많다고 봅니다. 그 결과 규모가 큰 성공을 한 번 거둔다면 그 외의 많은 실패로 인한 손실을 메우는 것 이상의 이득을 얻을 수 있습니다.

그러나 실패로 끝난 프로젝트를 담당했던 개인으로서는 어떨까요? 한 사람이 한 번에 담당할 수 있는 프로젝트의 수는 한정되어 있습니다. 회사와 달리 '도박에 나서는 횟수를 늘려 그중 하나가 성공하면 된다'는 자세는 취하기 힘들 것입니다. 특히 아마존처럼 신규 사업 책임자는 다른 사업과 겸임하지 않는 '싱글 스레드 리더'를 원칙으로 하는 경우라면 더더욱 그렇습니다.

그렇게 되면 회사 전체적으로는 이득이 리스크를 상회하여 흑자를 기록할지라도, 실패한 프로젝트를 담당한 개인은 괴로운 처지를 벗어나지 못하고 다음 기회조차 얻지 못하게 될지도 모릅니다.

그러나 아마존에서는 그런 걱정을 하며 뒷걸음질 칠 필요가 없습니다. 혁신에 도전하는 프로젝트 리더나 멤버는 그 프로젝트의 '결과'로 부정적 평가를 받지 않는 시스템이 되어 있기 때문입니다.

혁신에 도전하는 프로젝트 멤버에 대한 평가는 '결과의 성패'가 아니라 프로젝트를 진행하는 '프로세스에서의 공헌', 즉 '프로젝트를 어떻게 진행했는가'에 중점을 두고 있습니다.

아마존의 인사 평가에서는 '아웃풋'과 '인풋'을 나눠 생각합니다. '아웃풋'이란 담당한 사업에서 생겨나는 매출이나 이익, 현금 흐름 등의 결과를 가리킵니다. 그에 비해 '인풋'이란 아웃풋을 내기 위해 준비한 다양한 자원을 말합니다. 예컨대 전자상거래 비즈니스를 담당하는 사원이라면 '라인업한 상품 수, 가격, 조달량'이라든가 '배송 시간', '제작한 상품 페이지' 등이 인풋에 해당합니다.

그리고 우리가 통제할 수 있는 것은 인풋이고 아웃풋이란 결과에 지나지 않는다는 것이 아마존의 기본적인 사고입니다. 따라서 매일 체크하고 개선의 대상으로 삼는 것은 인풋의 지표이고, 인사 평가의 기준이 되는 것도 주로 인풋에 대한 공헌도입니다.

2장_ 대기업의 함정 피하기

인사 평가에서 아웃풋보다 인풋을 중시한다는 것은 기존 업무의 오퍼레이션만이 아니라 혁신에 도전하는 프로젝트에서도 관철되는 원칙입니다. 최종적으로 혁신의 창출에 성공하여 큰 매출이나 이익을 가져온다면 물론 일정하게 좋은 평가를 받을 수 있습니다. 그러나 실패했다고 해서 그것만으로 낮은 평가를 받는 게 아니라 착실한 인풋을 했다면 정당하게 평가받습니다.

결과적으로 실패로 끝난 프로젝트에 참가한 멤버를 평가할 때의 기준은 예를 들어 다음과 같은 것입니다.

● PR/FAQ를 적절하게 이용하여 고객의 관점에서 아이디어를 심층 분석했는가.
● 프로젝트 멤버로서 우수한 인재를 회사 안팎에서 채용했는가.
● PR/FAQ에 기초하여 상품이나 서비스의 질을 충분히 높였는가.
● 적절한 마케팅 수법을 선택하여 실시했는가.
● 개발이나 마케팅에서 시책의 집행은 시의적절했는가.

설사 아웃풋이 좋지 않았다고 해도 이러한 평가 기준으로 적절한 프로세스를 거친 뛰어난 인풋을 쌓아 올린 것으로 간주되면 좋은 평가를 얻을 수 있습니다. 거꾸로 말하면 인풋에 대한 평가가 낮으면 우연히 높은 아웃풋을 얻었다고 해도 평가가 낮아지는 일도 있습니다.

프로젝트로서는 실패로 끝나도 인풋이 뛰어났다면, 리더와 멤버는 최고의 일을 했지만 통제할 수 없는 뭔가 다른 요인이 있어 성공하지 못한 것으로 판단합니다. 따라서 다른 기회에 혁신 창출에 도전하면 높은 수준의 인풋을 만들어내는 '재현성을 갖추고 있기' 때문에 다시 한번 기회를 줄 만한 인재라고 결론내립니다.

반대로 좋은 아웃풋을 낸 프로젝트였어도 인풋의 수준이 낮으면 그 성공은 외적 요인에 의한 행운이 가져온 것일 가능성이 높아 '재현성을 갖추고 있지 않다'고 평가합니다. 여러분 주위에서도 큰 성과를 낸 프로젝트에서 아무리 봐도 담당한 사람의 방식이 뛰어났다기보다는 뜻밖에도 운이 좋아 우연히 홈런이 나왔을 뿐이라고 여겨지는 경우가 있겠지요. 아마존에는 그런 경우를 적절히 평가하는 시스템이 있었습니다.

아마존에서는 성공한 프로젝트가 있었을 때 담당자가 어떤 공헌을 했는지를 인풋으로 평가하는 것으로 가시화합니다. 그 결과 우연한 성공인지 재현성이 있는 성공이었는지를 판단합니다.

만약 재현성이 있는 방식으로 홈런을 때렸다면 최고의 평가를 얻을 수 있습니다. 그리고 우연이라도 홈런을 때리면 단기적인 보수가 늘어납니다. 또한 재현성이 있는 뛰어난 방식으로 했는데도 홈런으로 이어지지 않은 경우에도 평가가 올라가고 다음 기회가 주어집니다.

아마존은 이러한 평가 수법을 취함으로써 프로젝트 자체의 성패와 분리하여 혁신의 원천이 되는 인재의 적성을 확인하려고 합니다. 이런 평가 수법이 사원들 사이에 실패를 두려워하지 않고 도전하는 동기부여를 하고 그것을 높여준다는 것은 말할 필요도 없습니다. 또한 신제품이나 새로운 서비스에 도전하는 프로젝트에 지원하는 멤버를 늘리는 것으로도 이어집니다.

물론 처음부터 '실패해도 된다'고 쉽게 생각하는 사람을 허용하는 것은 아닙니다. 그런 자세로는 인풋의 질이 나아지거나 양이 늘어날 리가 없기 때문에 당연히 좋은 평가를 얻을 수 없습니다. '무슨 일이 있어도 성공시키고 말 테다'라는 기개와 정열을 갖고 헌신적인 노력을 해도 여전히 실패하는 일이 더 많은 것이 혁신에 대한 도전이고, 그 결과로서 패배한다고 해도 그것만으로 감점하지는 않는다는 것입니다.

4   기존 사업의 무난한 목표 설정이
　　　도전을 피하는 조직 문화를 만든다

대책 : 기존 사업에도 스트레치 목표

신규 사업이 생겨나지 않거나 성장하지 않는다는 고민을 많이 듣습니다. 그럴 때는 신규 사업에 대해 생각하기 전에 통상 업무의 목표 설정을 재검토해보는 것이 어떨까요.

예컨대 총무 부문 등 비영업 부문(back office)에서 일하는 사람으로부터 이런 한탄을 듣는 일이 있습니다. "우리 부서는 완벽하게 일을 하는 게 '당연'하고 조금이라도 실수를 하면 비난을 당한다. 누구로부터도 칭찬을 받지 못할 뿐 아니라 감사도 받지 못한다. 수지가 맞지 않은 일이다"라고 말이지요.

그런 회사에서는 총무 부문을 '지금까지 해온 대로 일을 하면 되는 직장', '현상 유지로 충분한 직장'이라고 인식하고 있겠지요. 그러나 정말 그런 걸까요. 그렇지 않을 가능성이 큽니다.

디지털 전환의 필요성이 주장되고 있는 지금이라면 '업무 효율 50퍼센트 상승' 등 도전적인 목표를 내세우는 것도 가능하고, 달성하면 그것을 칭찬하는 사람도 나타나겠지요.

총무 부문만이 아닙니다. 회사 전체의 모든 업무 부문에서 목표를 높이 설정하는 것은 가능하고, 그것이야말로 혁신의 강력한 원천이 됩니다. 아마존에는 그런 시스템이 있었습니다.

어떤 부문의 목표에도 '작은 혁신'을 넣는다

아마존에서는 연초에 각 사업 부문에서 그해에 목표로 하는 '오퍼레이션 플랜'이라는 것을 책정합니다. '매출'이나 '이익', '상품 아이템 수의 풍부함', '재고의 적정함' 등 많은 지표를 설정합니다.

그 숫자를 보고 느끼는 것은 어느 부서에서나 목표를 높게 설정한다는 사실입니다. 개인의 목표 설정도 그렇습니다만, 부서의 목표에도 '지금까지의 방식을 되풀이'하기만 해서는 도저히 달성할 수 없는 수준의 목표가 설정됩니다.

그렇다고 해서 아무리 노력해도 절대 달성할 수 없는 꿈 이야기 같은 목표가 아니라 적어도 얼마간의 '혁신'을 창출하면 달성할 수 있는 수준으로 설정됩니다.

여기서 말하는 '작은 혁신'이란 예컨대 새로운 시스템의 도입에 의한 자동화나 새로운 매입처의 개척, 참신한 신상품의 추가 같은 수준의 일입니다. 이러한 '일정하게 실현 가능성이 있는 도전'의 효과를 계획에 넣으면 목표로 하는 수치는 상당히 높아집니다.

통상 업무에서 이렇게 목표를 높이 설정하는 것을 당연시하고 있으면, 새로운 제품이나 서비스를 개발하는 프로젝트에 배속되었을 때도 아주 유별나게 '어려운 업무'를 담당하게 되었다는 기분이 들지 않습니다. 파괴적 혁신을 떠맡는 프로젝트의 리더나 멤버로 선택되면 자랑스럽기는 하지만, 난이도에서 생각하면 기존 비즈니스에서 지속적 혁신을 창출해가는 것과 비교하여 어느 쪽이 더 어려운 것은 아니라고까지 나는 느꼈습니다. 다만 어려움에 닥치는 장소나 타이밍, 어려움의 종류가 다를 뿐이다 — 아마존에서 일하게 되고 나서 나는 이런 감각을 갖게 되었습니다.

그런 감각을 가지면 신규 사업에 도전함으로써 '리스크가 늘어난다'는 감각도 없어집니다. 기존 사업에서도 신규 사업에 도전하는 것과 막상막하의 도전적인 목표가 설정되기 때문에 리스크는 동등하다고 느끼게 됩니다.

GE, 시스코, 소니도 실천했던 '스트레치 목표' ────────────

모든 사원이 목표를 높게 설정하는 것은 혁신의 허들을 내릴 뿐 아니라 인재를 넘어선다는 의미에서도 중요합니다.

이른바 '스트레치 목표(stretch target)'라는 사고입니다. 예전에 내가 일했던 일본 GE에서도, 시스코시스템즈에서도 '스트레치 목표'가 설정되어 있었습니다. 예컨대 올해 최소한 달성해야 할 목표가 '전년 대비 105퍼센트'라고 한다면, 그것과는 별도로 '전년 대비 130퍼센트'라는 스트레치 목표가 설정됩니다. 그리고 좋은 평가를 얻기 위해서는 '전년 대비 105퍼센트'로는 불충분하고, '전년 대비 130퍼센트'인 스트레치 목표는 지금까지 오퍼레이션의 연장선상으로는 도달하지 못하도록 설정됩니다. 따라서 지속적인 혁신이어도 얼마간 혁신을 창출하지 않고는 좋은 평가를 얻을 수 없습니다. 그런 목표가 매년 전 사원에게 부과되기 때문에 결과적으로 전 사원이 항상 혁신 재료를 계속 생각하게 되는 것입니다.

물론 혁신적인 아이디어를 매년 생각해내고 실현하는 일이 가능할 리가 없고, 스트레치 목표를 달성할 수 없는 해도 적지 않습니다. 그러나 달성할 수 없는 가능성이 있으면서도 매년 혁신을 의식하며 일을 계속하는 것과 지금까지의 방식대로 달성 가능한 목표를 넘어서는 것만으로 만족하며 계속 일하는 것은 무척 다릅니다. 후자처럼 장기간 일하면 조직으로서의 성과도, 거기서 일하는 한 사람의 역량도 크게 달라집니다.

'1991년의 소니'에서 내건 '전년 대비 20퍼센트 증가'의 의미 ───

내가 일했던 무렵의 소니에서는 마찬가지로 스트레치 목표 마인드가 있었던 것 같습니다.

그것은 1991년의 일이었습니다. 내가 당시 소속해 있던 국내의 어느 사업 부문에서 '매출액을 전년 대비 20퍼센트 늘린다'는 사업 계획을 세웠습니다. 버블 경제가 터진 직후로, 어느 기업도 전년 대비 20퍼센트 플러스는커녕 전년 수준을 어떻게 유지할지에 골머리를 썩이고 있던 시기입니다. 그런 가운데서 '전년 대비 20퍼센트 증가'라는 목표 설정이 나왔습니다.

그러나 그 사업 부문 안에서 "역시 힘들겠지"라고 말하는 사원은 없었습니다. 모두가 서로 '좋은 방법이 없을까' 하며, 생각할 수 있는 모든 방책을 내놓았던 기억이 선명하게 남아 있습니다.

결과부터 말해 아쉽게도 '전년 대비 20퍼센트 증가'는 달성하지 못했습니다. 그래도 과거의 연장선상에서는 도달할 수 없는 높은 목표를 세우고 그것을 향해 긍정적으로 아이디어를 내놓으며 도전한 경험은 장래를 향한 의미가 있었다고 생각합니다.

위 사례와 같은 해의 일입니다. 언제나 대형 프로젝트를 진행하고 하던 일본의 유명한 대기업에서 경영 기획을 담당하고 있던 친구와 이야기할 기회가 있었습니다.

그 회사에서는 버블 붕괴 후의 현실에 입각하여 '전년 대비 마이너스' 사업 계획을 세우고 있다는 것이었습니다. 그 친구에게 내 부서에서는 '전년 대비 20퍼센트 증가'라는 목표를 내세우고 있다고 이야기했더니 "비록 한 사업 부문의 이야기라 하더라도 소니는 정말 굉장한 회사다."라며 크게 놀라던 일이 아직 기억에 생생합니다.

연 5퍼센트 성장하면 15년에 능력은 두 배가 된다 ──────────

물론 아마존의 사원 전원이 처음부터 '나도 혁신을 창출하여 고객을 위해 뭔가 새로운 가치를 만들어내자'고 전향적으로 생각하는 것은 아닙니다. "지금의 사업 환경을 생각하면 이렇게 높게 설정하는 것은 이상하다, 내가 과거에 일했던 회사에서는 이런 목표 설정은 하지 않았다."고 주장하는 사원도 있습니다.

아마존에서는 어떤 의견이든 말로 주장하는 것은 자유이고 환영받습니다. 그런데 내가 보기에 아마존처럼 도전하는 것의 리스크가 낮은 조직에 소속해 있으면서도 도전해보지 않는 것은 '아깝다'고 느낀 적이 있었습니다. 그런 사람들 중에서도 아마존의 OLP를 깊이 이해하거나 혁신에 도전하는 주위 동료의 모습을 보거나 지도를 받거나 함으로써 서서히 변해가는 사람도 많았다고 기억합니다.

혁신을 창출하지 않아서는 달성할 수 없는 높은 목표에 도전하는 것에는 능력 개발의 복리 효과가 있습니다. 1년에 5퍼센트 능력이 상승한다면 15년이면 지금의 두 배나 되는 능력을 갖게 될 것입니다. 그 복리 효과는 개인에게도, 조직에도 작동합니다.

이처럼 전 사원이 스트레치 목표를 갖고 도전함으로써 능력 개발로 이어가면 복리 효과가 나타나 몇 년 사이에 개인도 회사도 다른 차원의 강한 존재로 싹 달라지리라고 확신합니다.

사원이 도전하는 것에는 앞에서 말한 대로 실패함으로써 저평가를 받는 개인 리스크가 있습니다. 그러나 아마존에서는 역시 앞에서 말한 대로 '아웃풋'만이 아니라 '인풋'도 평가하는 시스템이어서 그 리스크를 제한적인 것으로 보고 있습니다.

5 성역화된 '과거의 핵심 사업'
간부가 권력을 가진다

대책 : '규모'가 아니라 '성장도'로 평가

아마존의 사업 규모가 확대됨에 따라 사원 수도 급격하게 늘어나 '2020년에 세계 전체에서 직원을 50만 명이나 신규 채용했다'는 뉴스도 보도되었습니다.(※5)

그렇다고 각 사업 부문의 인원이 계속 늘어나는 것은 아닙니다. 기존 비즈니스에서는 오히려 끊임없는 시스템화, 효율화로 사업 규모가 성장해도 규모에 비례하여 인원을 늘리지 않고 근육질의 조직으로 키워나가는 데 힘을 쏟고 있습니다. 거기서 떠오른 인적 자원을 고객에게 새로운 가치를 제공하는 다음 혁신 창출로 돌리는 것이 아마존의 기본 방침입니다.

테크놀로지로 효율화하고 인원을 신규 사업에 돌린다 ────────

'인벤토리 매니저(inventory manager)'와 '사이트 머천다이저(site merchandiser)' 업무를 예로 들어 설명하겠습니다. 아마존의 '인벤토리 매니저'는 상품의 매입과 관리를 담당합니다. '사이트 머천다이저'는 상품의 판매 사이트를 디자인하는 멤버입니다. 이러한 일에 대해서는 소프트웨어로 대행하는 부분을 점점 늘려

생인화[1](省人化)하는 활동이 회사 전체에서 빠른 속도로 추진되고 있습니다. 물론 고객에 대한 서비스 수준을 내리지 않고 오히려 높인다는 전제를 지킨 상태에서의 일입니다.

이렇게 생력화[2](省力化)를 진행하면 인벤토리 매니저나 사이트 머천다이저 인원에 잉여가 생깁니다. 그런 사람들에게 아마존은 트레이닝 프로그램을 제공하여 아마존 내에서 지금까지와는 다른 새로운 역할을 요구합니다. 사내 오퍼레이션의 변혁과 병행하여 멤버 한 사람 한 사람도 자기 변혁을 수행한다는 것입니다.

어떤 부문이든 아마존에서 일정한 기간 동안 일한 사람이라면 아마존의 리더십 원칙에 대해 일정한 교육을 받아 습득하고 있습니다. 그런 아마존 사람들에게는 새로운 고객의 니즈를 충족시키기 위해 새로운 성장 영역에서 활약하게 하고 있는 것입니다.

신규 사업의 시작은 멤버 모으기부터

애초에 신규 사업에서 아마존이 외부에서 인재를 모집하는 것은 PR/FAQ라는 형태로 쓰인 기획서가 승인되고 새로운 프로젝트가 시작된 타이밍인 경우가 많습니다.

아마존에서 PR/FAQ라는 형태로 제안된 프로젝트가 승인되었을 때 최초로 하는 것은 그 비즈니스를 견인하는 리더를 선정하는 일입니다. 사내에서 뽑는 경우도 있고 또 회사 밖에서 채용하는 일도 있습니다. 그 후 리더로 뽑힌 사

---

1 생산성을 높여 인원을 줄이는 것. Manpower Saving.

2 기계화와 무인화를 촉진시켜 노동력을 줄이는 일.

람이 중심이 되어 역시 회사 안팎에서 멤버를 모읍니다.

아마존의 각국 사이트에 접속하면 '채용 정보'를 일람할 수 있는 페이지가 있습니다. 한번 보면 모집되고 있는 자리의 수와 종류의 풍부함에 아마 깜짝 놀랄 것입니다. '데이터 분석가'에 '이코노미스트', '공공정책 매니저'라는 식입니다. 혁신 추진으로 비즈니스 영역이 확대됨에 따라 구하는 인재의 종류도 수도 점점 증가하고 있습니다.

그렇다면 신규 사업이 시작되었을 때 그 리더와 멤버를 어떻게 뽑는가 하면 사내에서 뽑는 경우도, 사외에서 채용하는 경우도 절차로서는 그다지 다르지 않습니다.

신규 사업의 리더를 사내에서 뽑는 경우, 지금까지의 일로 실적이 있고 또 그 실천 수법에 재현성이 있다고 인정된 사람이 후보가 됩니다. 아마존에서는 과거 일의 아웃풋 이상으로 인풋이 평가 대상이 된다는 것은 앞에서 설명한 대로입니다. 나아가 16항목의 리더십 원칙 중 해당 프로젝트에서 특히 중요해지는 항목에 강점이 있는지 어떤지가 중시됩니다.

아마존에 정기적인 인사이동 시스템은 없다 ————

이렇게 하여 '이 신규 프로젝트의 리더에 어울린다'고 뽑힌 사람이 사내 인재인 경우는 대개 기존 사업에서 책임 있는 입장에 있습니다. 그래도 신규 프로젝트를 이끌 위치로 옮기는 것을 타진하면 응하는 사람이 다수를 차지합니다.

애초에 새로운 일에 도전하고 싶어서 아마존에 입사하는 사람이 많다는 것도 있고, 아마존에서는 신규 사업에 도전하여 실패해도 그것만으로 마이너스 평가를 받는 일이 없다는 안심감도 도전 정신을 뒤에서 밀어줍니다. 나아가 이런 클래스의 인재라면, 아마존이 리더가 될 인재에게 요구하는 자질을 충분히 이해하고 있습니다. 그것은 혁신 창출에 계속 도전하는 일입니다. 리더는 성공할지 어떨지 모르는, 오히려 실패할 가능성이 더 높은 혁신에 도전하는 자세를 보입니다. 그것으로 멤버에게도 혁신에 도전하는 의식을 심어주고 키워줍니다. 아마존에서는 그것이 리더의 중요한 역할 중 하나입니다.

아마존에는 정기적인 인사이동 시스템이 없습니다. 신규 프로젝트의 리더나 멤버가 되는 경우, 설사 상층부의 지명을 받은 경우라고 해도 사내 공모에 응모하는 형태를 취합니다. 그때 입사 전의 직력이나 입사 후의 실적을 정리한 이력서를 제출하고 그 프로젝트와 관련된 조직의 매니저나 인사 스태프 등의 면접을 받습니다. 이러한 선발 절차는 회사 밖에서 응모하는 경우도 기본적으로 같습니다. 과거의 직력과 관계자에 의한 면접을 통해 해당 업무에서 중시되는 리더십 원칙에 강점이 있는지를 판단합니다. 사사로운 관계나 사내 정치가 작동할 여지는 없습니다.

채용이나 이동에 관한 설명이 길어졌습니다만, 내가 여기서 강조하고 싶은 것은 아마존의 사원 수는 늘어나고 있다고 하더라도 기존 사업은 애써 효율화를 진행하고 비대화를 막고 있다는 점입니다. 바꿔 말하자면 '지금까지의 성장에 공헌한 기존 사업이라고 해서 특별 취급하지 않는다'는 것이고 '성역이 없다'고도 할 수 있습니다.

예전의 핵심 사업이 성역이 되지는 않았는가?

일본 대기업에서는 인원 계획이라는 것이 사업 계획에서 예상되는 매출과 경비, 이익에서 역산하여 '고용을 유지하는 것이 가능한 인원수'로서 산출되고 있는 경우가 많은 것 같습니다.

또한 회사를 오랫동안 지탱해온 것이 누구의 눈에도 분명한 핵심 사업인 경우, 그 사업 부문이 성역이 되어 효율화를 하기 힘들어지는 일도 있다는 이야기를 자주 듣습니다. 임원들 대부분이 핵심 사업 출신이어서 핵심 사업의 성장이 그치기는커녕 핵심 사업의 매출이나 이익이 감소 경향에 있는 것이 명백해져도 경영진이 '핵심 사업의 약체화'라는 현실을 직시하기가 어렵다. 그 때문에 전성기 무렵과 같은 규모의 인원을 핵심 사업에 배치한다. 그 결과 새로운 혁신을 창출하는 것에 인적 자원을 돌릴 수가 없다. 이런 악순환이 일어나고 있다는 한탄을 자주 듣습니다.

아마존에서는 그런 사태가 일어나지 않습니다. 아무리 매출과 이익을 내고 있는 부문이어도 혁신 창출이나 성장이 둔화되었다고 판단되면 업무 효율화를 꾀합니다. 거기서 생긴 인원은 다음 혁신 창출이나 발전이 기대되는 사업으로 이동시킵니다.

나 자신도 매니저로서 우수한 멤버가 많이 이동해가는 것을 지켜봤습니다. 아마존에서 엔터테인먼트 미디어 사업본부장을 했을 때 다뤘던 것은 CD나 DVD, 소프트웨어, 비디오게임 등이었습니다. 당시에는 고수익이어서 회사의 핵심 비즈니스이면서도 중장기적으로는 시장이 성숙기를 향하는 것이 보이는 상품들이었습니다. 그런 사업 분야에 우수한 멤버가 있으면 점점 새로운 성장 영역으로 이동시키는 것이 아마존이라는 회사입니다.

그런 인사이동이 되풀이된 결과, 아무래도 멤버가 부족해졌을 때는 외부에서 채용합니다. 그리고 채용한 사람을 아마존의 리더십 원칙을 갖춘 아마존 사람으로 키워나갑니다. 그 아마존 사람도 조만간 다시 새로운 혁신 창출에 참여하여 경력을 쌓아가게 됩니다.

아마존의 이런 인재 육성의 스파이럴은 일본의 대기업과 대조적입니다. 아마존에서는 기존 사업에서 경험을 쌓아 아마존 사람으로 성장한 사원이 점점 새로운 사업 영역으로 이동하여 혁신 창출을 담당합니다. 그 결과 빈자리가 있으면 새롭게 채용하여 다음 아마존 사람으로 키웁니다. 사내에서 인재를 유동시키며 그 질을 높여가는 시스템이 만들어져 있습니다.

물론 아마존에도 어떤 특정한 카테고리에서 일하는 것을 아주 좋아하고 평생 그 부문에서 일하고 싶어 하는 사람도 있었습니다. 그런 방식의 일이 부정되는 것은 아닙니다. 다만 그런 방식의 일을 택하는 사람이 소수라는 것도 사실입니다.

'절대치'보다 '성장률'

아마존도 창업한 지 사반세기가 넘어 그 나름의 역사를 가진 기업이 되었습니다. 그러나 일본의 대기업에서 보이는, 특정한 핵심 사업에 관련된 사람만이 엘리트 취급을 받고 승진이 빠른 기득권은 존재하지 않습니다.

내가 본 바로는, 아마존에서는 회사에 대한 사원의 공헌도를 평가할 때 매니저를 하고 있는 부문의 매출이나 이익의 '절대치 크기'보다 '성장률 크기'를 중시합니다. 담당하는 사업이 매출액 1천억 엔의 사업이고 이듬해 매출액이 1천억 엔 그대로라면 가치를 낳은 게 아닙니다. 한편 매출액 10억 엔의 사업을 20억 엔으로 키우는 것은 '10억 엔'의 신장임과 동시에 '100퍼센트' 신장입니다. 어느 쪽이 더 높은 평가를 받는가 하면, '성장 페이스가 지속된다'는 전제를 둔다면 아마존에서는 후자일 것입니다.

독자 여러분 중에도 어쩌면 '매출액 1천억 엔을 유지한 사람'과 '매출액 10억 엔을 20억 엔으로 신장시킨 사람' 중 후자를 더 높이 평가하는 게 당연하지 않을까 하고 생각하는 사람이 있을지 모릅니다. 하지만 일본 기업에서는, 특히 성역화된 기존 사업을 담당하고 있는 경우 전자가 더 권력을 갖고 평가도 좋아지는 것이 보통이겠지요.

아마존으로 이야기를 돌리자면, 매출액 10억 엔 사업을 20억 엔으로 신장시킨 사람에게는 그 성장의 프로세스를 가속화하는, 재현성 있는 시스템을 만들라는 요구를 합니다. 자세한 것은 나중에 칼럼 4에서 다루겠지만, 경영학자 짐 콜린스가 제창하는 '플라이휠'을 손에 넣는 것입니다. 그 플라이휠을 계속 돌림으로써 사업을 수십 배, 수백 배로 키워나가기를 기대합니다.

예컨대 조금 전에 들었던 '매출액 1천억 엔 비즈니스를 현상 유지시키는 매니저'가 '우수한 사람'이라고 평가받는 경우, 아마존에서는 '매출액 10억 엔 비즈니스의 매니저'로 이동시켜 사업을 크게 하여 회사에 공헌하기를 기대합니다. 담당하는 사업의 매출액이 1천억 엔이든 1조 엔이든 현상을 유지하는 것만으로는 좋은 평가를 받지 못합니다.

아마존에서는 비즈니스의 현상 유지보다 기존 비즈니스의 발전이나 새로운 사업의 성장을 더 중시하고 그 방침이 인원 배치라는 형태로 명확히 표현되어 있습니다.

혁신 추진에서 인원을 비롯한 자원의 배치는 중요한 문제입니다. 경영학자 피터 드러커도 다음과 같은 말로 지적했습니다.

> "혁신이 필연이고 큰 이익이 필연인 분야, 즉 혁신 기회가 이미 존재하는 분야에서 자원의 최적화에 그치는 것만큼 리스크가 큰 것은 없다. 이론적으로 말해 창업가 정신이야말로 가장 리스크가 적다."
> – 《혁신과 창업가 정신(Innnovation and Entrepreneurship)》

일본의 대기업이 혁신 추진에 진심으로 임한다면 기존 사업에 기운 자원 배분에 대담한 수술을 하지 않으면 안 되겠지요. 그것을 위해서는 디지털화도 대전제가 되겠지만, 아마존에서의 인재 채용과 교육, 배치 시스템은 일본 기업의 그런 과제에 큰 시사점을 던져줄 것입니다.

6 규칙 우선으로
사원이 지시만을 기다리게 된다

기업이 커지면 다양한 프로세스나 규칙이 확립되어 갑니다. 사원 수도 수십 명에서 수백 명, 수천 명, 수만 명 규모가 되면 각자가 문득 떠오른 방식으로 일을 해 나가는 것은 비효율적입니다. 거기서 지켜야 할 규칙이나 프로세스를 만들 필요가 있습니다.

그러나 규칙이나 프로세스를 만드는 데는 폐해도 있습니다. 우선 규칙이나 프로세스가 정해진 이상 그 내용이 '옳다'고 믿는 사람이 늘어납니다. 다시 말해 '왜 그 규칙이 존재하는가?', '정말 그 프로세스로 할 필요가 있는가?', '좀 더 나은 방식은 없는가?' 하는 생각을 할 기회가 줄어갑니다.

다음 단계로서 규칙이나 프로세스에 따르는 것 자체가 목적이 되어, 새로운 제안을 하는 것에 위험을 느끼고 수동적이 되는 사원이 늘어납니다.

구호만으로 끝내지 않기 위해

아마존의 리더십 원칙 첫머리에는 '아마존에서는 전원이 리더'라고 쓰여 있습니다. 남의 지시를 기다리는 것이 아니라 자기 자신의 생각으로 아마존이 내세우는 리더십 원칙을 매일 발휘하여 행동하기를 기대하는 말입니다.

아마존에서는 전원이 리더라는 사고가 침투해 있어서 지시를 기다리기만 한다거나 규칙을 절대시하는 사원이 늘어나는, 대기업이 빠지기 쉬운 함정에 대한 억지 효과로 기능하고 있습니다.

물론 '전원이 리더입니다'라고 문장으로 쓰는 것만으로는 실효성이 없습니다. 평소부터 팀의 리더가 멤버들로 하여금 의견을 내기 쉬운 방식으로 회의를 진행한다거나 누군가가 리더십을 발휘하면 모든 사람들 앞에서 소개하는 등 이를 실현하기 위한 활동이 매일 현장에서 많이 이루어집니다. 회사의 노력으로는, 리더십 원칙의 각 항목과 관련하여 뛰어난 활동을 한 사원을 정기적으로 팀 단위나 본부 단위로 표창하는 일도 하고 있습니다.

일본에도 이러한 노력을 실천하는 기업이 많을 거라고 생각합니다. 다만 그것과 아마존이 조금 다르다고 한다면, 회사 전체로서 '전원이 리더'를 비롯한 리더십 원칙의 우선도가 높이 설정되고 정착을 위한 활동이 지속적으로 실시되고 있다는 점이겠지요.

참관수업을 통해 비로소 납득한 '전원이 리더'의 의미

애초에 '전원이 리더'라는 사고에 위화감을 갖는 사람도 많을 것입니다. 전원이 리더가 될 수 있는 건 아니다, 팀 멤버를 가져야만 리더인 게 아니냐고 말이지요.

나도 아마존의 '우리의 리더십 원칙'을 처음 읽었을 때는 무슨 의미인가 해서 좀처럼 납득할 수 없었습니다. 이해가 될 때까지는 시간이 걸렸습니다. 다음으로 이야기할 사례를 접하고 나서야 납득이 갔습니다.

내가 초등학교 딸의 수업을 참관하러 갔을 때의 일입니다. 판화 조각을 하는 수업이었습니다. 쇼와(昭和, 1926~1989) 시대에 태어난 내게는 판화 조각 수업을 할 때면 반드시 누군가가 조각도로 다쳐 손을 움켜쥐고 양호실로 달려갔던 기억이 있습니다. 지금도 그런 일이 있을까 싶어 수업을 참관하러 가서 보니 지금의 학교에서는 만전의 대책이 갖춰져 있었습니다.

판화판이 미끄러우면 다치기 쉽기 때문에 판화판을 고정하는 작업대가 준비되어 있었습니다. 또한 조각도 끝에는 만일의 경우에도 부상을 당하지 않도록 안전 커버가 달려 있고, 그립도 쥐기 쉽고 구르기 힘든 것으로 개량되어 있었습니다. 다칠 위험은 거의 제로에 가깝게 느껴졌고 실제로 다치는 학생도 없었습니다.

그러나 힘든 것은 그것들을 정리하는 일입니다. 수업이 끝나면 학생들은 조각도, 판화판, 작업대, 이 셋을 정리할 필요가 있습니다. 각각이 정리할 장소가 달라서 귀찮습니다. 학생들은 대부분 혼자 세 개를 들고서 그것들을 놓을 장소를 돌며 정리하고, 그 후 작은 빗자루로 책상 위를 청소했습니다.

학생들은 네 명이 한 모둠을 이루어 수업을 받았습니다. 그중 한 남자아이가 정리와 관련해 같은 모둠의 다른 세 명에게 어떤 제안을 한 것 같았습니다. 이왕에 네 명이니까 '조각도를 정리하는 사람', '판화판을 정리하는 사람', '작업대를 정리하는 사람', '책상을 청소하는 사람'으로 나눠서 작업하면 좋겠다는 것 같았습니다. 실제로 그 모둠에서는 네 명이 나눠서 정리하여 결과적으로 다른 모둠보다 효율적으로 빨리 정리를 마쳤습니다.

우연히 그 모둠에 내 딸이 있어서 나중에 물어봤더니 그 남자아이는 그 모둠의 리더였던 것이 아니라 자발적으로 제안을 했고 다들 좋다고 생각해서 따랐다는 것이었습니다. 이는 '자신을 따라야 하는 멤버'를 가진 '리더'가 아니라도 누구나 리더를 맡을 수 있는 가능성을 갖고 있어 언제든 리더십을 발휘할 수

2장_ 대기업의 함정 피하기

있는 기회가 있다는 한 예입니다.

상상해 보십시오. 당신이 관리직이고 팀을 갖고 있다고 합시다. 그 남자아이 같은 리더십을 발휘하는 사람이 팀 멤버에 한 사람도 없는 경우와 많이 있는 경우, 그 부문의 실적이나 생산성에 어느 정도의 차가 생길까요?

'미셔너리'란 무엇인가를
구체적인 예에서 배운다
– 일론 머스크와 마쓰시타 고노스케, 이부카 마사루, 그리고 헤이세이 벤처

아마존이 혁신을 계속 창출하는 시스템을 가진 것은 창업자 베이조스가 내세우는 미션, 비전이 장대하기 때문이라고 1장에서 설명했습니다. 자기 한 세대에 도저히 실현할 수 없을 듯한 미션, 비전이 있기 때문에 본인이 없어진 이후에도 그 실현을 향해 혁신을 계속 창출하는 조직을 만들지 않으면 안 된다는 강렬한 동기를 가지고 그 실현을 향해 매진하고 있다는 것입니다. 장대한 미션을 내세우는 경영자는 물론 베이조스 한 사람이 아닙니다.

■ 베이조스와 머스크가 우주를 지향하는 이유

베이조스와 동시대 사람으로 말하자면 일론 머스크가 있습니다. 머스크가 창업한 테슬라는 전기 자동차의 제조와 판매만을 목적으로 하는 회사가 아닙니다. '지속 가능한 에너지 사회로의 이행을 가속화한다'는 미션을 갖고 있습니다. 테슬라의 본질은 '자동차 제조사'가 아니라 '이산화탄소 배출 삭감에 의한 환경 문제의 해결을 목적으로 하는 조직'입니다. 전기 자동차의 제조는 그런 과제 해결에 필요한 부분의 하나에 지나지 않습니다.

테슬라는 실제로 태양광 발전이나 가정용 축전 시스템 비즈니스도 하고 있습니다. 전기 자동차에서 업계 1위가 되었다고 해도, 기존 자동차 제조사의 점유율을 빼앗았다고 해도 그곳이 종착점은 아닙니다. 아마존과 마찬가지로 테슬라도 머스크 한 세대로는 끝나지 않는 미션이겠지요.

머스크는 2002년에 스페이스X라는 우주 개발 회사를 설립하고 2020년에는 NASA

와 공동으로 유인 우주비행을 성공시켰습니다. 한편 베이조스도 2000년에 블루 오리진(Blue Origin)이라는 우주 개발 회사를 설립했습니다.

머스크도, 베이조스도 지구의 자연환경은 언젠가 인류가 거주하기 어려운 곳이 될 거라고 예상하고 있습니다. 그리고 그 위기가 현실화되는 것이 아무리 먼 앞날이라고 해도 미래를 대비하여 우주로의 이주로 인류를 구할 수 있게 하는 것이 지금 세대의 책무라고 생각하고 있습니다. 그들은 이러한 지상 과제를 미션으로 회사를 설립했습니다.

애초에 베이조스는 아직 고등학생이었던 1982년에 현지 신문사의 취재에 이렇게 대답했다고 합니다.

"지구는 유한합니다. 세계 경제와 인구가 앞으로도 성장해 가기 위해서는 우주로 갈 수밖에 없습니다."

그리고 38년 후인 2019년에는 미디어를 대상으로 한 이벤트에서 다음과 같이 말했습니다.(※1)

"우리는 지구를 구하기 위해 우주로 가지 않으면 안 됩니다.", "지금 세대가 할 수 있는 것은 우주로 가는 길을 개척하는 일입니다.", "세계의 에너지 수요는 연간 3퍼센트쯤의 비율로 늘어나고 있습니다. 대수롭지 않은 숫자일지도 모릅니다. 하지만 이대로 가면 500년 후에는 지구 표면을 태양광 패널로 다 덮지 않으면 공급할 수 없다는 계산이 나옵니다. 그런 게 불가능하다는 건 뻔하잖아요."(※1)

현대를 대표하는 두 창업가가 모두 수백 년 후의 인류를 위해 우주선을 쏘아 올려 우주 개발에 착수한 것은 우연이 아니겠지요. 그들에게 중요한 것은 지금 이 순간 사람들의 관심이나 니즈에 부응하는 것만이 아닙니다. 인류 사회가 널리 안고 있는 큰 과제를 해결하는 데 관심이 있고, 그것을 위한 미션을 내걸고 있습니다. 그런 의미에서 베이조스와 머스크에게는 우주 개발도, 전자상거래 사이트나 전기 자동차 개발도 같은 것일지도 모릅니다.

베이조스, 머스크라고 하면 세계 유수의 갑부로 알려져 있습니다. 미국의 경제지

〈포브스〉가 2021년 4월에 발표한 세계 부호 랭킹에 따르면 자산액 1위는 베이조스, 2위가 머스크였습니다.

하지만 그것은 그들이 목표로 한 결과가 아닙니다. 그들이 주력하려는 과제, 이를테면 그들의 미션이 너무나 장대하고, 거기에 존재하는 충족되지 못한 니즈가 이루는 시장이 엄청나게 거대하기 때문에 성공했을 때 부차적으로 얻을 수 있는 수익도 덩달아 막대해진다는 것입니다.

미션을 위해서가 아니라 사업에 성공하여 부자가 되는 것을 목적으로 했다면 '단기적인 이익을 희생해서라도 장기적 관점에서 고객의 이익을 추구한다'거나 '기존 고수익 사업과의 카니발리제이션도 두려워하지 않는다'는 것은 불가능했겠지요. 그리고 그 결과 후발 기업에 빼앗기거나 온라인 서점이나 전기 자동차 회사 중 하나에 그치지 않았을까요?

■ 전후의 소니, 마쓰시타와 헤이세이 시대에 태어난 벤처

전후에 성장을 이룬 일본 기업에도 규모가 큰 창업자가 내세운 장대한 미션이 있었다는 사실은 잊어서는 안 되겠지요.

예컨대 마쓰시타전기산업(현 파나소닉)의 창업자 마쓰시타 고노스케(松下幸之助)의 '수도철학(水道哲學)'입니다. 오사카 도지마에 위치한 츄오전기클럽(中央電気俱樂部) 본사에서 1932년 개최된 마쓰시타전기구제작소(당시)의 제1회 창업 기념식의 사주 고시에서 마쓰시타 고노스케는 이렇게 주장했습니다.

"산업인의 사명은 귀중한 생활물자를 수돗물처럼 무진장하게 만드는 것이다."(※2)

'수도철학'이란 이 연설에서 유래합니다. 양질의 생활물자를 일반 대중에서 수돗물처럼 값싸게 널리 보급하여 생활을 풍족하게 하는 것이라는 미션 스테이트먼트로 보입니다. 소니의 창업자인 이부카 마사루(井深大)가 1946년에 기초한 도쿄통신공업(당시)의 '설립 취지서'도 역시 비전을 가진 미션 스테이트먼트로 이해됩니다.

회사 설립의 목적

하나, 성실한 기술자의 기능을 최고도로 발휘하게 할 자유롭고 활달하며 유쾌하고 이상적인 공장의 건설.

둘, 일본 재건, 문화 향상에 대한 기술적인 측면, 산업적인 측면에서의 활발한 활동.

셋, 전시 중 각 방면에 굉장히 발전한 기술의 국민 생활 내로의 즉각적인 응용.

넷, 여러 대학, 연구소 등의 연구 성과 중 가장 국민 생활에 응용 가치가 있는 우수한 것의 신속한 제품화, 상품화.

다섯, 무선통신기류의 일상생활 침투 및 가정 전화(電化)의 촉진.

여섯, 전쟁이나 재난 시 통신망의 복구 작업에 대한 적극적인 참가 및 필요한 기술의 제공.

일곱, 새로운 시대에 어울리는 우수한 라디오 세트의 제작, 보급 및 라디오 서비스의 철저화.

여덟, 국민 과학지식의 실제적 계몽 활동.

일본 기술자의 기능을 최고로 발휘하게 하는 혁신적인 환경을 갖춘 '이상적인 공장'을 세워 패전 후 일본의 국민 생활에 필요한 제품을 공급하고 일본 재건, 문화 향상에 공헌하자는 취지라고 나는 이해하고 있습니다.

어느 쪽의 미션도 그 스케일과 사회적 의의의 크기에서 베이조스나 머스크가 내세우는 것에 지지 않습니다. 전후 일본에서 의식주의 기반을 정비하는 것은, 현대에 우주를 지향하는 것에 필적할 만한 큰 도전이었을 것입니다. 태평양 전쟁 전후의 일본에서 두 회사가 성장하여 세계적 기업이 되어간 데는, 시대를 포착한 올바른 비즈니스를 올바른 타이밍에 시작했다는 측면도 물론 있습니다. 그러나 그것은 우연에 의한 것이 아니라 큰 미션을 설정한 창업가와 그것에 공감하여 모인 동료들이 그 실현을 위해 갖가지 혁신을 창출한 결과였을 것입니다.

지금의 일본에도 세상을 극적으로 변혁하고자 하는 미션, 비전을 설정하고 그 실현을 향해 매진하는 창업가들이 늘어나고 있습니다. 또한 그것을 지탱하는 벤처 캐피털도 진짜 창업가를 판별하는 힘을 키워 왔습니다. 지금은 창업 후진국이라고까지 불리는 일본이지만, 건설적인 창업 문화가 육성되고 있는 것을 볼 때마다 가까운 미래에 완전히 새로운 가치를 낳고 세계에 날개를 펼치는 기업이 일본에서 나오는 것이 아닐까 하는 기대를 하게 됩니다.

일부이지만 내가 주목하는 구체적인 사례를 몇 가지 들겠습니다. 모두 헤이세이(平成, 1989~2019) 시대에 설립되어 이미 주식을 상장하는 데 성공한 기업으로, 그 미션이나 비전을 각 회사 홈페이지에서 인용하겠습니다(비즈리치는 지주회사인 VISIONAL 주식회사가 상장회사가 되었습니다).

> ### 주식회사 비즈리치
> 모든 사람이 '자신의 가능성'을 믿을 수 있는 사회를 만든다.

> ### freee 주식회사
> 스몰 비즈니스를 세계의 주역으로.

> ### 주식회사 메르카리
> 새로운 가치를 낳는 세계적인 마켓플레이스를 만든다.
> "한계가 있는 자원을 순환시켜 더욱 풍요로운 사회를 만들고 싶다."

> **라쿠스루 주식회사**
>
> 시스템을 바꾸면 세계는 좀 더 나아진다.
>
> 우리는 현재의 대기업을 중심으로 한 산업구조에서 다시 공유 플랫폼을 중심에 둠으로써 돈을 지불하는 기업과 제품이나 서비스를 제공하는 기업을 직접 플랫폼을 통해 연결하여 거래 비용이 낮은 더욱 효율적인 산업구조로 업데이트할 수 있다고 믿고 있습니다.

어느 회사나 주목을 받는 벤처인 만큼 훌륭한 미션, 비전이라고 생각합니다. 동시에 전후 일본에서 성장을 이룬 벤처 기업이 미션에서 큰 변천을 겪은 것으로 보입니다. 전후 일본은 나라의 재건과 의식주의 충족이 큰 과제였습니다. 그리고 그것을 실현할 수 있을지 어떨지 모를 정도로 큰 과제였을 것입니다. 그리고 당시의 각 벤처 회사 미션의 근저에는 국민이 살아가기 위해 질이 좋은 제품이나 서비스를 값싸게 보급한다는 목적이 있었습니다.

지금 주목받고 있는 헤이세이 시대에 생긴 벤처의 미션, 비전은 과거 선인들이 정비한 사회·생활 기반을 토대로 다음 단계로의 발전을 지향하는 것이 되었습니다.

위에서 언급한 네 회사에 관해 말하자면, 근저에 공통적으로 개인과 자원 존중이 있습니다. 1950년대 전후로는 대기업이 대량 생산·대량 공급을 함으로써 제품이나 서비스가 입수하기 쉬워진 반면, 너무 많이 만들어 쓸데없는 것이 생기고 개인이 존중받기 힘들어진 것은 부정할 수 없습니다. 그런 상황에 비해 1990년대 이후에 생긴 벤처는 개인이나 스몰 비즈니스가 더욱 활기차게 활약할 수 있어 자원 낭비가 없는 새로운 사회를 실현할 수 있도록 미션, 비전도 설정되어 있습니다.

비단 앞서 말한 네 회사가 아니더라도 성장하고 있는 기업은 사회 문제를 해결하고 사회의 가치관을 바꿔버릴 정도의 미션, 비전을 설정하고 있습니다. 그것을 실현하기 위해서는 창업자와 그 미션, 비전에 공감하여 모여드는 동료들이 갖가지 대규모 혁신을 연속해서 창출해야만 합니다. 그리고 아마존에는 이 장에서 소개하는 대로 그것을 가능하게 하는 메커니즘이 있습니다.

3

경영 간부 S팀

아마존은 대기업임에도 불구하고 벤처 기업 수준의 혁신 창출을
계속해서 이루어 내고 있습니다. 이러한 시스템을 움직이며
유지하는 것이야말로 아마존 경영 간부 'S팀'의 중요한 역할입니다.

지금까지 아마존이 혁신을 창출하는 메커니즘을 두 가지 측면에서 봐 왔습니다. 1장에서는 PR/FAQ라는 독특한 기획서를 비롯하여 일반 사원을 창업가 집단으로 변화시키는 시스템을 소개했습니다. 2장에서는 대기업에서 혁신이 탄생하기 힘든 이유와 이를 방지하기 위해 아마존이 준비하고 있는 시스템을 소개했습니다.

1장에서 소개한 시스템을 일본 기업이 도입하는 입문 장벽은 비교적 낮다고 생각합니다. 예컨대 PR/FAQ 등은 기획서의 서식이기 때문에 약간의 트레이닝을 하는 것만으로 곧바로 도입할 수 있겠지요. 그러면 사원들이 서로 논의를 거듭함으로써 '새로운 제품·서비스를 개발하는 시간축'과 '시장이 형성되는 시간축'의 교차점을 판별할 수 있게 됩니다. 동시에 '지금 기획하고 있는 것이 정말 고객이 바라는 제품 및 서비스인가'에 대해서도 팀을 짜서 논의하고 판별할 수 있습니다. 이 시스템이 지닌 장점의 효용성에 대해서는 도입해서 직접 겪어보면 금방 알 수 있을 것입니다.

2장에서 소개한, 대기업이 빠지기 쉬운 '함정'은 실제로 중견·중소기업에서도 적잖이 일어나고 있는 현상일 것입니다. 이를 막는 아마존 시스템을 도입하려고 하면 어떤 기업이든 저항에 부딪히는 일이 예측됩니다. 저항을 받는 이유로는 성역화한 기존 핵심 사업의 존재나 방어에 들어가기 쉬운 기업 문화, 사내 정치 문제 등이 생각됩니다. 그러나 그것들을 극복하고 도입할 수 있다면 금세 눈에 보이는 변화를 실감할 수 있을 것입니다.

그렇다면 일본 기업이 이러한 시스템을 도입하여 능숙하게 쓸 수 있다면 어떤 회사에서도 아마존처럼 파괴적 혁신을 창출할 수 있게 될까요. 집단으로서의 창업가 능력은 틀림없이 상승할 것입니다. 개별 사원의 능력에만 의존하지 않고 신규 사업의 창출에 힘씀으로써 회사에서 혁신이 창출되는 확률은 확실히 올라가겠지요.

그러나 그 수준은 아마존에 비하면 아직 충분하다고는 말할 수 없을 거라는 것이 조금 전의 물음에 대한 내 대답입니다. 아직 한 가지, 빠져 있는 조각이 있습니다.

'일반 회사'에는 벤처에 없는 스케일이 있다

지금까지 소개한 시스템을 적용하면 대기업은 물론이고 어느 정도 규모와 역사를 갖춘 보통 회사에서도 한창 성장하는 벤처 기업에 버금가는 속도감과 독창적인 아이디어가 생겨납니다.

한편으로 일정한 규모와 사력을 가진 '일반 회사'에는 젊은 벤처 기업에 없는 강점이 있습니다. 그것은 브랜드, 기존 기술, 고객 기반, 사람·제품·돈이라는 경영 자원이 훨씬 풍족하다는 것입니다. 사내 창업가인 프로젝트 팀이 이러한 강점을 살릴 수 있게 하는 것이 마지막 조각입니다.

이 마지막 조각을 메울 수 있다면 막 시작한 벤처 기업보다 훨씬 풍족한 조건에서 혁신 창출에 힘쓰는 '아마존 혁신 메커니즘'이 사내에 완성됩니다. 도식으로 만들면 다음과 같이 표현할 수 있겠지요.

아마존의 '혁신 양산 방정식'

벤처 창업가의 환경 × 대기업의 스케일 − 대기업의 함정

= 최고의 혁신 창출 환경

1장에서 소개한 일반 사원들을 창업가 집단으로 변화시키는 시스템이 만들어 내는 것이 '벤처 창업가의 환경'입니다. 그리고 2장에서는 '대기업의 함정'을 막

는 시스템을 소개했습니다. 이 장의 주제는 '아마존의 혁신 양상 방정식'을 완성시키는 마지막 조각인 '대기업의 스케일'입니다.

아마존은 이제 세계 톱클래스의 대기업이지만 일정한 규모와 역사를 가진 '일반 회사'에도 젊고 작은 벤처 기업에서는 가질 수 없는 스케일이 있고 강점이 있습니다.

아마존이 대기업의 스케일을 어떻게 혁신 창출의 무기로 바꾸고 있을까요. 그 시스템을 참고해서 적용하면 우리도 '최고의 혁신 창출 환경'을 만들어낼 수 있을 것입니다.

대기업의 스케일을 부여하고, 시스템에 혼을 넣는 것은 경영 간부

아마존은 대기업이 된 지금의 스케일을 혁신 창출에 살리는 시스템을 많이 갖추고 있습니다. 이런 시스템을 움직이는 것이 아마존 간부의 중요한 역할입니다.

특히 중심이 되는 것이 S팀이라 불리는 경영 간부이고, SVP 직위에 있는 각 사업 책임자를 중심으로 사원의 혁신 창출을 지원하고 있습니다. S팀은 젊은 나이에 베이조스에게 발탁된, 베이조스의 측근을 핵심으로 합니다. 베이조스에게 단련된 그들이 지금까지 이 책에서 봐온 혁신을 창출하는 갖가지 시스템을 돌리고 숨을 불어넣어 매일 발전시키고 있습니다. S팀의 역할 없이 아마존의 혁신은 있을 수 없습니다.

경영 간부 S팀이 메우는 마지막 조각은 크게 나눠 세 종류로 구성되고, 나아가 자세하게 보면 13항목의 시스템과 프랙티스로 나눠집니다. 구체적으로는 다음과 같습니다.

1 사내 창업가에게 대기업의 스케일을 부여하는 시스템 · 프랙티스

❶ 파괴적 혁신을 담당하는 S팀과 그 목표

❷ 경영 간부가 신규 사업을 시작한 '경험자'

❸ 새로운 기술이나 스킬의 획득을 두려워하지 않는다

❹ '수치'와 '판단'의 양립

❺ '곱셈'의 매수

2 혁신에 적합한 환경을 조성하는 시스템 · 프랙티스

❶ 창조성을 높이는 오피스 환경

❷ 다양성을 추진하는 '어피니티 그룹(affinity group)

❸ 리더십 원칙

3 메커니즘에 혼을 불어넣는 시스템 · 프랙티스

❶ 핸즈온(Hands-on)으로 솔선수범한다

❷ 인스티튜셔널 예스(Institutional Yes)

❸ 미셔너리로서 본능을 거스르는 의사결정

❹ 시스템을 계속해서 발전시킨다

❺ 혁신의 중요성을 회사 전체에 계속 전파한다

이 장에서는 이런 내용을 소개합니다. 다만 **2**의 ❸리더십 원칙은 1장에서 자세히 설명했기 때문에 여기서는 생략합니다

1 사내 창업가에게 대기업의 스케일을 부여하는 시스템·프랙티스

1-❶ 파괴적 혁신을 담당하는 S팀과 그 목표

PR/FAQ로 제안한 프로젝트가 승인되면 인원수가 주어지고 착수가 허락됩니다. 동시에 예산도 배정됩니다.

이러한 프로젝트에는 기존 비즈니스를 개선하는 '지속적 혁신'도 있고, 기존 사업을 단숨에 진부하게 만들 만큼의 임팩트가 있는 '파괴적 혁신'도 존재합니다.

'파괴적 혁신의 재료'는 S팀이 지원한다

어떤 경우에도 제안된 프로젝트가 고객과 회사에 큰 임팩트를 준다고 판단되면 S팀이 계속해서 그 진척 상황을 리뷰합니다. 그때 'S팀 목표'라 불리는 사분기 단위의 목표가 설정되고 S팀이 그것을 달성하기 위해 지원합니다.

파괴적 혁신이면 물론 S팀 목표가 설정됩니다만, 지속적 혁신도 고객과 회사에 공헌하는 것이 크면 S팀 목표의 대상이 됩니다.

S팀에 가담하고 있는 멤버가 누구인지 아마존은 공표하지 않습니다. 하지만

미국의 테크 계열 뉴스 사이트인 긱와이어(GeekWire)의 보도에 따르면, 2020년 여름 시점에는 26명으로 구성되었다고 합니다.(※1) 그 멤버는 베이조스에 더해 월드 와이드 컨슈머 부문을 담당하는 제프 윌키(현재는 퇴임) 외에 아마존 웹서비스나 디바이스 사업, 인재 개발, 광고, 재무, 총무, 인사 등 모든 부문의 책임자로 구성되었던 것 같습니다.

S팀은 사분기에 한 번 모여 회사 전체의 관점에서 다양한 주제를 논의합니다. 그 외의 중요한 주제 중 하나로, 대규모 혁신으로 기대되는 신규 사업에 설정된 S팀 목표의 리뷰도 있습니다.

S팀은 아마존 전체의 방향성을 정하는 의사 결정을 내리는 집단이기 때문에 그 멤버에게 리뷰되는 프로젝트가 된다는 것은, 회사에서 우선순위가 가장 높은 프로젝트 중 하나라고 인정받는 일입니다. S팀의 리뷰에서는 경영 간부로부터 조언이나 피드백을 얻는 것 외에 부족한 자원이 있으면 의뢰하는 것도 가능합니다(물론 반드시 승낙을 받는 것은 아닙니다).

이러한 형태로 아마존은 필요한 타이밍에 대기업의 스케일을 살려 벤처 기업 단위로는 불가능한 인재나 기술, 자금을 프로젝트 추진을 위해 투자하고 있습니다. S팀이 한자리에 모여 정하기 때문에 '그 사람은 좋다고 했지만 나는 반대'했다는 것을 나중에 말하는 것은 허락되지 않습니다. 대기업이 빠지기 쉬운 사내 정치는 근본부터 배제됩니다.

여기에는 아마존의 리더십 원칙의 한 항목인 '줏대를 가지며 반대하고 헌신한다'가 발휘됩니다. 다시 말해 '리더는 동의할 수 없는 경우 경의를 갖고 이의를 제기하지 않으면 안 됩니다. 설령 그렇게 하는 것이 귀찮고 노력을 요하는 일이어도 예외는 없습니다. 리더는 신념을 갖고 쉽게 포기하지 않습니다. 쉽게 타협하여 야합하는 일은 하지 않습니다. 하지만 일단 결정되면 전면적으로 헌신합니다'라는 것입니다.

S팀 목표가 되면 사내의 시선이 일변한다 ─────────────

일반 사원들 사이에서도 S팀 목표는 회사에 중요하고 우선순위가 높다는 것이 주지되어 정착해 있습니다. S팀 목표와 관련된 협력 의뢰가 있으면 누구든 최대한의 협력을 아끼지 않습니다.

나도 S팀 목표가 설정된 프로젝트에 관여한 적이 있습니다. 프로젝트 내용에 대해 상세한 것을 밝힐 수는 없습니다만, 지속적 혁신에 관한 것이었습니다. 구체적으로는 그때까지 수동이고 공정 수가 많으며 게다가 정밀도가 낮은 작업을 소프트웨어와 기계 학습(Machine Learning)을 써서 완전 자동화하는 것이었습니다. 종래부터 시스템화되어 있었지만 난이도가 높은 업무여서 수작업으로 보완하는 부분이 꽤 남아 있었습니다. 그 때문에 많은 공정 수가 필요했고 작업 정밀도도 담당자의 기술 수준에 좌우되고 있었습니다.

이를 완전 자동화한다는 목표가 제시되었을 때 오랫동안 이 업무에 관여했던 사람들은 모두 "솔직히 어렵지 않을까.", "그런 걸 할 수 있는 회사는 없어."라는 반응을 보였습니다.

그러나 만약 자동화되어 속도와 정밀도가 올라가면 고객에게도 사원에게도 이점이 있다는 것은 누구나 인정하고 있었습니다. 그것을 실현하기 위해 프로젝트 팀이 발족되고 S팀 목표가 설정되며 많은 인원과 예산이 투입되었던 것입니다.

S팀 목표가 설정되자마자 관계자의 자세가 바뀌었습니다. '솔직히 어렵지 않을까'라는 반응을 보였던 사람들도 '어떻게 하면 바꿀 수 있을지'를 전향적으로 생각하기 시작하여 프로젝트 멤버를 비롯한 이 업무와 관련된 사람들 모두의 의식이 하나로 뭉칠 수 있었습니다. 그 후에는 내 상상을 훨씬 뛰어넘는 속도로 새로운 시스템 개발과 도입이 추진되었습니다. '아마존 경영층은 S팀 목표

로 설정한 것에 대해서는 무슨 수단을 써서라도 끝까지 해낸다'는 것을 전 사원이 알고 있기 때문입니다.

그때 나는 S팀 목표가 설정된다는 의미와 위력을 직접 봤습니다. 경영층이 최우선으로 임할 만하다고 판단한 프로젝트는 회사의 모든 자원을 동원하여 실행합니다. 만약 이것이 신규 사업이라면 '사내 창업가에게 대기업의 스케일을 부여'하는 것이고, S팀 목표 역시 그것을 위해 설계된 시스템의 하나라고 말해도 좋겠지요.

PR/FAQ를 통해 승인되는 프로젝트에는 S팀 목표를 설정할 정도의 규모가 아니더라도 사업의 발전에 중요한 것도 있습니다. 그것들에 대해서도 사분기마다 목표가 설정되고 S팀이 아니라 프로젝트 규모에 따라 경영층의 계속적인 지원을 받을 수 있는 시스템이 마련되어 있습니다. 이것들도 사분기마다 리뷰가 있는 것은 같습니다.

1-❷ 경영 간부가 신규 사업을 시작한 '경험자'

PR/FAQ로 승인이 나온 프로젝트에는 리더가 할당되고 프로젝트 팀이 구성됩니다. 리더는 PR/FAQ를 쓴 발안자만이 아니라 신규 사업의 리더에는 회사 안팎에서 뽑은 우수한 인물이 발탁됩니다.

특히 임팩트가 큰 프로젝트라고 판단되면 그 후 팀이 세운 계획의 진척 상황을 사분기마다 S팀을 비롯한 경영 간부가 체크하고 진척 상황에 따라 추가 투자를 받기도 하고, 반대로 프로젝트가 중지되기도 합니다. 그때 경영 간부는 단순히 과제를 지적하는 것에 그치지 않고 해결책을 조언하며 팀 멤버와 많은 논의를 합니다.

'신규 사업 담당자의 고립'을 막는다

신규 사업의 프로젝트 팀을 가동하여 리더를 할당하고 투자액을 결정하면 나머지는 모두 리더에게 맡겨 버리는 회사가 대부분입니다. 일본 기업에서 일한 사람으로부터 이런 투덜거림을 들은 일이 있습니다. 다른 경영 간부가 무관심하여 신규 사업 담당자가 고립되어 버린다는 것입니다.

그러나 아마존에서는 그런 일이 일어나지 않습니다. S팀을 비롯한 경영 간부도 신규 사업에 주인의식을 갖고 정기적인 리뷰만이 아니라 평소부터 '그들의 프로젝트를 성공시키기 위해 자신에게 뭔가 공헌할 수 있는 게 없을까?' 자문자답하며 적극적으로 관여합니다.

아마존에서는 신규 사업의 프로젝트 멤버를 계속 지원하는 것이 경영 간부의 중요한 역할로 인식되고 있습니다. S팀 멤버라면 자기 담당이 아니더라도 S팀 목표로 편성된 신규 사업의 프로젝트는 대충 파악하고 있습니다. 그런 프로젝트 안에 자신이 조언할 수 있는 것, 공헌할 수 있는 것이 있다면 적극적으로 행동합니다.

나 자신도 S팀 목표가 아닌 다른 프로젝트에 관계하고 있었을 때 S팀 멤버 한 사람으로부터 "필요한 일이 있으면 언제든지 말하세요. 미국 측에서 되도록 지원할 테니까요."라는 말을 들은 적이 있습니다. 그 사람은 나와 다른 사업 부문에 속한 사람이었지만, 그래도 그러한 말을 해준 것에 대해 무척 마음 든든하게 생각함과 동시에 이것이 아마존에서 많은 혁신이 연속해서 창출된 하나의 요인이라고 실감했습니다.

아마존에서는 항상 크고 작은 것을 포함하여 수많은 신규 사업 프로젝트가 진행되고 있습니다. 그것들 모두에 대해 S팀을 비롯하여 바쁜 경영 간부가 여러 가지로 마음에 두고 지원한다는 것은 어려운 일로 생각됩니다. 그럼에도 불구하고 아마존의 경영 간부가 그것을 실천할 수 있는 것은 그들 대부분이 작은 비즈니스를 자기 자신이 수조, 수십조 원의 매출을 낳는 규모로 키워내는 경험을 거듭하고 있기 때문일 겁니다. 예전에 자신이 고생했기 때문에 지금 새로운 비즈니스를 하려고 도전하는 리더들에게 적절한 말로 조언하고 지원할 수 있는 것이겠지요. 그리고 작은 전진조차 쉽지 않은 것도 숙지하고 있기에 비록 작은 전진이어도 성장률의 크기가 칭찬의 대상이 됩니다. 이처럼 프로젝트 팀의 작은 한 걸음에도 경영 간부가 주목하고 코멘트를 함으로써, 다른 많은 기업에서 일어나고 있는 '신규 사업 담당자의 고립'을 막습니다.

그런 경영 간부 중에서도 신규 사업 시작의 과정을 가장 잘 숙지하고 있는 사람이 바로 창업자 베이조스입니다.

1-❸ 새로운 기술이나 스킬의 획득을 두려워하지 않는다

PR/FAQ를 평가할 때 가장 중시하는 것이 '고객은 그 아이디어의 실현을 정말 강력하게 바라고 있는가'입니다. 영어로는 'Would customers love it?'이라고 표현합니다. 아마존의 '고객에게 집착한다'에 대해 거듭 언급했기 때문에 독자분들에게는 이미 친숙한 내용일 것입니다.

그러나 그렇게 '고객 기점'에 집착하여 아이디어를 모집하면 자사 경쟁력의 원천이 되는 유형, 무형의 강점인 스킬이나 자산, 이른바 '핵심 역량(Core Competency)'과는 동떨어진 아이디어가 나오는 일이 있습니다. 단순히 동떨어진 정도가 아니라 미답의 외딴 작은 섬에 있는 듯한 아이디어가 나오는 일까지 있습니다.

그런 신규 사업의 아이디어가 나왔을 때 대다수 기업에서는 실현 가능성의 낮다거나 예측하기 어렵다거나 투자 규모의 크기를 이유로 사업 구상에서 배제될 가능성이 큽니다.

'고립 영토' 진출의 아이디어를 장려한다 ──────────

그러나 아마존에서는 "고객은 정말 그 아이디어의 실현을 강하게 바라고 있는가?", "보편적인 니즈인가?"라는 조건을 충족할 수 있다면 자신들이 갖지 않은 스킬이나 능력을 필요로 하는 프로젝트라도 긍정적으로 검토합니다.

지금까지 자사가 몰랐던 분야, 이를테면 '고립 영토(exclave)' 영역의 아이디어에 도전하는 일에도 아마존은 적극적입니다. 실제로 지금까지의 주력 사업에 집착하지 않고 '고립 영토'에 점점 진출하여 새로운 기술, 인재나 오퍼레이션 능력을 획득해왔습니다.

이런 새로운 기술이나 스킬의 획득으로 파괴적 혁신을 연속해서 창출해온 것이 아마존의 역사이기도 합니다. 그 대표적인 예가 클라우드 사업의 '아마존 웹서비스'이고 전자책 리더기인 '킨들'입니다.

클라우드 서비스는 원래 아마존의 창업 사업인 전자상거래에 필요한 인프라로, 아마존은 사용자의 입장에 서 있었습니다. 지금까지 외부에서 조달하고 있던 인프라를 자사에서 개발하여 외부 사용자에게 파는 것이기 때문에 기존 사업과 상당한 괴리가 있는 '고립 영토'입니다.

그러나 이 서비스는 '고객에게 강한 니즈가 있다', '그 외에 그 서비스를 제공할 수 있는 유력한 회사가 없다', '일시적인 시장이 아니라 장기적인 시장이 된다'는 확신에 기초하여 기존 사업과의 괴리를 과감한 투자로 메워갔습니다. 그 결과 거대한 비즈니스로 성장했던 것입니다.

'고객을 위한 기술 획득'이 성장을 가속화한다

전자책도 마찬가지입니다. 원래 아마존은 전자상거래 사이트에서 '종이책'을 판매하고 있었습니다. 종이책과 전자책은 고객의 관점에서 보면 '서적을 읽는다'는 공통의 체험입니다. 그러므로 더 나은 고객 체험을 중시하는 아마존은 장기 비전으로 '지금까지 인쇄된 모든 책을 60초 미만에 읽을 수 있게 한다'는 것을 목표로 삼아 전자책 시장에 참여했습니다. 그 비전 실현을 위해 하드웨어 개발을 결단한 것은 아마존의 입장에서 보면 당연한 귀결이었는지도 모릅니다.

그러나 서적을 만들고 판매하는 측에서 보면 종이와 전자에서 해야 할 것에는 상당한 괴리가 있습니다. 게다가 아마존이 킨들을 발매한 것은 2007년 11월로, 아직 전자상거래 사이트에서 종이책 판매가 큰 비중을 차지하고 있던 시기입니다. 기존 사업과의 카이발리제이션을 생각하면 주저해도 이상하지 않습니다.

그래도 굳이 고립 영토로 나가 킨들을 제조함으로써 아마존은 전자 디바이스를 제조하는 기술을 획득했습니다. 그때까지 하드웨어를 설계하고 개발한 적은 없고, 회사 안에 그런 능력을 가진 기술자도 없었습니다. 그래서 많은 하드웨어 엔지니어를 채용하여 개발을 시작했습니다. 거기서 획득한 기술과 인재가 그 후 인공지능 '알렉사'를 탑재한 스마트 스피커 '에코'나 태블릿 단말기 '파이어', 인터넷 동영상을 텔레비전에 송신하는 '파이어 TV 스틱' 등의 제품들을 만들어갈 수 있게 했습니다.

아마존의 파이어는 2020년 3사분기의 출하 대수가 540만 대를 넘어 태블릿 단말기 시장에서 애플, 삼성에 이은 세계 점유율 3위를 차지하는 데까지 성장했습니다.(※2)

아마존은 킨들이나 에코의 판매 대수를 공표하지 않았습니다만, 태블릿 단말기와 같은 규모이거나 그 이상의 성공을 거두었을 것입니다.

또한 이러한 전자 기기로 고객 체험은 확실하게 향상합니다. 킨들이나 파이어가 있다면 아마존의 전자책이나 프라임 비디오가 즐기기 쉬워지는 것은 물론이고 에코에 탑재되어 있는 알렉사 기능으로 프라임 뮤직이라는 서비스의 편리성도 좋아집니다. 이렇게 고객의 만족도를 향상시키고 고객 충성도를 높이고 있습니다.

이런 성공의 원점은 '고객은 정말 그 아이디어의 실현을 강하게 바라고 있는가?'라는 단순한 물음입니다. 이 물음으로부터 출발하여 부족한 것이 있다면 과감하게 고립 영토에 진출하여 새로운 능력을 익혀갑니다. 이 순환으로 아마존은 사업 영역을 넓혀갔습니다. 만약 자신들이 보유하는 기술이나 스킬의 활용을 원점에 두고 신규 사업을 구상하는 것에 초점을 맞추었다면 새로운 기술이나 스킬을 획득하는 일은 없었겠지요. 그렇게 했다면 아마존은 지금도 전자상거래 비즈니스만의 회사로 머물렀을 겁니다.

'고립 영토로 나가는 용기'를 불어넣는다 ─────

이런 역사를 가진 회사인 만큼 아마존은 PR/FAQ를 리뷰하는 간부에게 '고립 영토로 나가는 것을 두려워할 것은 없다'고 프로젝트 리더에게 용기를 북돋우는 역할도 기대하고 있습니다. 특히 파괴적 혁신을 떠맡은 S팀에 강력하게 요구하는 자세입니다.

일본 기업에도 그럴 마음만 있다면 고립 영토로 진출하기에 충분한 내부 자원을 가진 회사가 적지 않을 것입니다. 그런 회사가 기존 기술이나 스킬, 자산만 고려해 미리 한계라는 벽을 세워두고 혁신에 도전해서는 새로운 인재나 능력을 획득할 수 없습니다.

단기적으로는 내부 자원만으로 사업을 진행해도 문제가 없을지 모릅니다. 그러나 고객을 기점에 두고 발상한 신규 사업의 아이디어에, 보편성이나 잠재적인 시장 규모의 크기, 고객의 강한 바람, 자사의 도전으로 고객에게 주는 이익이 충분히 있다고 확신할 수 있다면 그 사업이 미지의 새로운 기술이나 스킬, 자산의 획득을 필요로 하는 것이라 해도 긍정적으로 도전하려는 자세를 갖춰야만 합니다. 그래야만 장기적으로 기업을 성장시킬 수 있습니다.

1–❹ '수치'와 '판단'의 양립

이 책은 아마존의 혁신적인 부분에 초점을 맞추고 설명하고 있습니다만, 말할 것도 없이 아마존도 신규 사업에만 주력하고 있는 것은 아닙니다.

아마존에는 기존 비즈니스에서 치밀하게 PDCA(Plan-Do-Check-Act)를 돌려 높은 수준의 결과를 계속 낸다는 또 하나의 얼굴이 있습니다.

실행력과 혁신력은 상반되기 쉽다

아마존에 한정하지 않고 모든 회사에는 새로운 발상을 중시하여 '혁신'을 창출하는 측면과 기존 사업을 확실히 집행해가는 '실행력(execution)'이라는 측면이 있습니다.

내가 예전에 일했던 회사들을 놓고 비교하자면, GE는 실행력이 굉장히 뛰어난 회사였습니다. 치밀하게 일을 진행한다는 조직 능력에서는 엄청난 힘이 있었습니다. 품질 관리 시스템 '식스시그마'의 도입을 추진하고, 그 입문 자격인 '그린벨트' 자격을 가진 사원이 다수 있었습니다. 그 때문에 모든 부문에서 업무 과정을 도면으로 그려 개선을 진행할 수 있었습니다. 또한 통계 분석에 기초한 실행 능력의 굉장함도 실감했습니다.

일본 GE에 막 입사했을 때는 품질 관리 전문 사원이 컨설턴트처럼 사내에 많이 배치되어 있는줄 착각했을 정도입니다. 그러나 실제로는 영업이나 총무, 경리 등 각 부서의 사원이 컨설턴트가 무색할 정도의 품질 관리 스킬을 갖고 있었습니다. 그것이 GE의 최대 강점이었습니다.

한편 새로운 발상을 구현하는 힘에는 문제가 있었다는 인상이 남아 있습니다. GE는 혁신 창출에도 적극적으로 임했습니다. 그러나 거기에서 좀처럼 획기적인 사업이 나오지 않았던 것은, 신규 사업의 진퇴에 대한 평가도 수치 분석으로 했던 것과 관련되어 있는 것 같습니다. GE에서 수치 분석의 결과는 많은 관계자가 합의할 수 있는 것이었습니다. 한편 완전히 새로운 발상에서 나온 아이디어 중에는 수치 검토가 진행되는 중에 사라져버리는 것이 많았습니다. 반대 예를 들자면 내가 근무했던 무렵의 소니는 새로운 발상을 구현하는 힘이 뛰어났지만 기존 사업의 실행력은 GE에 비해 문제가 있었을지도 모릅니다.

'1만 분의 1'의 정밀도로 PDCA를 돌린다

아마존에서 일하며 놀랐던 것은 혁신력과 실행력이 모두 강력한데 이 두 가지 힘을 양립시킬 수 있는 시스템이 존재한다는 것이었습니다. 실행력은 베이조스가 원래 서투르다고 스스로 인정하는 능력인데 동료에게 배웠다고 했습니다(이 에피소드는 뒤에서 다시 다루겠습니다). 배운 상대란 실행력에 강점이 있던 컨슈머 부문의 책임자 제프 윌키가 아닐까요(2021년 3월 퇴임).

아마존이 혁신을 창출하는 시스템에 대해서는 자세히 설명해왔기 때문에 여기서는 아마존의 실행력에 대해서만 간단히 설명하겠습니다.

예컨대 온라인 판매에서는 가격, 상품의 다양성, 시의적절한 배송 등 비즈니스의 성패를 좌우하는 요소에 대해 수치 목표를 설정하고 각각을 bps 단위(100분의 1퍼센트=1만 분의 1/basis point, bp라고도 불린다)라는 정밀도로 계측하고 계획과 대비하여 분석하고 있습니다. 계획과 실적에 차이가 있으면 원인을 철저하게 규명하여 회복하는 노력을 계속하고 있습니다.

요컨대 'bps 단위로 PDCA 사이클을 돌린다'는 것입니다. PDCA 자체는 많은 회사가 실천하고 있는 것이지만, 아마존에서는 목표 수치를 설정하는 항목도 수준도 굉장히 세세하고 치밀합니다.

조금 전에 GE는 실행력이 강한 회사였다고 했습니다. 그런 GE이기 때문에 경영 수준의 논의에서 그 정도의 정밀도는 요구하지 않았습니다(금융 부문의 현장에서는 사용되었고, 기기 제조와 개발 부문 등에서도 bps 단위의 목표 설정을 했었는지는 모릅니다).

바꿔 말하자면 아마존에서는 경영자급에서, 현장에서 사용되고 있는 치밀한 정밀도를 경영 지표로서 그대로 사용한 논의가 이루어지고 있다는 것입니다. 그 이유는 두 가지가 있었다고 생각합니다.

첫째로 아마존에는 경영 간부를 위해 미가공 데이터(raw data)를 요약하는 간접 부문이 존재하지 않습니다. 그러므로 경영 간부에게 건네지는 데이터가 미가공 데이터를 스프레드시트(spreadsheet)로 직접 출력했을 뿐인 것입니다.

둘째로 경영자급의 멤버여도 사업의 세부까지 이해하고 판단하는 것이 기대되기 때문입니다. 작은 수치의 변화여도 거기에 뭔가 큰 이변이나 트렌드가 숨어 있지 않은지를 간파하는 능력을 갖고 있는 것이 사업 리더의 한 가지 중요한 능력이라 여겨지고 있습니다.

이제 대기업이 된 아마존에서 계획과 1퍼센트의 어긋남이 생기는 사태는, 예컨대 재고 관리에서도, 배송 품질에서도, 모든 장면에서 절대적인 액수로서는 굉장히 큰 것이 됩니다. 아마존은 스케일이 갖는 이점을 발휘하여 고객 체험을 향상시키는 것을 기본 방침으로 합니다. 그런 아마존에서 bps 단위의 수치 관리는 미션 실현을 위해 절대 불가결합니다.

아마존의 업무 전체에서 차지하는 비율로서는, 앞에서 말한 수치를 기반으로 판단하는 비중이 압도적으로 큽니다. 현실 업무에서는 실행력을 묻는 장면이 더 많습니다.

'고객이 정말 요구하는 것'은 숫자만으로 판단할 수 없다 ──────

한편 아마존에서는 수치 분석과는 다른 판단을 기반으로 하는 의사 결정도 내립니다. 특히 혁신과 관련된 안건에서는 수치 기반의 판단만으로 의사 결정을 하는 일은 거의 없습니다. 혁신에서는, 단기적으로는 계산상 수지가 안 맞는다고 여겨지는 사업에서도 '고객이 정말 필요로 한다'면 장기적으로 큰 이익을 얻을 수 있는 가능성이 있다고 판단하여 검토합니다.

즉, '고객이 정말로 필요로 한다'는 판단을 우선하여, 수치 기반의 판단으로는 승인할 수 없는 사업도 승인을 해서 추진하는 의사 결정을 하는 안건이 있다는 것입니다. 사람은 일반적으로 단기적으로 예측되는 손실을 중요시하는 경향이 있고, 장기적인 이익을 바라는 의사 결정은 이익이 예측되는 것이지 확실하지 않다는 이유로 피하려는 경향도 있습니다.

그러므로 장기적으로 큰 이익을 얻을 가능성이 높아지는 선택지가 존재한다고 해도 실제로 그것을 선택하는 것은 간단하지 않습니다. 특히 위험을 감수하고 성공한 체험을 가지지 못한 조직일수록 어려워집니다. 그런 조직에서는 장기적으로 큰 이익을 얻을 가능성이 있는 선택지를 처음으로 직면하는 사태에 대비하여 의사 결정의 검토 항목에 허용 가능한 실패의 크기를 편성할 필요가 있습니다.

이러한 케이스에서 '고객이 정말 바란다'는 판단이 옳았던 경우, 수치 기반의 판단으로는 결단을 내릴 수 없는 만큼 다른 회사의 참여는 적고 경쟁이 없는 큰 혁신이 실현되는 일이 있습니다. 아마존 웹서비스의 클라우드 사업도 당초 경쟁 기업의 참여가 적고 그 사이에 아마존이 시장을 확립해 나갔습니다.

수치 기반의 판단으로는 불가능한 성공 사례

아마존도 기본적으로 GE처럼 숫자로 몰아붙여 의사 결정을 하는 걸 특기로 하는 회사입니다. 하지만 그 방식이 어떤 상황에서나 최선의 방법이 아니라는 것도 이해하고 있습니다. 실제로 아마존의 OLP에는 절약이나 '깊이 파고든다'와 같은 실행력과 관계가 깊은 것도 있고, '크게 사고한다'와 같은 혁신력과 이어지는 것도 있습니다.

아마존의 간부에게는 수치 기반의 의사 결정과, 가설과 판단을 기초로 하는 의사 결정의 양립이 요구되고 있습니다. 어떤 장면에서 어느 쪽을 우선해야 할지를 배우고 젊은 아마존 사람들에게 전해주는 것도 간부의 중요한 역할입니다.

물론 이를 회사에 정착시키는 것은 간단하지 않습니다. '수치 분석만이 아니라 판단에 기초한 의사 결정이 혁신을 위해서는 필요하다'고 서면이나 규칙에 남

겨봤자 오랜 세월이 지나면 풍화해갈 위험이 있습니다. 풍화시키지 않기 위해 S팀 같은 경영 간부가 판단에 기초한 의사 결정을 하고 그 성공 예를 회사 내에 계속해서 보여주는 것을 빼놓을 수 없습니다.

1-❺ '곱셈'의 매수

지금까지 소개한, 아마존이 혁신을 계속 창출하는 시스템은 아마존 '내부'에서 아이디어를 만들어내고 키워나가는 시스템이었습니다.

그러나 아마존이 커버하는 시장은 모두 전 세계의 기업이 주목하고 신규 참여가 엄청난 속도로 잇따르고 있는 분야입니다. 전자상거래에 전자책, 클라우드 컴퓨팅, AI를 탑재한 어시스턴트 디바이스 등등. 이런 분야에서는 아마존이 아무리 새로운 아이디어를 만들어내고 키워내는 데 뛰어난 메커니즘을 가진 회사라고 해도 자회사에서 나온 혁신만으로는 계속해서 선두를 달릴 수 없습니다.

여기에 필요한 것이 '외부'에서 혁신을 거둬들이는 수법입니다. 아마존의 벤처 기업 투자는 아마존 자신이 적극적으로 릴리스하지 않기 때문에 큰 뉴스가 안 되는 경우도 많고, 그 중요성에 비해 주목하는 사람이 적은 것처럼 느껴집니다. 하지만 아마존은 상당히 이른 시기부터 지금에 이르기까지 벤처 기업에 대한 출자나 매수를 왕성하게 되풀이하고 있습니다.

아마존은 1997년 7월에 주식을 상장했습니다. 하지만 그 이듬해부터 상장으로 조달한 자금을 활용하여 활발한 매수를 시작했습니다. 1998년에는 동업인 온라인 서점을 시작하는 영국의 북페이지(Bookpage)나 독일의 텔레북(Telebook) 등을 매수하고, 1999년에는 웹 데이터의 수집·조사를 하는 미국의 '알렉사

인터넷'을 산하에 두었습니다.

2017년 식품 슈퍼마켓 체인점인 미국의 홀 푸드 마켓(Whole Foods Market Inc.)을 매수한 일도 화제를 모았습니다. 2021년에 매수한 3D 그래픽 기술을 개발하는 핀란드의 엄브라(Umbra) 등 지금까지 매수한 기업의 총수는 인터넷상의 정보로 대충 헤아린 것만으로 이미 100개를 넘는 것 같습니다.

이러한 매수에는 특정한 서비스의 획득을 목적으로 한 것도 있고 또 그 회사가 보유하는 기술이나 인재의 획득을 목적으로 하는 경우도 있습니다. 예를 들어 오디오북인 오더블(Audible)이나 게임 실황 전송 서비스인 트위치 등은 서비스 자체의 획득을 목적으로 한 매수의 색채가 강하겠지요. 한편 로봇 벤처인 키바 시스템즈(Kiva Systems) 등은 기술 개발력을 높이 평가한 매수로 생각되고, 아마존이 '내부에서 혁신을 창출하는 힘을 강화하는 효과도 기대하는 것 같습니다.

기업 매수의 본질은 '빼앗는' 것인가?

일본에서는 애초에 매수라고 하면 자금력으로 기술과 인재를 '빼앗는다'는 부정적인 이미지를 갖고 있는 사람이 많은 것 같습니다.

그런데 과연 정말 그런 걸까요? 아마존도 그렇고, 아마존에 들어가기 전에 내가 일했던 시스코시스템즈도 과감하게 M&A를 실행하여 성장한 기업입니다. 그러나 이런 회사는 뭔가를 '빼앗는' 것을 가장 중요하게 생각하여 매수에 임한 것이 아닙니다. 이런 회사에서 일한 경험을 가진 사람으로서 꼭 전해주고 싶은 것이 있습니다.

아마존도 시스코시스템즈도 '고객에게 제공하는 가치를 최대화한다'는 목적에 입각한 활동으로 매수를 추진했습니다. 고객에게 최고의 체험을 제공하기 위해서는 자신들이 가진 기술이나 서비스를 고집해서는 안 된다. 고객이 바라는 더욱 뛰어난 기술이나 서비스를 도입하기 위해 필요한 자원을 가진 기업을 매수하고 외부에서 혁신을 도입하자는 발상입니다. 오픈 혁신의 일환이라고 이해하는 것이 좋을 것입니다.

고객의 입장에서 보면 다양한 이점을 가진 복수의 서비스가 복수의 회사에서 제공되고 있는 것을 자기 힘으로 조합하여 이용하기보다는 모든 이점을 가진 하나의 서비스로 통합해주는 것이 고마울 것입니다. 최종적으로 어떤 제품, 어떤 서비스를 택할지 그 선택권은 고객에게 있습니다. 그리고 고객에게 제품이나 서비스를 제공하는 회사의 자본 구성 같은 건 아무래도 좋은 것입니다. 아마존이나 시스코시스템즈의 경우 매수는 베이조스가 말한 '고객에게 집착한다'에 기초한 전략으로 선택되는 것입니다.

무명의 벤처가 가진 파괴력을 주시한다

매수에 뛰어들지 말지는 별도로 한다고 해도, 기업은 항상 자사가 관련된 업계에서 새로운 파괴적 혁신이 일어나지 않는지 주시할 필요가 있습니다. 그때 새로운 파괴적 혁신을 창출하기 시작하는 것이 기업이라면 비교적 알아채기 쉽지만, 무명의 창업가나 벤처 기업에 의해 조그맣게 시작되고 그것이 고객의 지지를 급속하게 얻어가는 경우는 놓치기 쉽습니다. 알아챘을 때는 신흥 세력이 그 시장을 단단히 확보하고 있어 대기업조차 자사가 뒤를 쫓아 개발해서 같은 것을 하려고 해도 도저히 따라갈 수 없는 경우가 적지 않습니다. 이런 일이 일어나 선수를 빼앗기는 걸 막기 위해 기업은 항상 새롭게 대두하는 창업가나 벤처 기업의 움직임에 안테나를 달 필요가 있습니다. 뛰어난 벤처가 나타나 그 활동이 고객에게 중요하다고 판단되면 그 기술력이나 인재를 자사로 끌어들이는 일도 생각해야 합니다. 그런 점에서 좋은 참고가 될 거라고 생각하는 것이 전성기 시스코시스템즈의 전략이었습니다.

시스코시스템즈의 A&D 전략

시스코시스템즈는 네트워크 기기를 제조하고 판매하는 회사입니다. 1984년 미국 캘리포니아주 샌프란시스코에서 설립되어 1990년대에 급성장했습니다. 내가 입사한 1999년경에는 그 급성장세가 샌프란시스코의 명소인 '금문교(Golden Gate Bridge)'의 로프처럼 점진적인 상승'으로 형용될 정도였는데 2000년 3월에는 시가총액이 5,000억 달러를 돌파하여 세계 1위가 되었습니다.(※3)

그런 시기에 나는 미국 본사 산호세(San Jose)의 사업개발 부문에 재직하며 벤처 기업에 대한 투자나 대기업과의 전략적 제휴를 진행하는 일에 종사했습니다. 그때 깨달은 것은 1990년대 이후 시스코시스템즈의 급성장이 어떤 하나의 '시스템' 위에서 실현되었다는 사실입니다.

그것이 'A&D(Acquisition and Development, 인수 후 개발)'입니다. M&A(Mergers & Acquisitions, 인수 합병)에 의한 획득(Acquisition)과 자사에 의한 개발(Development)을 조합하여 네트워크 기기 분야에서 제품 포트폴리오를 빈틈없이 만들어낸다는 시스템입니다.

시스코시스템즈는 원래 데이터 전송에 쓰는 라우터를 제조하고 판매하는 회사로 출발했습니다. 라우터는 인터넷 네트워크의 인프라가 되는 기기의 하나이지만 인프라가 될 수 있는 기기는 그 밖에도 많이 있었습니다.

시스코시스템즈의 출발점도 '고객 만족'에 있었다 ————

 시스코시스템즈는 당초부터 라우터라는 특정 기술에 기초한 기기나 서비스를 제공하는 것이 아니라 네트워크 인프라에 필요한 기기와 서비스를 총망라해서 제공하는 것을 지향해왔습니다. 목적을 '고객의 편리성'에 두었다는 의미에서는 베이조스와 공통된 점이 있고 그 자세는 지금도 달라지지 않았을 것입니다.

내가 재직하던 때의 CEO는 존 챔버스(John Chambers)였습니다. 그가 당시 자주 사용하던 말로 'No religion in Technology'라는 것이 있습니다. 직역하면 '기술에 종교는 없다'입니다만, 그것이 의미하는 바는 '기술을 선택하는 것은 고객이니 자신들의 기술에 고집하지 마라'는 것입니다. 예컨대 자신이 지금 개발하고 있는 기술이 있지만 비슷한 기능을 가진 더 나은 기술을 개발하고 있는 회사가 별도로 있고 고객도 그것을 선택한다고 합시다. 그럴 경우 자사의 기술은 버리고 더 나은 기술을 개발하고 있는 회사를 산다는 것이 시스코시스템즈의 사고입니다. 그러는 편이 고객의 이점이 크기 때문입니다. 어디까지나 고객을 기점에 두는 발상입니다.

당시 시스코시스템즈가 인터넷의 트래픽 확대를 순풍으로 바꿔 비즈니스를 급격하게 확대할 수 있었던 것은 '고객에게 제공하는 가치를 가장 중요시한다'는 기본자세가 흔들리지 않았던 마음가짐이 중요했습니다. 그런 토대 위에 안팎의 힘을 모아 혁신을 창출하는 시스템을 구축했기 때문입니다. 그리고 그 시스템을 장대한 규모와 속도감을 유지하며 계속적으로 운용할 수 있었기 때문입니다.

시스템만 놓고 봤을때 시스코시스템즈는 아마존과 상당히 다릅니다. 하지만 고객을 기점에 두고 생각한다는 기본은 공통됩니다.

고객 만족을 중시한다면 '선택과 집중'은 택할 수 없다 ────

　이야기를 앞으로 좀 돌리면 시스코시스템즈가 지향한 것은 '네트워크 인프라에 필요한 기기와 서비스를 총망라해서 제공'하는 일이었습니다. 그렇게 하기 위해서는 광범위한 영역의 기술을 커버할 필요가 있습니다. 게다가 발흥기에 있던 당시의 네트워크 기술의 발전은 꿩장히 빨라, 크고 작은 무수한 기업이 경쟁 우위를 획득하기 위해 전속력으로 개발을 진행하고 있었습니다. 시스코시스템즈가 설정한 목표는 기준이 상당히 높은 것이었습니다.

'도그 이어(dog year)'라는 것은 그 무렵 인터넷 업계에서 생겨난 말입니다. "실리콘밸리의 기업은 도그 이어로 살고 있다."는 식으로 사용했습니다. 개의 수명은 인간의 7분의 1이므로 7배의 속도로 인생을 살고 있다는 이야기가 됩니다. 실리콘밸리의 인터넷 업계에서 일한다는 것은 인간이면서 개와 같은 속도감 안에 있다는 뜻으로 사용된 것입니다.

시스코시스템즈에 입사하여 내가 목격한 선배들은 바로 보통 사람의 7배 정도의 속도로 일을 진행하고 있어서 나도 익숙해질 때까지는 매일 그 속도감에 압도당했습니다.

종래의 7배 속도로 발전하는 업계에서 광범위한 기술을 총망라해서 커버하지 않으면 자신들의 비전은 실현되지 않는다는 두려움이 시스코시스템즈가 직면한 과제였습니다.

거꾸로 말하자면 자사가 특기로 하는 분야에 경영 자원을 집중하는 '선택과 집중'을 택하지 않았다는 것입니다. 시스코시스템즈는 자사가 원래 잘하는 것이든 못하는 것이든 상관없이 '네트워크 인프라 구축'이라는 '고객의 과제'와 관련된 기기와 서비스를 총망라하는 길을 택한 것입니다. 일종의 '플랫폼 전략'이라고도 부를 수 있겠지요.

시장을 매트릭스화하고 자사의 기술을 매핑

  그리고 이런 플랫폼 전략을 실현하기 위한 구체적 수단이 '인수 후 개발 (A&D)'이라는 시스템이었던, 자사의 혁신 창출에 전력을 다하면서도 그것만으로는 부족한 부분에 외부에서 혁신을 도입하는 수법입니다.

구체적으로는 다음의 세 단계를 밟습니다. 첫 번째는 시장 지도를 만듭니다. 이미지로서는 세로축에 제품 부문, 가로축에 시장 부문을 설정하고, 기기와 서비스를 매핑(mapping)해 나갑니다. 제품 부문으로는 스위치, 라우터에 더해 네트워크 관리 소프트웨어, 보안 소프트웨어(security software) 등이 있습니다. 한편 시장 부문에는 전기통신사업자용, 대기업용, 중소기업용, 일반 가정용 등 이것도 여러 갈래에 걸쳐 있습니다. 이 두 축을 조합하여 매트릭스 차트로 만들면 자사가 커버해야 할 광범위한 영역의 전체상이 보입니다.

두 번째 단계로서, 위에서 만든 매트릭스 차트에 자사가 보유 또는 개발하고 있는 기기와 서비스를 표시합니다. 당연히 공백 지대가 나옵니다.

세 번째 단계로서, 공백 지대를 어떻게 메울지를 생각합니다. 그때는 다음의 네 가지 선택지가 있습니다.

① 자사 개발
② 벤처 기업에 대한 마이너리티 투자(다수파를 점하지 않는 투자)
③ 벤처 기업의 매수
④ 대기업과의 전략적 제휴, 부문 매수

최우선하는 것은 ①번의 자사 개발입니다. 하지만 자사 개발만으로는 속도가 불충분하거나 성능이 부족하다고 판단한 경우, 회사 밖의 벤처 기업에서 뛰어난 기술을 매수하여 자사의 포트폴리오에 추가하는 ❷, ❸이 선택되어 추진 됩니다. ❹의 선택지를 택한 경우도 있었지만 그다지 성공한 예가 없었다고 기억하고 있습니다.

출자 판단에서 가장 중요시된 '경영자와의 궁합'

제휴하거나 출자, 매수를 하는 후보 기업의 정보는 다양한 방법으로 모을 수 있습니다. 경영 담당자가 거래처에서 듣고 오는 일도 있고, 조사를 통해 떠오르는 일도 있었습니다.

독특한 기술을 가진 유망한 벤처를 발견했을 때는 지분 20퍼센트 미만의 '⑵ 마이너리티 투자'에서 시작하여 신뢰 관계를 구축하며 그 회사에서 파괴적 혁신으로 이어지는 기술이 나오지 않는지 주시했습니다.

한편 처음부터 벤처 기업의 '❸ 매수'로 나아가는 경우도 많이 봤습니다. 그때의 속도감도 엄청난 것이었습니다. 매수를 완료한 후 2주 이내에 업무 통합 작업을 마치고 ID 카드나 사내 네트워크도 통합합니다. 그리고 몇 달 안에 매수처의 제품이 시스코시스템즈 제품으로 글로벌하게 판매되기에 이릅니다.

이러한 매수는 벤처 기업에도 이득이 됩니다. 자력으로 발매에 이르려고 하면 자금 조달이나 판로 개척에 몇 년이나 걸리는데, 불과 몇 달 만에 많은 매출을 올리는 데까지 전진할 수 있습니다. 시스코시스템즈는 이미 전 세계에 강력한 판매망을 갖추고 있고 자사 제품의 기기를 이어주는 'Cisco IOS'라는 소프트웨어에 편입하면 단독 기기로서 파는 것보다 부가가치를 높일 수 있습니다. IOS란 Internetwork Operating System의 약어로, 네트워크 기기의 원활한 통합을 가능하게 하는 소프트웨어입니다.

또한 기업의 매수 가격에는 매수 후에 기대되는 성장도 가미되는 것이 통례였습니다. 다시 말해 매수하는 측인 시스코시스템즈와 매수되는 측인 벤처가 원원하는 관계를 만드는 일은 결코 꿈 이야기가 아니라 현실적으로 가능한 시나리오입니다. 시스코시스템즈에서 투자처나 매수처를 선정할 때는 기술의 우열도 물론이지만 그것보다는 오히려 그 벤처 기업의 경영자와 시스코시스템즈의 궁합이 중시되었습니다. 매수 후에 시스코시스템즈의 비전이나 미션을 향해 함께 달려갈 수 있느냐 하는 관점이었습니다.

그러한 이유 때문인지는 모르겠지만 매수된 창업가들 대부분은 시스코시스템즈 안에서 사업 부문의 장으로 계속 일했습니다. 나도 그런 사업 부문의 장을 몇 명 만났습니다. 과연 하나의 성을 쌓은 만큼 카리스마를 가진 매력적인 인물이 많다고 느꼈습니다. 다들 자신들이 만들어낸 제품을 성장시키기 위해 충분한 지력과 담력을 갖추고 있는 사람들뿐이었습니다.

그런 사람들이 자신의 회사를 팔아도 시스코시스템즈에 머물렀던 것은 비전에 공감했기 때문일 겁니다. 시스코시스템즈가 내세우는 비전이란 '사람들의 일하는 방식, 생활, 오락, 학습의 모습을 바꾼다(Changing the way we work, live, play and learn)'입니다. 인터넷으로 세상을 바꿔나가자는 기개로 흘러넘친 창업가들이 이 비전에 공감하여 시스코시스템즈에 머문 것은, 매수에 의해 가져온 기술 이상의 회사 자산이 되었을 것입니다.

시스코시스템즈조차 대기업병과 무관하지 않았다

IT 버블이 터지고 얼마 되지 않아 나는 시스코시스템즈에서 일본 GE로 이직했습니다. 그 후의 보도 등을 보면 챔버스는 라우터나 스위치 등 하드웨어 중심에서 서비스 분야에서의 솔루션 제공으로 이행할 필요가 있다고 생각한 것 같습니다. 그것을 위한 조직으로서 '카운슬 앤드 보드(Council and Board)'라는 활동을 시작했습니다. SVP나 바이스 프레지던트(VP) 등의 간부급이 회사 횡단적으로 참여하는 조직으로, 큰 시장을 새롭게 개척하는 혁신을 목적으로 했습니다.

그러나 유감스럽게도 이 활동에서 큰 성공을 거두지는 못한 것 같습니다. 그 이유 중 하나는 각 프로젝트의 리더가 현업과 겸무를 했기 때문에 강한 주인 의식(ownership)과 속도감을 발휘하여 활동하는 것이 어려웠다는 것입니다. 그리고 또 하나는 '카운슬 앤드 보드'가 회사 횡단적인 조직이었던 것 역시 주인 의식과 속도감을 저해하는 요인이 되었습니다.(※4)

예전의 시스코시스템즈처럼 빛났던 조직도 기업 규모가 커지면 대기업이 빠지기 쉬운 함정을 피하기 힘듭니다. 그것을 알고 있기 때문에 베이조스는 "아마존은 언젠가 무너진다.", "우리는 항상 '데이 원'에 있지 않으면 안 된다."라는 말로 사원을 고무하는 것이겠지요.

고객 기점에서 곱셈이 되는 M&A

이야기가 다소 옆길로 샜습니다만, 혁신을 위한 M&A는 미국 기업에서 배울 여지가 큰 분야인 것 같습니다. 중요한 것은 고객을 중심으로 생각하는 점입니다. 고객이 요구하는 것이 있고 그 고객의 니즈에 부응하고자 할 때 자사의 자원과 속도감에 부족함이 있다고 느낀다면 그것을 보완하기 위해 M&A를 검토한다는 사고입니다. 그때 제품이나 기술만이 아니라 자사의 비전에 찬동하는 창업가나 기술자를 동료로 끌어들이는 것도 중요한 목적이 됩니다.

아마존이 실천하고 있는 매수는 매수처의 매출이나 이익을 더한 성장만을 목적으로 한 것이 아닙니다. 매수한 기업의 기술이나 인재를 받아들여 자사의 힘과 곱하여 수십 배, 수백 배, 수천 배나 큰 것으로 만들기 위한 매수입니다. 바꿔 말하면 '덧셈'의 매수가 아니라 '곱셈'이 되는 매수입니다. 일본 기업에 미국의 GAFA 등과 대등한 속도로 경쟁할 마음이 있다면 곱셈이 되는 테크놀로지 기업 매수는 선택이 아니라 필수입니다.

곱셈을 가능하게 하는 수법은 매수만이 아니라 전략적 제휴에서 시작하여 마이너리티 투자 등 다양한 것이 있습니다. 그런 경영 전략을 가려서 실천하는 것은 많은 일본 기업이 혁신을 창출하는 데 보강해야 할 능력의 하나라고 생각합니다.

2-❶ 창조성을 높이는 오피스 환경

2장에서 소개한 시스템 중에서 PR/FAQ는 혁신 창출의 '양식'이고, 이노베이션 서밋은 혁신 창출의 '장'입니다. 여기에 더해 아마존이 혁신 창출을 위해 집착하는 것이 '환경'입니다.

애견과 출근, '만남의 장'이 있는 사무실

미국 아마존에서는 자신이 키우는 개를 사무실로 데려오는 것이 허락됩니다. 시애틀 본사에서 베이조스도 집무하는 '데이 원(Day 1)' 빌딩은 반려견 놀이터를 갖추고 있어 애견가에게는 최고의 환경입니다.

본사에는 '스피어(The spheres)'라는 3개의 거대한 유리 돔을 연결한 사무실이 있고, 그 안에는 30개 이상의 아열대 국가에서 모은 4만 수 이상의 식물이 자라고 있습니다. 흡사 정글 같은 공간의 군데군데에 의자나 테이블이 놓여 있고 사원은 좋아하는 곳에 앉아 일할 수 있습니다. 실온은 22도, 습도는 60퍼센트로 유지되고 있어 쾌적합니다. 나도 미국에 출장을 갔을 때 몇 번인가 이용했습니다. 도회에 있는데도 숲속에 있는 것 같은 기분으로 긴장을 풀고 일에 집중할 수 있었습니다. 평소와 다른 환경에서 새로운 아이디어를 떠올리기에는 안성맞춤입니다.

시애틀 본사 외에도 사원은 자기 자리에서 일할 필요가 없습니다. 사무실에는 다양한 타입의 공유 공간이 있어 기분에 따라 장소를 골라 일할 수 있습니다. 쾌적한 공유 공간은 다른 부서 사람과의 만남이나 의견 교환을 촉진하는 효과도 있습니다. 이런 다양하고 독특한 사무실 환경이 스트레스를 낮추고 창의적인 아이디어를 떠올리기 쉽게 하며 결과적으로 그것이 혁신 촉진으로 이어진다고 느꼈습니다.

창조성을 높이는 사무실 환경에 집착하는 경영자는 베이조스만이 아닙니다. 그중에서도 유명한 사람은 애플의 창업자 스티브 잡스일 것입니다. 애니메이션 영화를 제작하는 픽사 본사 빌딩을 세울 때는 어떻게 하면 사람들이 만나 이야기하는 것을 촉진할 수 있을까 하는 관점에서 동선에 집착하여 설계했다고 합니다. 《픽사류-창조하는 힘》에는 이렇게 적혀 있습니다.

> "결국 스티브 잡스는 아트리움에 걸쳐 있는 아치형 철교에서 시사실의 의자까지 신사옥의 모든 디테일을 혼자 도맡았다. (중략) 건물에 들어갈 때 사원들끼리 얼굴을 마주할 수 있도록 입구를 단 한 곳으로 했다. 회의실, 화장실, 우편실, 세 개의 극장, 게임 에어리어, 식사 에어리어 등 모든 것이 건물의 중심에 위치하는 아트리움에 있다. (중략) 이런 모든 것이 사람들의 교류로 이어졌다. 하루 중 오다가다 누군가와 마주치기 때문에 자연스럽게 커뮤니케이션이 이루어지고 우연히 남과 만나는 확률도 늘어난다. 건물 안에 활기가 넘치는 것이 느껴진다."

아마존 혁신의 법칙 16

2-❷ 다양성을 추진하는 '어피니티 그룹'

새로운 발상을 낳기 위해서는 직장에 다양성(diversity)이 있고 또 다양한 사람들이 포섭(inclusion)되어 있는 '환경'이 필요 불가결합니다. 균질적인 사람들만 모이는 환경에서 나오는 발상에는 창조성이 결여되거나 일정한 속성을 가진 고객에게 불편이나 불만이 생기는 요소가 있는 것을 놓치기 십상입니다.

성별, 인종, 민족, 종교, 교육, 경력, 기술 등 다양성에는 여러 가지의 착안점이 있습니다. 아마존은 이런 다양한 요소에서 여러 가지 속성을 가진 인재를 모으는 것을 중시합니다. 그러나 다양성이 많은 인재가 사내에 풍부하게 있든, 각각이 동료로서 모여 있든 이들이 분리된 상태에 놓여 있어서는 아이디어에 다양성은 생겨나지 않습니다. 거기서 필요한 것이 서로의 차이를 받아들이고 함께 성장하는 것입니다. 그것이 포섭입니다.

다시 말해 다양성이 있고 또 포섭을 유지한 상태에서 서로 의견을 나누는 환경이 바람직하다는 것입니다. 이러한 사고는 아마존의 독자적인 것이 아닙니다. 하지만 혁신 창출에는 무척 중요하여 아마존도 적극적으로 수행하고 있습니다.

이를 실현하기 위한 시스템 하나가 '어피니티 그룹(affinity group)'입니다. 어피니티는 '유사성'을 의미하는 말이고, 어피니티 그룹이란 말 그대로 유사한 배경을 가진 사람들이 교류하는 장입니다. 예컨대 '기술직 여성'이라는 유사성이 있는 사람들이 정기적으로 모여 모임을 갖고, 같은 속성을 가진 사람들이 더욱 일하기 쉽게 만들기 위한 제안을 정리한 리포트를 제출하거나 채용에 조언을 하고 있습니다.

2021년 현재 13개의 그룹이 있으며 그중 대표적인 것 몇 가지를 다음 페이지에 추려 보았습니다.(※5)

● Amazon People with Disabilities(AmazonPWD) : 심신에 장애를 가진 사원이나 고객을 지원하기 위한 그룹.

● Amazon Women in Engineering(AWE) : 기술직에 있는 여성이나 논 바이너리(Non-binary, 남녀를 특정하지 않는 사람)를 위한 그룹.

● Asians@Amazon : 아시아계 사원의 채용이나 네트워킹을 지원하는 그룹.

● Black Employee Network(BEN) : 흑인의 채용이나 권한 부여(empowerment) 등을 지원하는 그룹.

● Body Positive Peers(BPP) : 다양한 체형의 고객이나 사원을 포섭하는 것을 목적으로 하는 그룹.

● Families@Amazon : 개호에 종사하는 사람들의 지원을 목적으로 하는 그룹.

● Glamazon : LGBTQ 사람들의 커뮤니티나 기회에 대해 사원이 배우는 것을 목적으로 하는 그룹.

● Indigenous@Amazon : 원주민 사원들이 만날 수 있도록 하는 그룹.

● Latinos@Amazon : 히스패닉계나 라틴계 사원들이 커뮤니티를 형성하고 채용이나 교육, 능력을 개발하는 것 등을 목적으로 하는 그룹.

● Mental Health and Well-Being(MHW) : 정신 건강에 대한 자각과 상호 이해를 심화하여 사원의 심신에 걸친 행복을 높이는 것을 목적으로 하는 그룹.

3   메커니즘에 혼을 불어넣는 시스템·프랙티스

3 – ❶ 핸즈온으로 솔선수범한다

아마존 간부는 적극적으로 PR/FAQ를 쓰는 것이 요구되고 실제로 자발적으로 쓰는 사람이 많습니다.

아마존 리더에게 아이디어의 창출이란, 팀 멤버에게 '제안을 요구할' 뿐 아니라 평소부터 안테나를 세우고 '자신도 찾아야' 하는 것입니다. 그 때문에 항상 고객이 요구하는 가치에 대해 계속 생각하고 회사 안팎에서 정보를 흡수하며 다른 팀 멤버와 함께 참신한 관점을 찾으려는 의욕을 갖고 일에 임합니다.

그 목적은 두 가지입니다. 하나는 리더가 도전하는 자세를 보임으로써 팀 멤버가 그것을 본받고 적극적으로 PR/FAQ를 쓰게 된다는 것입니다.

또 하나는 팀 멤버로부터 제안된 아이디어의 가치를 올바르게 평가하는 힘을 기르고 유지하기 위해서입니다. 리더 자신이 평소부터 안팎에 안테나를 뻗고 고객이 요구하는 가치를 생각하지 않으면 팀 멤버의 아이디어가 고객의 체험 가치를 높이는 것인지 아닌지 그 판단을 적확하게 내릴 수 없게 됩니다. 그것을 피하는 것도 팀 리더가 스스로 PR/FAQ를 적극적으로 쓰는 이유입니다.

S팀 멤버도 예외는 아닙니다. 간부 중에서 톱클래스에 위치하는 그들도 적극적으로 PR/FAQ를 써왔고, 앞으로도 계속 쓸 것입니다.

베이조스 자신이 새로운 아이디어가 흘러넘치고 그 실현을 강력하게 추진하는 능력을 가진 혁신가인 것은 의심할 것도 없겠지요.

그리고 베이조스의 뒤를 이은 새로운 CEO 앤디 재시도 아마존 웹서비스의 PR/FAQ를 스스로 쓰고 신규 사업을 시작한 인물입니다. 이 사업이 지금은 아마존 영업 이익의 약 60퍼센트를 책임지고 있다는 사실은 앞에서 말한 대로입니다.

자신이 없어도 계속해서 도전한다

여러분의 회사는 어떤가요? "우리 간부 중에는 스스로 기획서를 쓸 만큼 아이디어나 열의가 있는 사람이 없다."고 탄식하는 경향도 있지 않을까 싶습니다. 애초에 새로운 기획 제안을 자신 있어 하는 사람과 없어 하는 사람이 있는 것도 사실입니다.

그것은 아마존도 예외가 아니어서 간부 전원이 혁신 기획력이 뛰어난 사람인 것은 아닙니다. 기존 사업을 치밀하게 집행하는 데 뛰어난 타입의 사람도 있고, 신규 사업 구상에 특화된 타입의 사람도 있습니다. 간부급에도 PR/FAQ를 쓰는 능력에는 개인차가 있었습니다.

하지만 아마존 간부가 굉장한 것은 '자신은 혁신의 창출보다는 기존 사업의 집행에 강하다'고 생각하는 사람도 혁신의 창출을 결코 포기하지 않는 점입니다. 혁신 창출이 서툴다면 기존 사업의 집행에 특화하는 선택지도 있겠지요. 그러나 그런 길을 선택하지 않고 본인에게 부족한 혁신 창출의 힘을 키우는 노력을 계속합니다.

반대로 기존 사업의 집행력에 자신이 없는 간부도 그것을 극복하려고 노력합니다. 1장에서 소개한 이노베이션 서밋 등은 그런 간부들이 자신 없는 분야에 도전하고 극복하는 시스템으로도 활용이 가능합니다.

베이조스도 동료에게 배워 가며 극복해 왔다

간부들이 왜 그런 의욕을 가질 수 있는지를 생각하면 베이조스 자신이 솔선수범해서 보여주었기 때문이라고 느낍니다. 2017년에 주주에게 보낸 편지에서 베이조스는 다음과 같이 썼습니다.

> "아마존을 창업했을 때 나는 고객 관리(Customer Care), 그리고 (고맙게도) 채용에 관해 높은 기준을 갖고 있었습니다. 그러나 나는 오퍼레이션 프로세스(Operation Process)에는 높은 기준을 갖고 있지 않았습니다. 다시 말해 문제를 재발시키지 않는 방법, 결함을 근본적으로 배제하는 방법, 프로세스의 검사 방법 등입니다. 나는 그 모든 것에 대해 높은 기준을 배우고 개발하지 않으면 안 되었습니다(동료들이 내 튜터였습니다).

다시 말해 베이조스 자신이 당초에는 오퍼레이션에 자신이 없었다는 것을 고백한 다음, 그것을 동료에게서 배워 극복했다는 것입니다. 자신 없는 분야를 자신 없는 채로 두지 않는다는 자세를 베이조스가 솔선수범해서 보여주기 때문에 간부도 저절로 그렇게 되어가는 것이겠지요.

내가 아마존에 갓 입사했을 때 미국 시애틀 본사의 리더십 연수에 참가하게 되었습니다. 그 강사 중 한 사람이 창업 때부터 베이조스와 함께 일을 해온 간부였는데 베이조스로부터 이건 꼭 읽어야 한다고 추천받은 책으로, 모두가 읽었으면 한다며 건넨 책이 있었습니다. 이스라엘의 물리학자 엘리 골드랫이 지은 《THE GOAL》이었습니다.

일본어로 번역된 《더 골, 기업의 궁극적 목적이란 무엇인가》[1]도 일본에서 베스트셀러가 되었습니다만, 나는 그때 처음으로 원서로 읽었습니다. 읽어보니 공장의 업무 개선이 주제로, '베이조스가 왜 이 책을 특별히 중요한 책으로 추천한 걸까?'라는 의문이 남았습니다.

그러나 나중에 앞에서 소개한 2017년의 '베이조스 레터'를 읽고 베이조스가 자신의 약점인 오퍼레이션 프로세스를 공부하기 위해 읽었던 책이고, 그런 의미에서 베이조스에게 중요한 의미를 지닌 한 권이었을 거라고 납득할 수 있었습니다.

3-❷ 인스티튜셔널 예스

〈하버드 비즈니스 리뷰〉의 인터뷰에서 베이조스는 편집자로부터 "당신에게 최대의 전략적 실패란 어떤 것입니까?(What would you say has been the nature of your biggest strategic mistakes?)라는 질문을 받고 이렇게 대답합니다.[※6]

> "큰 실패의 대부분은 착수했다가 실패하기보다 기회를 놓친 실패라고 생각합니다(I think most big errors are errors of omission rather than errors of commission.).

---

1 エリヤフ・ゴールドラット著, 《ザ・ゴール ― 企業の究極の目的とは何か》, 산본기 료(三本木亮) 옮김, 다이아몬드 출판사, 2001. 한국어판은 《THE GOAL》(엘리 골드렛, 제프 콕스, 김일운 옮김, 동양문고, 2013).

혁신을 많이 창출하기 위해서는 많은 실험을 시작할 필요가 있습니다. 그리고 혁신을 창출하기 위한 실험을 수없이 착수한 상태에서 과제는 '제안되는 아이디어의 수가 적은 것'이 아니라 아이디어가 제안되었을 때 '의사 결정자가 실험에 승인을 내리는 횟수가 적은 것'에 있다고 생각하고 있다는 것입니다.

베이조스는 기사 안에서 이 과제를 해결하는 비결을 소개하고 있습니다. 그것은 '괜찮은 아이디어'라고 생각했을 때 다음과 같은 질문을 하는 것이라고 말합니다.

> "왜 하지 않는 거죠?(Why not?)

그 질문을 함으로써 실험의 수를 최대화할 수 있다고 베이조스는 생각합니다. 그 이유는 "왜 하지 않는 거죠?"라는 리더의 질문에 대한 사람들의 반응은 이렇게 되기 때문입니다.

> "하겠습니다. 할 수 있는 방법을 강구해보겠습니다."

베이조스의 말을 그대로 사용하면 "우리는 할 것입니다. 방법을 구할 것입니다(People say, 'We're going to do this. We're going to figure out a way')."라는 것입니다. 그리고 그것이야말로 '인스티튜셔널 예스(Institutional Yes, 조직적인 긍정)'라고 결론짓고 있습니다.

상사에게 "왜 하지 않는 거죠?"라는 말을 듣고 "하겠습니다!"라고 부하가 대답한다는 것은 별로 좋지 않을 성싶다고 생각하는 사람도 있을지 모르겠습니다. 이 이야기에 대한 나의 이해는 다음과 같습니다.

우선 전제로서 원래 제안자는 자신도 좋은 제안이라고 생각하고 있어야 합니다. 그러나 실현에 큰 어려움이 수반되기 때문에 주저하고 있는 상황입니다. 그러던 차에 베이조스나 S팀 등으로부터 "왜 하지 않는 거죠?"라는 질문을 받음으로써 '나만 가능성이 있다고 생각한 것이 아니었구나' 하고 용기를 얻어 "하겠습니다, 할 수 있는 방법을 강구해보겠습니다"라고 대답했다는 것이겠지요.

아마존에서는 좋은 아이디어를 가졌으면서도 실행을 주저하는 멤버의 등을 리더들이 이렇게 밀어줌으로써 실험의 수를 늘리는 방향으로 나아갑니다.

다시 말해 여기서 중요한 것은 '좋은 아이디어'를 제안하는 멤버가 있다면 그 등을 밀어주는 것을 베이조스는 물론 아마존에서 의사 결정 권한을 가진 모든 사람이 한다는 것입니다. '압력을 가하는' 것이 아니라 '등을 밀어주는' 것입니다. 물론 '이건 좋은 아이디어다'라고 생각했을 때에만 등을 밀어 앞으로 나아가게 하는 것입니다.

베이조스는 '인스티튜셔널 예스'라는 독자적인 개념을, 좋은 아이디어를 놓치지 않기 위한 방책으로서 여러 채널을 통해 되풀이해서 강조하고 있습니다.

경영 간부는 '낙관주의'의 전도사여야 한다

이 말에서 상징되는 것처럼 아마존에는 '큰 잠재력이 느껴지지만 리스크가 크거나 실현이 어려울 것 같다고 생각되는 아이디어'가 제안되었을 때 되도록 부정하는 방향으로 향하지 않도록 하는 기업 문화와 시스템이 있습니다.

예컨대 1장에서 소개한 PR/FAQ 작성 과정에서 오로지 '고객의 니즈'에 초점을 맞추는 것은 '할 수 없는 이유'를 찾지 않는 방향으로 논의를 향하게 하는 작용을 합니다.

또한 '투웨이 도어와 원웨이 도어'의 판단 기준에도 도전을 촉진하는 기능이 있습니다. 바로 앞에서 본 "왜 하지 않는 거죠?"라는 질문도 마찬가지로 인스티튜셔널 예스, 즉 조직적인 긍정을 실현하기 위한 시스템입니다. 이러한 시스템에 의해 아마존은 대기업이 되어도 여전히 혁신 기회가 조직적인 절차 안에서 마모되는 것을 막고 있습니다.

S팀 멤버에게는 조직적인 긍정을 반영한 낙관주의가 흘러넘치고 있습니다. 새로운 기획이라는 것은 10개 도전해서 두세 개라도 성공하면 괜찮은 편일 정도로 실패하는 것이 훨씬 더 많습니다.

하지만 단 하나가 성공하면 모든 실패를 만회하고 남을 정도의 이익을 얻을 수 있기 때문에 끊임 없이 도전해야만 한다는 메시지를 말과 태도로 항상 표현하고 있습니다.

실제로 S팀 멤버는 갖가지 실패를 아랑곳하지 않고 '아마존 웹서비스'나 '아마존 프라임', '킨들', '에코' 등의 성공을 거두어왔습니다. 그런 그들은 조직적인 긍정의 전도사이기도 합니다.

아마존에서 간부가 괜찮다고 생각한 아이디어를 앞으로 밀고가기 위해서는 무엇보다도 중요한 전제가 있습니다. 어떤 프로젝트도 소규모로 출발한다는 사실입니다.

처음부터 큰 투자를 하는 게 아니라 작은 투자부터 시작합니다. 인원수도 처음에는 적게 하고, 실현 가능성을 조사하여 프로젝트 계획을 세웁니다. 벤처기업이 성장의 보조에 맞춰 자금을 조달하고 채용을 해 나가는 것과 같습니다. 아무리 기대되고 있는 새로운 사업이라고 해도 자원은 단계적으로 투입해 나갑니다.

다음 단계로 나아갈지 어떨지의 판단은 수시로 이루어지기 때문에 많은 아이디어를 병행해서 실험할 수 있습니다. 거기에서 성공하기 시작한 프로젝트가 나왔을 때는 아마존의 스케일을 살린 대규모 투자로 성장을 가속화합니다.

기업 내 신규 사업이기에 '조직적인 긍정'

조직적인 긍정이가 필요한 이유를 벤처 기업과 기업 내 신규 사업을 대비하여 생각해보겠습니다.

독립한 벤처 기업이라면 하나의 벤처 캐피털(VC)에서 출자를 거부한다고 해도 다른 벤처 캐피털을 타진하며 도전을 계속할 수 있습니다. 각각의 벤처 캐피털 사이에 투자에 대한 판단이 갈리는 경우는 당연히 있습니다. 그러나 기업 내 신규 사업의 경우, 최초로 제안한 의사 결정자에게 거절을 당한 후 같은 아이디어를 다른 의사 결정자에게 타진하는 것은 현실적이지 않습니다.

그렇다면 실험 수를 늘리기 위해서는 '괜찮네', '가능성이 있어'라고 생각한 제안은 한 번의 논의로 안 된다는 결정을 내릴 것이 아니라 되도록 승인을 내고 나아가는 방향으로 가져가거나 논의를 거듭하여 개선함으로써 가능성을 찾는 것이 득책이 아닐까요. 그때 다방면의 관점을 도입하여 논의할 수 있는 것은 일정한 규모를 가진 기업의 강점이 될 수 있겠지요.

3-❸ 미셔너리로서 본능을 거스르는 의사결정

일본 기업은 '지속적인 혁신'에 뛰어나지만 '파괴적 혁신'은 서투르다. 이런 이미지를 가진 사람들이 많은 것 같습니다.

이야기가 반복됩니다만, '지속적 혁신'이란 기존의 제품·서비스의 연장선상에 있는 혁신입니다. 한편 이와는 다른 차원의 발상에서 생겨나는 것이 '파괴적 혁신'으로, 기존 제품·서비스 자체의 존재 가치를 단숨에 잃게 할 만큼의 파괴력을 가집니다.

'i모드'는 아이폰이 될 수 없었다 ─────────────

 '파괴적 혁신'의 좋은 예는, 2007년에 발매된 아이폰이겠지요. 아이폰이 등장하기까지 휴대전화의 핵심적인 가치는 '통화'에 있고, '문자 메시지' 기능의 비중이 늘어나고 있었다 하더라도 휴대전화 시장의 판도를 일변시킬 만큼의 영향력은 가질 수 없었습니다.

그런 시기에 아이폰이 등장합니다. 아이폰의 무엇이 획기적이었는가 하면 휴대전화에 '다양한 기능을 가진 애플리케이션을 다운로드'하는 기능을 더한 것이었습니다. 다양한 개발자가 유상·무상의 애플리케이션을 공개하고 사용자가 그것을 다운로드해서 즐깁니다. 이를테면 아이폰은 애플리케이션 판매의 플랫폼이 된 셈입니다.

지금 그 플랫폼은 SNS를 매개로 한 커뮤니케이션이나 정보 수집에서부터 스케줄 관리, 건강관리, 자산 관리에 엔터테인먼트 콘텐츠의 정기 구독까지 온라인을 매개로 제공되는 모든 서비스 창구로 기능하고 있습니다.

대성공을 거둔 아이폰에는 안드로이드 OS를 기반으로 한 후속 라이벌이 많이 나타났지만, '스마트폰'이라는 새로운 시장을 만들어 내고 종래 휴대전화의 존재 가치를 거의 잃게 했다는 의미에서 바로 파괴적 혁신이었다고도 할 수 있겠지요.

그러나 역사를 돌아보면 일본 기업이 아이폰 같은 '파괴적 혁신'을 실현할 가능성도 있었습니다. 아이폰이 발매되기 8년이나 전인 1999년에 NTT도코모가 'i모드'를 시작했습니다. 휴대전화를 매개로 인터넷을 이용할 수 있는 서비스로, 어떤 의미에서 스마트폰의 선구자입니다.

그러나 i모드는 일본에서 인기를 모았지만 모았음에도 불구하고 내수만 노린 폐쇄성으로 인해 글로벌하게 전개하는 데는 실패했습니다.

도시바 인버터 에어컨의 충격 ─────────────

한편 '지속적인 혁신'에서는, 일본 기업의 실적이 훌륭하고 글로벌하게 성공한 기술이 많습니다. 예를 들어 도시바가 세계에 앞서 1980년대에 발매한 가정용 인버터 에어컨은 그 좋은 예입니다.

종래의 가정용 에어컨은 에어컨의 심장부에 해당하는 실외기(compressor)의 모터 전원을 켜거나 완전히 끄는 두 가지 선택밖에 할 수 없었습니다. 그러나 도시바의 새로운 에어컨은 인버터를 사용함으로써 압축기 움직임의 세밀한 조정이 가능해졌습니다.

그 결과 전기세가 크게 절감되었으며 동시에 실내 온도의 유지 기능은 향상되었습니다. 시대가 요구하는 에너지 절약에도 부응할 수 있었던 가정용 인버터 에어컨은 이후 에어컨 시장의 세계 표준이 되었고 지금은 인버터 방식이 아닌 에어컨을 찾아 보기 힘든 상황입니다.

이렇게 지속적인 혁신에 뛰어난 일본에서 왜 파괴적 혁신이 창출되지 못하는 것일까요.

아마 어떤 기업에서든 파괴적 혁신의 아이디어의 씨앗을 머릿속에 지니고 있는 사원이 있을 것입니다. 그러나 기업이 그 아이디어를 실험으로 진행시키기 위해서는 큰 관문 두 개가 있습니다.

첫째는 사원의 머릿속에 있는 아이디어를 제안의 형태로 평가 무대에 올리는 관문입니다. 둘째는 애써 올라온 멋진 제안을 놓치지 않고 승인을 내어 다음 단계로 진행시키는 관문입니다.

첫 번째 관문을 넘어서는 해결책으로서는 1장과 2장에서 이야기한 시스템을 활용할 수 있습니다.

그래서 여기서는 멋진 제안을 놓치지 않기 위해 어떻게 할지에 대해 이야기하겠습니다. 다시 말해 일본 기업이 예전의 '워크맨' 같은 파괴적 혁신의 싹을 단단히 키워나가기 위해서는 어떻게 하면 좋을까 하는 것입니다.

소니 창업자가 워크맨으로 보여준 감식력

애초에 일본 기업에 그런 식견이 있는 경영자나 경영 간부가 등장하는 것을 기대해서는 안 되는 것일까요.

그렇지는 않을 것입니다. '파괴적 혁신의 싹을 골라낸 경영자'의 사례로서 내가 맨 먼저 상기하는 것은 소니 창업자인 모리타 아키오(盛田昭夫)가 워크맨 개발에 승인을 한 에피소드입니다.

소니 관계자들 사이에서는 유명한 이야기입니다. 당시 현장에서 올라온 제안은 '녹음 기능이 없는 대신 철저하게 조그맣게 크기를 줄인 테이프레코더'였습니다. 시제품이 만들어졌을 때 관리직 대부분은 반대했다고 합니다. 그것을 모리타가 "이거 괜찮군!" 하며 강행하여 제품화에 이르렀습니다.

그때 모리타의 결단은 그 소형 테이프레코더를 '지속적인 혁신'으로 파악하지 않고 '파괴적 혁신'임을 간파한 것으로 설명할 수 있습니다. 테이프레코더의 소형화를 단순히 휴대성만 강화한 지속적 혁신으로 간주했다면 녹음 기능이 없는 워크맨은 불완전하기만 한 제품으로 보았을 것입니다.

그러나 모리타는 소형화한 테이프레코더에 이어폰을 연결함으로써 '집 밖에서도 걸으며 음악을 들을 수 있다'는 새로운 고객 체험을 낳는 제품임을 간파한 것입니다.

이런 판단을 내린 모리타는 항상 새로운 현상이나 아이디어에 안테나를 세우고 있었습니다. 신제품에 대해 개발자로부터 직접 설명을 듣는 일도 자주 있었습니다. 나의 소니 시절 동료도 입사 3년째에 직접 회장실로 불려가 신제품을 설명한 일이 있었습니다. 모리타로부터 여러 가지 질문을 받은 후 "바쁠 텐데 이렇게 설명하러 와주어서 고맙습니다."라는 위로를 받고 감격했다며 몹시 흥분해서 얘기하던 일이 기억에 생생합니다.

신뢰하는 넘버 2의 반대를 무릅쓴 베이조스의 결단

아마존에도 베이조스가 다른 경영 간부의 반대를 무릅쓰고 신규 사업에 승인을 한 경우가 있습니다.

예를 들어 전자책 리더기 킨들이 그랬습니다. 킨들 프로젝트 추진의 가부를 결단하는 임원회의에서 전자상거래 비즈니스의 책임자였던 제프 월키는 다음과 같은 말로 강하게 반대했다고 합니다.

> "우리는 소프트웨어 회사이지 하드웨어 회사가 아닙니다."

제조업 능력이 없는 회사가 전자 디바이스 개발을 추진함으로써 다양한 형태로 대가를 치르게 될 거라고 예측하며 강력하게 반대했던 것입니다. 이 임원회의에서 다양한 논의가 이루어진 후 베이조스는 최종적으로 다음과 같이 말하며 프로젝트를 추진한다고 선언했습니다.

> "우리는 지금 (월키로부터) 들은 것보다 더 잘 할 수 있을 거라고 생각합니다. 하지만 동시에 지금 지적받은 다양한 어려움이 생길 가능성도 인정할 것입니다. 그래도 우리는 할 것입니다."(※7)

월키는 전자상거래 비즈니스 성공의 공로자로, 베이조스나 그 밖의 임원들로부터도 신뢰를 받아 베이조스에 이어 아마존의 넘버 2로 인정받고 있던 사람입니다.

그뿐만 아니라 매사추세츠 공과대학(MIT)에서 MBA(경영학 석사학위)와 공학 석사학위를 동시에 취득하는 '제조업 리더 양성 프로그램(Leader for Manufacturing program)'을 수료하여 제조업에는 일가견이 있었습니다. 그런 인물이 강력하게 반대해도 CEO가 '하겠다'는 결단을 내린 것이 아마존의 큰 터닝 포인트가 되었습니다.

만약 베이조스가 다른 사람의 의견을 받아들여 하지 않겠다는 결단을 내렸다면 킨들만이 아니라 거기서 축적된 하드웨어 기술이 활용된 에코나 파이어도 탄생하지 못했을 것입니다. 그때 베이조스의 결단에는 모리타의 워크맨 결단과 공통되는 점이 있습니다.

이처럼 파괴적 혁신의 배후에는 그 씨앗을 놓치지 않는 CEO의 '감식력'이 있는 것입니다. 그렇다고 해서 파괴적 혁신을 창출하기 위해서는 모리타나 베이조스 같은 감식력이 뛰어난 천재의 출현을 기다릴 수밖에 없다는 주장을 이 책의 결론으로 삼을 생각은 없습니다.

그래서 여기서는 결코 천재가 아닌 CEO나 경영 간부가 감식력을 키우고, 이를 조직의 힘으로 하는 방법에 대해 생각해보고 싶습니다.

'감식력의 천재'의 판단 기준이란?

내 추측입니다만 모리타와 베이조스는 각각의 제품 개발을 승인할 때 다음과 같은 판단 요인에 중점을 두고 결단한 것으로 보입니다.

3장_경영 간부 S팀

베이조스의 '킨들' 판단 기준

● 킨들로 '지금까지 인쇄된 모든 책을 60초 미만에 읽을 수 있게 된다'는 아주 새로운 독서 체험을 제공할 수 있다.

● 위와 같은 독서 체험을 제공할 수 있다면 고객은 킨들을 내버려둘 수 없게 되고 보편적인 니즈가 표면화할 것이다.

● 다른 회사가 킨들을 만드는 것보다 자신들이 개발하는 것이 고객이 쓰기에 더 쉽고 필요로 하는 기능을 깊이 생각할 수 있기 때문에 고객에게는 좋은 제품이 된다.

모리타의 '워크맨' 판단 기준

● '밖에서 음악을 듣는' 새로운 고객 체험을 가능하게 하는 제품이다.

● 나도 몹시 갖고 싶다.

● 이런 고객 체험을 실현하는 제품을 제공할 수 있다면 고객은 내버려둘 수 없게 되고 보편적인 니즈가 표면화할 것이다.

● 자신들이 개발하지 않으면 다른 회사에서는 나오지 않을 아이디어다.

두 사람 다 새로운 고객 체험의 가치를 확신한 상태에서 '자신들이 하지 않으면 아무도 실현할 수 없다', '자신들이 아직 표면화하지 않은 이 보편적 니즈를 구현하는 것이다'라는 강한 마음이 있어서 결단한 것이 아닐까 싶습니다. 다시 말해 이것을 하는 것이 우리의 미션이라고 생각할 정도의 미셔너리 영역에 들어가 있었다고 할 수도 있습니다. 무엇이 이러한 결단을 가능하게 했는가 하면, 철저한 '고객 중심'으로 집약될 것입니다.

다만 두 사람의 방식은 다릅니다. 모리타는 자기 자신이 고객이 되었다는 생각으로 '자신이라면 정말 갖고 싶은가?'라는 관점에서 모든 신제품의 제안을 보고 있었습니다. 평소부터 자사의 신제품을 손에 들고 젊은 설계자로부터 이야기를 들음으로써 그 감각을 연마했습니다. 그것과 동시에 새로운 문화의 흐름도 적극적으로 접함으로써 앞으로는 집 밖에서도 음악을 즐기고 싶은 사람이 늘어날 거라고 예견하는 날카로움도 갖추고 있었습니다. 예순 살을 넘은 모리타가 당시 유행하던 윈드서핑을 체험했다는 기사를 사보에서 읽은 기억이 있습니다. 워크맨을 승인한 감식력의 근원은 모리타 자신이 갈고닦은 감각에 있었다고 생각합니다.

베이조스의 경우는 이 책에서 1장부터 설명해온 PR/FAQ에 기초한 토론이라는 시스템이 있습니다. 감식력의 근저에 갈고닦은 감각이 있는 것은 모리타와 공통되지만, 더욱 조직적으로 혁신에 임하는 시스템이 작동하는 점에 아마존의 강점이 있습니다.

아마존에서는 다양한 PR/FAQ에 대해 '보편적인 니즈가 있는가?', '장기적으로 큰 규모로 성장할까?', '자신들이 하는 것이 고객에게 도움이 되는가?', '고객은 그 제품·서비스를 정말 좋아하게 될까?' 등을 자신들이 납득할 수 있을 때까지 논의합니다. 평소부터 다양한 PR/FAQ를 리뷰하고, 거기서 논의를 되풀이함으로써 전 사원의 감각이 연마되어갑니다.

감식에 필요한 '본능을 거스르는 판단'

천재가 아닌 CEO나 경영 간부라고 해도 PR/FAQ에 기초한 리뷰·논의를 거듭하면 서서히 높은 확신을 갖고 눈앞의 아이디어가 착수해야 할 신규 사업인지 어떤지를 판단할 수 있게 됩니다.

다만 그 판단 효과는 확실한 성공을 보증하는 것이 아닙니다. 그 때문에 이 단계에서 뒷걸음질치는 CEO도 많을 것입니다. 모리타와 베이조스는 두 사람다 창업자로서 혁신을 거듭하며 회사를 성장시켜온 경영자입니다. 그러므로대담한 의사 결정에 대한 거부감이 다른 경영자보다 낮았다는 측면이 있다는것도 부정할 수 없습니다.

베이조스는 앞으로 아마존의 경영 간부도 자신과 마찬가지로 결단을 내릴 수있도록 판단 방법이나 배경, 사고방식에 대해 회사 안팎에 되풀이해서 발신하여 전하고 있습니다. 자세한 것은 4장에서 소개하겠지만, 크게는 아래의 두가지 사고입니다.

○ **실패와 발명은 분리할 수 없는 쌍둥이다.**
○ **이해되지 않는 것을 두려워해서는 안 된다.**

모두 베이조스 자신의 말입니다만, 전자는 '신규 사업에 실패는 따르는 것으로피할 수 없다'는 것을 의미합니다. 후자는 '수치를 기초로 한 계산으로는 단기적으로 손실이 되는 프로젝트였어도 장기적으로 큰 수익을 기대할 수 있는 것에 도전한다'는 것입니다.

이러한 '실패 위험을 무릅쓰고 단기적 이익을 희생하며 장기적인 큰 수익을 지향하는 의사 결정'은 인간의 본능적인 판단 경향을 거스르는 결단입니다. 사람은 아무래도 단기적인 수익에 중점을 두는 '현재 편향' 경향이 있습니다. 또한 큰 수익이 나올 가능성이 있어도, 수익이 확실하지 않고 위험이 남는 선택을 싫어하는 '위험 회피(risk averse)' 경향도 있습니다. 이러한 경향은 인간이 본능적으로 가지고 있는 것입니다.

다시 말해 파괴적 혁신의 싹을 놓치지 않는 감식의 최종 판단에서는 인간의본능에 반하는 결단을 내리는 것이 요구됩니다. 그러므로 대부분의 경우에는 뒷걸음질치고 맙니다. 그러나 CEO에게는 그것을 거스르며 앞으로 나아가는 결단이 필요하다는 얘기입니다. 베이조스는 그것을 '볼드 벳(bold bet, 대담한 도박)'이라고도 표현했습니다.

천재가 아니어도 감식을 할 수 있게 된다 ————————

이러한 '실패 위험을 무릅쓰고 단기적 이익을 희생하며 장기적인 큰 수익을 지향하는 의사 결정'은 베이조스의 진수입니다. 혁신으로 이어지는 사업 제안의 가부를 판단하는 입장에 있는 사람이 크게 활용해야 할 가이드라인입니다. 워크맨을 승인한 모리타도, 킨들에 대한 반대를 무릅쓴 베이조스도 어느 정도 의식적이었는지는 모르겠지만, 본능을 거스른 의사 결정이 있었기에 가능했던 거라고 생각합니다.

수많은 제안 중에서 어떤 신규 사업에 주력할지를 간파하는 힘은 1장과 2장에서 소개한 시스템이나 프랙티스로 키워갈 수 있습니다. 그 결과로서 신규 사업의 제안 중에서 '이것은 자신들이 반드시 해야만 하는 프로젝트다'라는 것을 높은 확신을 갖고 판단할 수 있게 됩니다. '이 프로젝트를 하는 것은 우리들의 운명이다'라는 수준의 확신을 가질 수 있게 될 것입니다.

그 다음 단계에 필요해지는 것이 본능을 거스른 의사 결정입니다. 그때 판단 기준이 되고 사고의 가이드라인이 되는 것이 조금 전의 '실패 위험을 무릅쓰고 단기적 이익을 희생하며 장기적인 큰 수익을 지향하는 의사 결정'입니다. 처음에는 작은 규모의 의사 결정으로부터 경험을 쌓아나가면 되는 것입니다. 경험을 쌓아나감으로써 서서히 규모가 큰 의사 결정도 가능해집니다.

결과적으로 한 사람의 천재에게 의존하는 것이 아니라 조직으로서 파괴적 혁신의 멋진 아이디어를 놓치는 일이 적어지고 파괴적 혁신을 창출하는 조직으로 계속 발전할 수 있게 될 것입니다.

정말 이것이 옳은지 아닌지에 대한 증명은, 베이조스의 뒤를 이은 아마존의 현 CEO인 앤디 재시가 파괴적 혁신을 창출하는 모습과 결과를 지켜봐야만 가능할 것입니다. 그러나 그 준비가 되었다고 판단했기에 베이조스는 퇴임했을 것입니다.

3-❹ 시스템을 계속해서 발전시킨다

PR/FAQ나 리더십 원칙을 필두로 하는 아마존의 혁신 창출 시스템은 창업 때부터 갖춰져 있었던 것은 아닙니다. 베이조스와 S팀 멤버들이 그때그때 회사의 과제에 따라 서서히 만들어왔던 것입니다.

게다가 이러한 시스템을, '더 나은 방법이 발견되면 개정한다'는 것을 전제로 만들었다는 점이 아마존의 특징입니다.

아마존의 리더십 원칙에 대해서는 1장에서 소개했습니다. 사실 여기에는 다음과 같은 서론이 깔려 있었습니다(현재는 개정되었습니다만, 내가 재직했을 때의 것을 인용합니다).

┌

리더십 원칙

팀을 가진 매니져인지 아닌지를 불문하고 아마존에서는 전 사원이 리더입니다. 더 나은 생각이 나올 때까지 우리의 리더십 원칙은 다음과 같습니다. 리더로서 행동합시다.

┘

주목해야 하는 것은 '더 나은 생각이 나올 때까지'라는 표현입니다. 다시 말해 '더 나은 생각이 나온다면' 지금까지 중요시해온 원칙이라고 해도 바꾼다는 것입니다.

집요할 정도로 반복되는 '더 나은 생각이 나오지 않으면'

아마존에서는 팀 별로 '테넷(Tenets)'이라 불리는 '조직의 신조'도 작성됩니다. '왜 이 팀은 존재하는가?', '무엇을 목적으로 활동하는가?', '고객은 누구인가?' 등을 명확히 하기 위해 조직별로 정합니다. 이 신조에도 '더 나은 생각이 나오지 않으면(unless you know better ones)'이라는 단서가 붙어 있었습니다.

집요할 정도로 반복되는 '더 나은 생각이 나오지 않으면'이라는 구절에서는 아마존이 '낡은 방식을 바꾸는 것을 불사'할 뿐 아니라 '사원에게서 새로운 아이디어가 나온다'는 것을 기대하고 있다는 것이 강하게 전해져옵니다. 실제로 나도 이 말을 보고 '이것은 고정된 규칙이나 규범이 아니라 자신의 의견이 요구되고 있구나' 하고 느꼈습니다. 그리고 '이것은 이미 정해진 일이니까'라는 수동적인 마음이 없어지는 감각을 느꼈습니다.

이런 아이디어나 도전을 끌어내기 위해 사원에게 손을 쓰는 것이 S팀 멤버의 의무이자 가장 중요한 역할입니다. '손을 쓴다'는 것은 실제로 S팀의 자문자답이기도 합니다. 그들도 항상 '더 나은 시스템이 될 수 없는가?', '지금의 시스템이 상정한 대로 효과를 발휘하고 있는가?' 등을 자신에게 묻고 있습니다.

그 하나의 실례가 2021년에 추가된 두 가지 '리더십 원칙'입니다. 아마존도 대기업이 되어 사회나 직원에 대한 책임이 커졌습니다. 그런 책임을 자각하고 그것을 다하기 위한 행동 규범으로 아래 두 가지가 추가되었습니다.

● 지구 최고의 고용주를 목표로 한다(Strive to be Earth's Best Employer)

리더는 직장 환경을 더욱 안전하게, 더욱 생산적으로, 더욱 실력을 발휘하기 쉽게, 더욱 다양하고 또 공정하게 하도록 매일 노력합니다. 리더는 공감을 갖고 스스로 일을 즐기고, 그리고 누구나 일을 즐길 수 있도록 합니다. 리더는 자기 자신에게 묻습니다. 내 동료는 성장하고 있는가? 충분한 재량이 주어져 있는가? 그들은 다음으로 나아갈 준비가 되어 있는가? 리더는 사원 개인의 성공에 대해(그것이 아마존이어도, 다른 장소여도) 비전과 책임을 가집니다.

● 성공과 규모에는 광범위한 책임이 따른다

(Sucess and Scale Bring Broad Responsibility)

아마존은 차고에서 창업한 이래 성장을 이루어왔습니다. 현재 우리의 규모는 크고 세계에 영향력을 가집니다. 그리고 아직도 완벽과는 좀 먼 존재입니다. 우리는 자신들의 행동이 초래하는 이차원적인 영향에도 겸허하고 사려 깊어야 한다고 생각합니다. 우리는 사회, 지구, 그리고 미래 세대를 위해 매일 계속해서 성장할 필요가 있습니다. 하루를 시작할 때 손님, 사원, 파트너 기업, 그리고 사회 전체를 위해, 더 나은 것을 만들고, 더 나은 행동을 하고, 더 나은 기업이 되자는 결의를 새롭게 합니다. 그리고 내일은 좀 더 좋아질 거라고 믿고 하루를 마칩니다. 리더는 소비하는 것 이상으로 창조하고, 항상 일을 더 나은 방향으로 이끕니다.

이 두 가지는 베이조스가 퇴임하기 조금 전에 덧붙인 것입니다. 베이조스도 역시 '더 나은 생각이 나오지 않으면'이라고 스스로에게 계속 물었겠지요. 이것들은 시스템을 계속해서 발전시키는 몇 가지 예에 지나지 않습니다. 이 책에서 소개하고 있는 '아마존 메커니즘' 자체가 계속 발전하고 있습니다. 내가 재직하던 2013년부터 6년간도 새롭게 추가되거나 개량된 시스템이 많았습니다. 시스템이나 규칙을 계속 발전시키는 것도 경영 간부의 큰 역할입니다.

3-❺ 혁신의 중요성을 회사 전체에 계속 전파한다

베이조스가 회사 안팎에 계속해서 강조하는 몇 가지 메시지가 있습니다. 고객을 위해 발명하는 것의 중요성, 혁신이란 고객에 대한 가치 제공을 위해 창출해야 하는 것이며, 그것이 자신들의 역할이자 아마존의 DNA라고 해야 하는 사고다 같은 말들입니다.

베이조스의 이 말을, 그를 대신하여 사내에서 계속 전하는 것도 S팀을 비롯한 간부의 역할입니다. 베이조스의 메시지를 S팀 멤버가 그리고 현장과 가까운 매니저가 되풀이하는 중에 베이조스의 말은 사내 구석구석까지, 모든 멤버의 의식 안에 침투해 갑니다. 아마존에는 매일같이 새로운 사원이 입사하지만 그들을 향한 메시지 전달은 끊기는 일이 없습니다.

베이조스가 회사 안팎을 향해 반복해서 얘기하는 중요한 메시지는 그 밖에도 몇 가지가 있습니다. 4장에서 상세하게 소개하겠지만, 여기서 그 일부를 보는 것만으로도 베이조스의 사상과 아마존 기업 문화를 약간이나마 짐작할 수 있을 것입니다.

- 아마존은 경쟁에 주력하지 않는다. 고객을 감동시키는 데 주력한다.
- 우리는 장기간에 걸쳐 오해받는 것을 두려워하지 않는다.
- 수치에 기초한 의사 결정밖에 하지 않고 판단을 필요로 하는 의사

결정을 피하는 기업은 혁신과 장기 가치 창조의 기회를 잃고 있다.

● 야구에서는 홈런을 쳐도 최고 4점이지만 비즈니스에서는 1,000점을 획득하는 것도 가능하다.

● 회사 규모에 따라 실패의 규모도 커져야 한다. 실패 규모가 성장하지 않는다면, 할 수 있는 규모의 발명에 주력하지 않는다는 것이다.

이것들은 아주 일부입니다만, 머리말에서 소개한 '고객 중심', '발명', '장기적 사고'라는 3원칙이 흔들림 없이 일관되게 본질을 꿰뚫고 있습니다. 베이조스에게서 나오는 이런 말들이 아마존이라는 거대 조직을 움직이게 해온 사실은 부정할 수 없겠지요. 말의 힘이야말로 혁신을 계속 창출하는 조직이 경영자에게 요구하는 가장 큰 힘의 하나입니다.

그러나 창업자 한 사람의 메시지가 가진 전파력에는 한계가 있습니다. 창업자의 분신처럼 그 의도를 완벽하게 이해해 이를 되풀이하는 S팀이라는 존재에 의해 베이조스의 사상이 증폭되어 조직 문화로서 정착합니다. 사내에 있으며 그런 역동성에 감탄했습니다.

베이조스가 2021년 퇴임 발표에 즈음하여 사원에게 보낸 편지가 있습니다. 베이조스다운 모습이 강력하게 드러난 메시지가 많이 포함되어 있었습니다. 그 편지에서 베이조스가 사원에게 가장 강조해서 전한 것은 '계속해서 발명하는 것의 중요함'입니다.

발명이야말로 자신들이 성공한 근원이고, 발명에 의해 많은 혁신을 실현해온 것, 그리고 그것을 자랑스럽게 생각해달라는 것, 앞으로도 아마존에서는 사람을 놀라게 하는 활동이 많이 예정되어 있다는 것, 새로운 영역이어도 그것을 배우고 계속 발명하기를 바란다는 것 등등, 그런 메시지가 이어진 후 마지막에는 '데이 원 그대로(It remains Day 1)'라는 말로 끝맺고 있습니다.

아마존의 비전은 '지구상에서 고객을 가장 소중히 여기는 기업이 된다'입니다. 그리고 베이조스는, 고객에게는 항상 충족되지 못한 욕구가 있고 그것을 충족시키기 위해 '계속해서 발명하는 DNA'가 필요하다고 생각하고 있습니다. 그러므로 130만 명의 사원에게 그 DNA를 심어주려고 해온 것이고, 이 편지에도 그 메시지가 강렬하게 드러나 있습니다.

편지는 '친애하는 아마존 사원 여러분에게(Fellow Amazonians)'라고 동료에게 말하는 분위기로 시작하고 있습니다. 이어지는 메시지의 첫머리에서 베이조스는 CEO 자리를 앤디 재시에게 물려주고 자신의 이사회 의장직에 취임한다는 사실을 전합니다.

주목하고자 하는 것은 베이조스가 회장으로서 주력하고 싶은 일로서 '새로운 제품이나 사업(new products and early initiatives)'을 들고 있다는 점입니다. 베이조스가 무엇보다 '발명'을 사랑한다는 것이 전해집니다. 베이조스는 아마존의 혁신에 앞으로도 관여하며 평생 '발명'에 주력하겠지요.

베이조스는 창업으로부터 27년간의 여로를 돌아보고 "아마존은 (처음에) 그저 착상에 지나지 않았다(Amazon was only an idea)."고 썼습니다. 아마존의 창업은 1994년, 인터넷이 무엇인지도 모르는 사람이 많았던 시기에 시작한 회사입니다. 그러던 것이 지금은 130만 명이나 되는 사람들을 고용하고 수억이라는 고객을 지닌 대기업으로 성장했습니다.

"How did that happen?(어떻게 그런 일이 일어났을까?)"라고 베이조스는 스스로에게 묻습니다. 그 대답은 아주 간단한 것으로, 'Invention(발명)'입니다. "발명이야말로 우리가 성공한 원천이고, 다함께 미친 짓을 해서 그것을 새로운 보통으로 바꿔왔습니다."라고 쓴 말에는 베이조스의 자부심이 엿보입니다.

지금은 당연한 것이 된 '고객 리뷰'나 아마존이 아니고서는 할 수 없는 '원 클릭 주문', '프라임 회원용의 빠른 배송' 등 아마존이 창출한 갖가지 혁신을 예시한 후 베이조스는 이렇게 결론짓고 있습니다.

> "제대로 하면 놀랄 만한 새로운 발명도, 수년 안에는 당연한 것이 됩니다. 사람들은 하품을 합니다. 그리고 그 하품이야말로 발명가에게 최대의 칭찬입니다."

차세대에게 당연한 것을 만드는 것이 최대의 발명이라는 것입니다. 그리고 베이조스는 긍지를 담아 이렇게 썼습니다.

> "아마존 외에 이 정도의 발명 실적을 가진 회사를 나는 알지 못합니다. 그리고 현재 우리는 발명하는 힘이 가장 큰 상태에 있습니다. 여러분이 우리의 창조력을 나와 마찬가지로 자랑스럽게 생각하기 바랍니다. 아무쪼록 여러분도 자랑스럽게 생각해주세요."

퇴임 메시지는 장문이기 때문에 이 다음은 생략합니다만, 마지막은 이렇게 마무리되었습니다. 베이조스가 사원에게 보낸 메시지는 마지막에 '발명'으로 돌아갑니다. "발명을 계속하는 일입니다. 처음에는 미친 짓으로 보이는 아이디어도 포기해서는 안 됩니다. 헤매고 다니는 것을 잊지 말아주세요. 호기심을 나침반으로 삼읍시다."라고 사원에게 조언합니다. 그리고 마지막에는 "'데이원' 그대로."라고 끝맺습니다.

어떤가요? 창업자 베이조스의 '말의 힘'의 일단과 발명에 대한 정열이 느껴지지 않습니까. 아마존의 주주에게 보내는 편지에도, 베이조스의 이런 메시지가 텍스트로서 많이 남아 있습니다. 이렇게 곳곳에서 찾아볼 수 있는 베이조스의 말들 역시 아마존의 혁신 창출 능력을 조직적으로 높이는 시스템의 하나일지도 모릅니다.

아마존 혁신의 리더십 원칙 파헤치기
- 혁신 5단계에 따른 정리

1장에서 아마존의 OLP에 대해 설명했습니다. 2021년 두 항목이 추가되어 16항목이 되었습니다만, 혁신 창출과의 관계에서는 그 이전부터 있는 14항목이 중요합니다. 물론 나머지 항목도 혁신에 있어서 꼭 필요한 내용입니다.

신규 비즈니스를 발안하고 실행하기까지의 신규 개발 프로세스는 크게 다음의 5단계로 나눌 수 있습니다. 여기서는 이 5단계에 따라 아마존 리더십 원칙을 정리했습니다.

혁신 창출의 어떤 단계에서 어떤 행동 지침이 요구되는지를 이해하는 데 도움이 되지 않을까 기대합니다.

> 단계 **1** → **아이디어를 창출한다.**
>
> 단계 **2** → **기획서(PR/FAQ)를 작성 및 제안하고 가부를 판단한다.**
>
> 단계 **3** → **팀을 구성하고 계획을 책정하여 추진한다.**
>
> 단계 **4** → **진척 상황을 검증하고, 개발 지속에 대한 가부를 판단한다.**
>
> 단계 **5** → **파일럿 제품 · 서비스를 거쳐 시장에 도입한다.**

한편 여기서 소개하는 분류는 어디까지 내가 개인적으로 생각한 것이지 아마존의 견해가 아니라는 것을 미리 알려둡니다.

^{단계} 1 아이디어를 창출한다

어떤 사업을 시작할 경우에도 우선 아이디어가 필요합니다. 시작이 좋아야 끝이 좋은 법이니 사업 성공을 위해서는 좋은 아이디어가 필수 조건입니다. 이 단계에서 중요해지는 리더십 원칙은 다음 세 가지입니다.

● 고객에게 집착한다

리더는 고객을 기점에 두고 생각하며 행동합니다. 고객으로부터 신뢰를 얻고 유지해 나가기 위해 전력을 다합니다. 리더는 경쟁자에게도 주의를 기울이지만, 무엇보다도 고객을 중심으로 생각하는 데 집착합니다.

● 늘 배우고 호기심을 갖는다

리더는 늘 배우고 자기 자신을 향상시킵니다. 새로운 가능성에 호기심을 갖고 탐구합니다.

● 크게 사고한다

좁은 시야로 사고하면 큰 결과를 낼 수 없습니다. 리더는 대담한 방침과 방향성을 제시함으로써 성과를 냅니다. 리더는 고객을 위해 종래와는 다른 새로운 관점을 갖고 모든 가능성을 모색합니다.

단계 1의 배움 낡은 집착을 버리고 고객의 관점에 선다

아이디어를 창출하는 단계에서는 철저하게 고객의 관점에 설 필요가 있습니다. '강박관념(Obsession)'에 시달릴 정도로 고객을 생각하려는 것이 아마존이 리더십 원칙에서 첫 번째로 드는 '고객에게 집착한다'입니다.

바꿔 말하자면 '충족되지 못한 니즈(unmet needs)'를 찾으라는 것입니다. 아직 충족되지 못한 고객의 니즈를 재빨리 아는 것이 혁신의 출발입니다. 예컨대 베이조스가 아마존 고에서 '계산대의 존재를 완전히 없앤다'는 것에 집착한 것은 '지불하는 것이 귀찮다'는 것이 고객의 '충족되지 못한 니즈'라고 감지했기 때문입니다.

이렇게 해서 고객의 과제가 보였다면 다음으로 그 과제를 어떻게 해결할지를 발상하지 않으면 안 됩니다. 거기서 필요한 행동 원칙이 '늘 배우고 호기심을 갖는다'입니다. 항상 배우는 것, 그것도 호기심을 발휘하여 자신의 의사로 계속 배우기를 요구하는 리더십 원칙입니다. 고객의 과제를 해결하기 위해서는 자신의 전문 분야에 대한 지식이나 이미 알고 있는 식견만으로는 당연히 부족합니다. 전문 외의 분야나 새로운 기술 트렌드에 흥미를 가지고 폭넓게 정보 수집할 필요가 있습니다.

과제 해결의 획기적인 아이디어는 왕왕 생각지도 못한 곳에서 생겨납니다. 눈이 확 트이는 듯한 아이디어는 큰 성과를 지향하고 모든 가능성을 모색하는 가운데서 생겨납니다. 그러므로 조그맣게 정리해서는 안 된다는 메시지가 포함되어 있는 것이 '크게 사고하라'입니다.

반대로 이 세 가지 원칙이 결여된 상황에서 아이디어를 생각하면 어떻게 될까요? 경쟁사의 동향이나 자신의 지식, 자사가 가진 기술에 사로잡힌 서비스나 제품의 제안에 머물고 맙니다. 이런 접근으로는 아직 충족되지 않은 고객의 큰 니즈를 놓치고 말겠지요. 또한 사내의 다른 멤버로부터 고객의 잠재적인 니즈를 포착한 대담한 제안이 나와도 실현 가능성이 낮다는 이유로 부정해버리는 일도 일어납니다.

^{단계} 2 기획서(PR/FAQ)를 작성 및 제안하고 가부를 판단한다

이 단계에서 중요한 리더십 원칙은 다음 네 가지입니다. 첫 두 가지는 '단계 1'과 공통됩니다.

● 고객에게 집착한다

● 크게 사고한다

● 주인의식

리더에게는 주인의식이 필요합니다. 리더는 장기적 관점에서 생각하고 단기적인 결과 때문에 장기적인 가치를 희생하지 않습니다. 리더는 자신의 팀만이 아니라 회사 전체를 위해 행동합니다. 리더는 '그것은 내 일이 아닙니다'라고 결코 말하지 않습니다.

● 발명과 단순화

리더는 팀에 혁신(혁신)과 인벤션(창조)을 요구하고 동시에 항상 심플한 방법을 모색합니다. 리더는 상황의 변화에 주의를 기울이고, 모든 장에서 새로운 아이디어를 찾아냅니다. 그것은 자신들이 만들어낸 것에만 한정되지 않습니다. 우리는 새로운 아이디어를 실행에 옮길 때 장기간에 걸쳐 외부에 오해받을 가능성이 있다는 것도 받아들입니다.

단계 2의 배움 장기적인 관점에서 단순함을 추구한다

PR/FAQ를 쓰는 것은 미래의 '제품·서비스'와 '니즈'의 교차점을 판별하는 것이며 고객을 기점에 두고 생각할 필요가 있습니다. 1장에서 강조한 대로입니다. '고객에게 집착한다'는 여기서도 관철되어야 할 중요한 리더십 원칙입니다.

PR/FAQ란 한 번 쓰면 끝나는 게 아니라 다양한 멤버와 토론하며 다듬어가기 위한 서식이라고 설명했습니다. 아이디어를 다듬어가는 과정에서 중요한 것이 장기적인 관점입니다. 단기적인 회사의 이익을 위해 고객의 장기적인 가치를 희생으로 삼는 기획이어서는 안 됩니다. 그럴 때 발휘해야 하는 것이 '주인의식' 원칙입니다. 사업에 모든 책임을 지는 경영자는 장기적인 관점에 설 것을 요구받습니다. 아마존에서는 그러한 주인의식을 전 사원의 행동 원칙으로 정하고 있습니다.

현실의 비즈니스에서 단기적인 이익보다 장기적인 가치를 중시하면 수많은 난제에 부딪힙니다. 그것들을 극복하기 위해서는 대담한 발상이 필요하고, '크게 사고한다'라는 원칙은 여기서도 중요합니다.

PR/FAQ를 다듬는 팀은 '발명과 단순화' 원칙에 기초하여 대담한 발상에서 생겨난 창조적인 아이디어에 대한 해결법을 최대한 단순하게 만들고자 끊임 없이 논의합니다.

반대로 이러한 리더십 원칙이 결여된 상황에서 PR/FAQ를 쓰고 리뷰를 했다고 가정해 봅시다. '주인의식'이나 '크게 사고한다'가 결여되면 원래의 아이디어가 아무리 독창적이고 파괴적 혁신의 가능성을 지니고 있어도 현실과 타협한 형태로 수정되어 대담한 아이디어가 망가집니다. 반대로 '발명과 단순화'가 결여되면 대담한 발상을 실현하는 아이디어가 생겨나지 않습니다.

^{단계}3 팀을 구성하고 계획을 책정하여 추진한다

이 단계에서 중요한 리더십 원칙은 다음의 다섯 가지입니다. 세 번째인 '주인의식'은 '단계 2'와 공통됩니다.

● 최고의 인재를 채용하고 성장시킨다

리더는 모든 채용이나 승진에서 평가 기준을 끌어올립니다. 뛰어난 재능을 가진 인재를 판별해 내고 조직 전체를 위해 적극적으로 활용합니다. 리더 자신이 다른 리더를 육성하고 코칭에 진지하게 임합니다. 우리는 모든 사원이 더욱 성장하기 위한 새로운 메커니즘을 만들어냅니다.

● 신뢰를 얻는다

리더는 주의 깊게 귀를 기울이고 솔직하게 이야기하며 경의를 갖고 상대를 대합니다. 설령 어색한 일이 있어도 잘못은 순순히 인정하고 자신이나 팀의 잘못을 정당화하지 않습니다. 리더는 항상 자신을 최고 수준과 비교하고 평가합니다.

● 주인의식

● 올바른 판단

리더는 대부분의 경우 올바른 판단을 내립니다. 뛰어난 판단력과 경험으로 뒷받침된 직감을 갖고 있습니다. 리더는 다양한 사고를 추구하고 자신의 생각을 반증하는 것도 마다하지 않습니다.

● 절약

우리는 더 적은 자원으로 더 많은 것을 실현합니다. 절약 정신은 창의적 고안, 자립심, 발명을 낳는 원천이 됩니다. 스태프의 인원수, 예산, 고정비가 많다고 꼭 좋은 것은 아닙니다.

단계 3의 배움 인재의 질에 집착하고 자원을 절약한다

아마존에서 PR/FAQ를 써서 기획·제안한 프로젝트가 승인되면 인원수가 배정됩니다. 이 프로젝트에 대해 회사가 인정한 수의 인원을 채용할 권한이 리더에게 주어진다는 것입니다. 채용하는 인원은 회사 안팎을 불문합니다.

다시 말해 리더에게는 회사 안팎을 불문하고 우수한 인재를 판별하여 어려운 프로젝트를 함께 수행할 수 있는 사람들을 모으고 성장시킬 것이 요구됩니다. 그때 지침이 되는 리더십 원칙이 '최고의 인재를 채용하고 성장시킨다'입니다.

모은 멤버 개개인의 능력이 높은 것만으로는 프로젝트를 성공으로 이끌 수 없습니다. 모은 인재를 서로 경의와 신뢰로 이어줄 필요가 있습니다. 나아가 상대의 주장이 틀렸다고 생각했을 때는 시시비비를 가리지 않으면 안 됩니다. 이렇게 강력한 팀을 만들어내기 위한 리더십 원칙이 '신뢰를 얻는다'입니다.

막상 프로젝트가 진행되기 시작하면 리더에게는 '주인의식'을 갖고 장기적인 사고로 올바른 판단을 내려가는 것이 요구됩니다. 리더로서 올바르게 판단한다는 것이 어떤 것인지를 보여주는 지침이 '올바른 판단'이라는 원칙입니다.

말할 것도 없습니다만, 경영 자원은 유한합니다. 프로젝트의 추진에는 되도록 적은 자원으로 목적을 달성한다는 '절약'의 관점이 불가결합니다. 자원을 절약할 수 있다면 그것이 또 새로운 혁신을 창출하는 근원이 됩니다.

이러한 리더십 원칙을 결여한 상태에서 팀을 만들면 아무리 뛰어난 아이디어라도 멤버의 능력 부족이나 팀워크 결여라는 문제로 계획이 좌절되고 맙니다. 재정비를 위해 멤버를 교체하면 제한된 시간을 낭비하게 됩니다.

실제로 아마존에서도 신규 사업의 프로젝트 팀이 출범한 후 멤버가 정착하지 않았거나 멤버 교체가 발생하거나 해서 중요한 프로젝트가 상정한 대로 진행되지 않는 케이스가 있었습니다. 그래도 아마존은 '최고의 인재를 채용하고 성장시킨다'의 실현을 위해 채용 시스템을 가다듬고 트레이닝을 철저히 해서 집단으로서의 능력 향상을 꾀해 왔습니다.

■ 미스매치를 막는 '행동 면접'과 '바 레이저'

여기서 '최고의 인재를 채용하고 성장시킨다'를 실현하기 위해 아마존이 채용하고 있는 대표적인 시스템 두 가지를 소개합니다. '행동 면접(Behavioral Interview)'과 '바 레이저(Bar Raiser)'입니다.

'행동 면접'은 채용 후보자에게, 과거에 자신이 취한 행동에 대해 '왜 그런 행동을 취했는가?', '왜 그런 판단을 내렸는가?', '그 결과는 어땠는가?' 등의 질문을 거듭하여 행동 특성을 깊이 파고드는 수법입니다. 이력서로 알 수 있는 '실적'보다는 그것을 '어떻게 이루어냈는가'에 초점을 맞춥니다. 성공만이 아니라 실패도 분석 대상이 되고 실패에서 배움을 얻는 것도 긍정적인 평가가 됩니다. 그것으로 후보자가 과거에 올린 성과가 우연인지, 재현성이 있는지를 판별합니다.

재현성이 있다고 판단한 일의 진행 방식에 대해서는 아마존의 리더십 원칙의 어떤 항목과 합치하는지를 판별합니다.

나도 체험했습니다만, 이 행동 면접을 받으면 채용 후보자의 사고방식이나 판단 기준이 거의 벌거숭이가 되어 그 사람이 어떤 리더십 원칙에 강한지, 아니면 약한지가 보입니다.

인터뷰는 일대일로 이루어지는데 채용의 가부는 담당한 복수의 면접관 전원이 참가하는 미팅에서 판단합니다. 각 면접관은 면접 전에 평가해야 할 리더십 원칙을 복수로 할당받습니다. 그리고 면접 후 면접관은 후보자가 그것들 중 어느 것에 강점이 있고 어느 것이 과제인지를 분석하여 합격 여부를 판정하는 보고서를 씁니다. 전체 면접관이 보고서를 다 제출한 후에 채용 판정 미팅을 실시합니다. 여기에 제출하는 보고서는 면접관의 높은 채용 능력을 보여주는 것으로도 보이기 때문에 진지하게 작성해야 합니다. 자신의 부하로 채용하는 면접이어도 단독으로 합격 여부를 결정할 수는 없습니다.

'바 레이저'의 판단도 매우 중요한 요소입니다.

아마존에는 '지금 있는 사원의 평균치 능력보다 높은 능력을 가진 인재밖에 채용하지 않는다'는 기본 방침이 있습니다. '항상 채용의 바(기준)를 올린다'고 바꿔 말해도 좋겠지요. 이 '채용의 바'를 올리는(raise) 역할을 담당하는 사람이 '바 레이저'라는 사내 자격을 가진 일부 사원입니다. 신규 채용에는 반드시 '바 레이저'의 승인이 필요합니다.

'바 레이저'가 되는 데 필요한 요건은 많고, 요구되는 수준도 굉장히 높은 것이 있습니다. 몇 가지를 들어보겠습니다.

● 채용 인터뷰 경험이 풍부하다.
● 아마존의 리더십 원칙을 체현하고 있다.
● 과거에 실시한 채용 인터뷰에서 리더십 원칙에 기초한 적확한 판단을 내려왔다고 평가할 수 있다.
● 최소라도 몇 달이 걸리는 특별한 프로그램을 이수한다
   (수강해도 좀처럼 자격을 얻을 수 없고 몇 년이나 걸려 자격을 획득한 사람도 있다).

이런 식입니다. 하지만 '바 레이저' 자격을 얻었다고 해도 특별히 급여가 올라가는 것은 아닙니다. 사실 자원봉사 같은 일입니다. 그러므로 '바 레이저'는 어떤 의미에서 진심으로 아마존의 미션에 공명하는 순수한 '아마존 사람'들입니다.

이러한 '바 레이저'가 인정하지 않는 한, 프로젝트 리더가 보기에 아무리 우수하고 채용하고 싶은 인재여도 채용할 수 없는 시스템입니다.

■ 기존 사원만으로 혁신을 창출할 수 있을까?

일본 기업에서는 원래 아마존 같은 미국 기업과 달리 신규 사업을 위해 외부에서 새롭게 사원을 채용하는 일이 적었습니다. 그러므로 아마존처럼 신규로 채용하는 사원과 회사 문화나 행동 규범의 합치를 확인할 필요성은 낮았겠지요.

그러나 앞으로는 일본에서도 외부에서 인재를 채용하는 기회가 늘어날 것으로 보입니다. 그 결과 대규모의 혁신 실현에 빼놓을 수 없는 다양성이 늘어나고, 창의적인 아이디어가 생겨나는 환경이 구축되어가겠지요.

'최고의 인재를 채용하고 성장시킨다'를 추구하는 아마존 시스템은 그런 변화를 지향하는 일본 기업에 많은 참고가 될 것입니다.

^{단계}4 진척 상황을 검증하고 개발의 지속에 대한 가부를 판단한다

이 단계에서 중요해지는 리더십 원칙은 다음 세 가지입니다.

● **깊이 파고든다**

리더는 항상 모든 업무에 마음을 쓰고 상세한 점도 파악합니다. 빈번하게 현 상황을 확인하고 지표와 개별 사례가 합치하지 않을 때는 의문을 표합니다. 리더가 관여할 만하지 않은 업무는 없습니다.

● **행동을 우선한다**

비즈니스에서는 속도가 중요합니다. 많은 의사 결정이나 행동은 다시 할 수 있기 때문에 대대적인 검토를 필요로 하지 않습니다. 계산한 상태에서 위험을 감수하는 것에 가치가 있습니다.

● **줏대를 가지며 반대하고 헌신한다**

리더는 동의할 수 없는 경우 경의를 갖고 이의를 제기하지 않으면 안 됩니다. 설령 그렇게 하는 것이 귀찮고 노력을 요하는 일이어도 예외는 없습니다. 리더는 신념을 갖고 쉽게 포기하지 않습니다. 쉽게 타협하여 야합하는 일은 하지 않습니다. 하지만 일단 결정되면 전면적으로 헌신합니다.

진지하게 논의하고 재빨리 행동한다

아마존에서 PR/FAQ로 시작하는 프로젝트의 책임자가 되면 사분기마다 진척 상황을 상층부에 보고하고 리뷰를 받게 됩니다. 사분기마다 목표로 하는 지표를 달성했는지, 아니면 미달로 끝났는지를 평가합니다. 미달인 경우는 근본적인 원인을 찾고 재정비할 계획을 책정합니다. 반대로 목표로 하는 지표를 상회한 경우 계획을 앞당겨서 속도를 올려갑니다.

■ '자세한 설명은 당사자로부터'라는 마인드는 안된다

이 프로세스에서 리더는 프로젝트의 진척이 예상을 뛰어넘든 밑돌든 모든 수준의 업무 진척 상황을 파악하고, 상정한 것과 어긋난 부분에 대해 원인을 찾아 분석할 필요가 있습니다. 그런 리더의 역할을 보여주는 원칙이 '깊이 파고든다'입니다.

프레젠테이션 석상에서 자주 관리직이 "자세한 설명은 당사자가 하도록 하겠습니다"라는 장면을 보게 되는데 아마존에서는 허락되지 않습니다. 리더 자신이 프로젝트의 내용을 상세하게 이해하고 자신의 것으로서, 자신의 말로 설명할 것이 요구됩니다.

목표 미달로 복구 계획을 마련하든 목표를 달성하여 계획을 앞당기든 속도감을 갖고 다음 행동에 착수하는 것이 중요하고, 그런 리더십 원칙을 보여주는 것이 '행동을 우선한다'입니다.

계획을 변경할 때는 상층부나 팀 멤버와 의견이 엇갈리는 일도 흔히 있습니다. 그런 때는 자신의 의견을 단단히 갖고 상대가 상사여도 논의에서는 지론을 굽히지 않고 확실히 상대에게 전해야 합니다. 상대가 상사라고 해서 안이하게 타협해서는 혁신은 창출되지 않습니다. 그러나 일단 논의에서 결론이 내려지면 자신의 당초 의견과 다르다고 해도 전면적으로 헌신합니다. 이것이 '줏대를 가지며 반대하고 헌신한다'의 원칙입니다.

■ 데이터를 깊이 분석하고 납득할 수 있을 때까지 논의한다

'깊이 파고든다'가 충분하지 않은 상태에서는 프로젝트의 궤도를 수정하려고 해도 잘 되지 않습니다. 왜냐하면 프로젝트가 상정하고 있던 궤도에서 벗어나게 된 이유를 제대로 밝혀낼 수 없기 때문입니다. 억측이나 감정에 사로잡혀 신뢰할 수 있는 데이터나 근거를 놓치고 맙니다. 그 결과 프로젝트는 미궁에 빠지고 맙니다.

또한 '줏대를 가지며 반대하고 헌신한다'의 자세가 리더에게 부족하면, 상층부의 의견을 들었을 때 지적한 내용에 충분히 납득하지 못한 채 받아들이고 말게 되기 십상입니다. 그것은 올바른 원인을 찾아내는 걸 방해할 뿐 아니라 프로젝트 팀의 동기부여를 현저히 떨어뜨리게 됩니다. 자신이 이끄는 팀의 의사 결정에 납득하지 못한 채 프로젝트를 진행하는 것은, 그 프로젝트에서 이미 자신들이 주인의식을 가질 수 없게 된 것을 의미합니다.

^{단계}**5 파일럿 제품·서비스를 거쳐 시장에 도입한다**

이 단계에서 중요해지는 리더십 원칙은 다음 세 가지입니다. '고객에게 집착한다'는 '단계 1', '단계 2'와 공통됩니다.

● **고객에게 집착한다**

● **최고의 기준을 고집한다**

리더는 항상 높은 수준을 추구하는 걸 고집합니다. 많은 사람들에게 이 수준은 너무 높다고 느껴질지도 모릅니다. 리더는 계속적으로 요구되는 수준을 끌어올려 팀이 더 나은 품질의 상품과 서비스, 프로세스를 실현할 수 있도록 추진합니다. 리더는 수준을 충족하지 못한 것은 실행하지 않고, 문제가 일어났을 때는 확실히 해결하여 다시 같은 문제가 일어나지 않도록 개선책을 강구합니다.

● **결과를 낸다**

리더는 비즈니스상의 중요한 인풋에 초점을 맞추고 적정한 품질로 신속하게 실행합니다. 설령 어려운 일이 있어도 맞서고 결코 타협하지 않습니다.

단계 4의 배움 파일럿 도입을 통해 '어중간함'을 배제한다

새로운 제품·서비스가 모양새를 갖추면 시장에 본격적으로 도입하기 전에 한정된 사용자나 사내의 파일럿 도입을 통해 완성도를 테스트합니다. 이를테면 최종 점검입니다.

이 최종 점검으로 우선 확인하는 것은 구체적인 형태를 갖춘 제품·서비스가 당초의 가설대로 고객의 지지를 얻을 수 있느냐의 여부입니다. 여기서 만약 상정한 지지를 얻을 수 있었다고 해도 그것으로 만족하지 못하는 것이 아마존입니다. 시장에 도입하는 날까지 고객 체험을 더욱 향상시킬 여지는 없는지 검증합니다. 이처럼 '고객에게 집착한다'의 원칙에 따라 더 높은 수준을 요구하는 것이 '최고의 기준을 고집한다'라는 것입니다. 그 실현에는 수많은 어려움이 있습니다만, 고객에게 가치를 제공하기 위해서라면 타협하지 않고 결과를 낼 때까지 끝까지 해내려고 전력을 다하는 것이 아마존 사람들이고, '결과를 낸다'라 불리는 리더십 원칙은 그런 행동 원칙을 보여줍니다.

이러한 리더십 원칙이 결여되면 귀중한 자원을 할애하여 개발한 새로운 서비스나 제품이 타협의 산물이 되어버립니다. 그런 어중간한 제품·서비스로 고객의 장기적인 지지를 모을 수 없다는 것은 말할 것도 없습니다. 고객은 완성도의 아주 작은 결함을 감지한 것만으로 '이런 것은 두 번 다시 사용하고 싶지 않다'며 실망합니다. 파일럿 도입으로 고객의 반응을 충분히 검증하는 것은, 시장에 본격적으로 도입하는 단계에서는 한없이 완벽한 완성도를 목표로 한다는 것이어서 중요합니다.

■ '탈퇴를 원활하게 하는 방법'이 논의된다

추상적인 논의로는 알기 어렵다고 생각하기 때문에 아마존이 '최고의 고객 체험'에 얼마나 집착하는지를 내가 가장 놀랐던 에피소드를 통해 전해드리고자 합니다.

아마존에는 프라임 회원 제도가 있습니다. 고객이 해마다 또는 달마다 일정한 회비

를 내면 무료 배송, 프라임 비디오, 프라임 뮤직 등의 특전을 받을 수 있는 서비스입니다.

내가 이 프라임 회원 고객의 체험 개선을 테마로 하는 회의에 출석했을 때의 일입니다. 상층부 멤버가 "지금 해약 절차는 어떻게 되어 있습니까? 해약하고 싶은 고객이 곧바로 해약할 수 있게 되어 있습니까?"라는 문제 제기를 했습니다.

솔직히 의아했습니다. 다른 회사의 경우, 회원 탈퇴를 막기 위해 해약 절차를 복잡하게 하는 것이 일반적입니다. 거꾸로 말하자면 해약 절차를 쉽게 하면 회원 수는 줄어들 것입니다. 그러면 회비 수입을 잃게 됩니다. 그래도 이 회사는 고객 체험을 향상시키기 위해서라면 회원 수가 확실히 줄어드는 시책을 논의의 도마 위에 올리는구나, 하고요.

실제로 한번 시도해 보았으면 좋겠다고 생각하지만, 적어도 이 책을 집필하는 2021년 9월 현재 아마존의 프라임 회원을 탈퇴하려는 사람이 있다면 절차가 원활하게 진행되도록 사이트가 설계되어 있습니다. 아마존의 시작 페이지에 가면 '고객 서비스'의 풀다운 메뉴가 있고, 거기서 '아마존 프라임 회원 정보'를 선택하면 다음 화면의 오른쪽 위에 '회원 정보를 갱신하고 프라임을 취소한다'는 선택지가 있습니다. 그것을 클릭하면 취소 과정에 들어갑니다.

고객이 '탈퇴하고 싶다'면 '탈퇴한다는 고객 체험'을 최고의 것으로 만들자고 애써 논의하는 것이 아마존의 기업 문화입니다. 조금 전의 회의에서 내가 놀란 것은 그런 기업 문화 때문이었습니다. 이것이 '고객에게 집착한다'에 뒷받침된 '최고의 기준을 고집한다'라는 것인가 해서, 다시 리더십 원칙의 의미를 되새겼습니다.

확실히 해약을 요구하는 고객이 '해약하기 쉽게 만들어진 동선'을 체험하면 아마존에 대한 신뢰도는 높아지겠지요. 장기적으로는 프라임 회원 수에도 긍정적인 결과로 돌아올 것입니다.

팀을 구축하고 계획을 획정하여 추진한다

이상이 아마존이 내세우는 리더십 원칙과 혁신을 창출하기 위한 5단계의 관계성을 내가 이해한 대로 매핑한 것입니다. 모든 리더십 원칙이 혁신 창출과 깊이 연결되어 있다는 것을 이해할 수 있지 않았을까 싶습니다.

그러나 모든 리더십 원칙을 혼자 완벽하게 갖추고 있는 사람은 없습니다. 그래서 필요해지는 것이 팀 멤버 각자가 어떤 리더십 원칙에 뛰어난지를 파악하고 의식적으로 역할을 보완한다는 발상입니다.

특히 혁신을 창출하는 5단계 중 전반의 두 가지와 후반의 세 가지에서는 요구하는 리더십 원칙의 성격이 크게 달라집니다. 전반은 아이디어를 내고 다듬어가는 프로세스이고, 후반은 프로젝트 팀을 조직하고 구체적인 제품·서비스를 디자인하여 시장에 투입해 가는 프로세스입니다. 그런 관점에서 5단계를 재검토해 보겠습니다.

<혁신 창출의 전반 프로세스>
아이디어를 내고 다듬는다.
　　단계❶ 아이디어를 창출한다.
　　단계❷ 기획서(PR/FAQ)를 작성, 제안하고 가부를 판단한다.

<혁신 창출의 후반 프로세스>
팀을 조직하고 구체적인 제품·서비스로 만든다.
　　단계❸ 팀을 구축하고 계획을 책정하여 추진한다.
　　단계❹ 진척 상황을 검증하고 개발의 지속에 대한 가부를 판단한다.
　　단계❺ 파일럿 제품·서비스를 거쳐 시장에 도입한다.

이렇게 정리해 보면 혁신 창출의 전반과 후반에서는 리더에게 요구되는 자질이 다르다는 것을 직감적으로 알 수 있을 것입니다. 여기에 필요해지는 리더십 원칙을 끼워 넣어 보지요.

<혁신 창출의 전반 프로세스>
아이디어를 내고 다듬는다.
● 고객에게 집착한다
● 늘 배우고 호기심을 갖는다
● 크게 사고한다
● 주인의식
● 발명과 단순화

<혁신 창출의 후반 프로세스>
팀을 조직하고 구체적인 제품·서비스로 만든다.
● 최고의 인재를 채용하고 성장시킨다
● 신뢰를 얻는다
● 주인의식
● 올바른 판단
● 절약
● 깊이 파고든다
● 행동을 우선한다
● 줏대를 가지며 반대하고 헌신한다
● 고객에게 집착한다
● 최고의 기준을 고집한다

전반과 후반에서 공통되는 원칙은 '고객에게 집착한다'와 '주인의식'뿐입니다. 같은 혁신 창출을 목적으로 하는 활동이어도 전반과 후반에서는 그렇게까지 담당자에게 요구되는 자질이 다릅니다.

그렇다면 전반과 후반에서 담당자를 교체하는 것은 아주 자연스러운 발상으로, 아마존에서는 실천되고 있습니다.

구체적으로 후반 프로세스에서 프로젝트 팀을 이끄는 리더가 되는 것은 전반 프로세스에서 PR/FAQ를 쓰고 승인을 얻은 발안자와 다른 사람인 경우가 흔히 있습니다. 실행 단계로 들어설 때는 실행 단계에 맞는 리더십 원칙을 갖춘 인재를 리더로 할당하고 역할을 배턴 터치하게 하는 것입니다.

다만 그 경우에도 발안자가 아무런 역할도 갖지 못하게 되는 것은 아닙니다. 프로젝트를 진척시켜 나가면 반드시 난국이 있고 우여곡절은 따르기 마련입니다. 팀 멤버는 다양한 사람의 조언을 듣게 됩니다. 그 조언자 중 한 사람으로서 원점이 되는 아이디어를 '크게 사고한다'의 발상에서 낸 기획 발안자는 중요한 존재가 됩니다.

4

베이조스가 들려주는 **혁신 창출의 힌트**

베이조스는 주주를 위한 편지를 매년 연차 보고서에 올리며
사원들에게도 기회만 있으면 메시지를 보냅니다. 이외에도 각종
컨퍼런스 등에서 일반인에게 밝힌 내용들을 정리해 보면
그만의 독특한 생각을 읽을 수 있습니다.

앞 장까지 '아마존이 혁신을 창출하는 방법'에 대해 썼습니다. 1장에서는 천재가 아닌 '일반 사원'들을 '창업가 집단'으로 변화시키는 시스템·프랙티스에 대하여, 2장에서는 기업 규모가 커지는 가운데 혁신을 창출하기 힘들게 하는 '대기업의 함정'을 회피하는 시스템·프랙티스에 대하여, 3장에서는 이러한 시스템이 움직일 수 있도록 숨을 불어넣는 '경영 간부의 역할'에 대해 각각 말했습니다.

이 장에서는 이러한 일련의 방법론의 배경에 있는 베이조스의 사고에 대하여, 베이조스 자신의 말로 재확인해 나가고자 합니다. 여기까지 읽은 여러분이라면 이미 아마존이 다층적으로 준비하고 있는, 혁신을 촉구하는 갖가지 시스템을 잘 이해하고 있을 것입니다.

그리고 그것에 혼을 불어넣는 베이조스의 말을 다시 한번 음미했으면 하는 것이 이 장의 목적입니다. 아마존 시스템을 이해한 후 베이조스의 어록을 다시 접한다면, 그것이 의미하는 바나 의도가 더욱 선명하게 드러나리라고 생각합니다.

베이조스는 미디어와 인터뷰를 그다지 하지 않는 경영자로 알려져 있습니다. 한편 사원을 위해서는 자주 메시지를 보내며, 연차 보고서에는 매년 주주를 위해 직접 쓰는 편지가 게재됩니다.

여기에 더해 각종 컨퍼런스 등에서 일반인들을 대상으로 밝힌 내용을 정리한 텍스트 등을 읽으면 베이조스만의 특징적인 말의 사용법이 드러납니다. 베이조스가 비록 언론 노출을 꺼리는 스타일이지만 이렇게 다양한 루트로 그만의 경영방식을 표출하고 있기 때문에 그의 생각을 읽는 것은 어렵지 않습니다. 그리고 그러한 말이 표현하는 것은 아마존 기업 문화의 근간 그 자체입니다.

이 장에서는 그런 말 중에서도 특히 혁신 창출에 관한 핵심 어구(key phrase)를 모아 정리해 보고자 합니다.

경영자가 골라낸 말은 일하는 사람의 마음을 떠받친다 ──────

뛰어난 경영자가 고른 말의 힘은 그 밑에서 일하는 사람의 마음을 흔드는 법입니다.

나는 소니에서 일하던 무렵, 당시 사장이었던 오가 노리오(大賀典雄)에게서 들은 말을 아직 잊지 못하고 있습니다.

"심금을 울리는 물건을 만들자."

젊은 엔지니어였던 나는 이 말을 듣고 자신이 만들고 있는 제품이 사용하는 사람의 '심금'을 울리는 것인가 하고 자문자답하는 버릇이 생겼습니다. 또 그것을 확인하기 위해 시제품을 집으로 가져가 며칠이나 써봤던 일을 기억하고 있습니다.

'심금'이라는 키워드는 약 30년이 지난 지금도 내 마음에서 떠나지 않습니다. 제품 개발에서 궁극의 '고객에게 집착한다'를 일깨워 준 중요한 키워드였다고 돌이켜 생각합니다.

여기에 적은 베이조스의 몇몇 어록도 아마 20년, 30년 후까지 아마존에서 일할 사람들의 마음에 남을 말이 되겠지요.

그 사람이 아마존에서 계속 일한다고 해도, 다른 회사로 옮겨가 새로운 활로를 연다고 해도 이 말들은 그 사람의 일을 근저에서 지탱해주는 것이 되지 않을까 싶습니다.

아마존은 경쟁에 주력하지 않는다.
고객을 감동시키는 것에 주력한다.

Our energy at Amazon comes from the desire to impress customers rather than the zeal to the best competitors.

아마존의 가장 근원적인 이념을 강렬하게 표현한 말은 '고객에게 집착한다' 일 것입니다. '요구한다'라든가 '목표로 한다'가 아니라 '사로잡는 것(obsession)'이 라는 단어를 고르는 것에서 베이조스의 집념과 의지를 느낍니다. 언제 어느 상황에서든 고객 제일 주의라는 기준을 관철하려면 모든 서비스와 제품을 끊임 없이 발전시켜 나가야만 합니다. 이미 아마존이 업계 1위를 차지하고 있는 분야도 예외가 아닙니다.

한정된 시장을 서로 빼앗는 경쟁에서 이김으로써 이익을 얻으려고 하는, '경쟁자에게 집중(competitor focus)'하는 전략을 취하는 기업도 많이 있습니다. 하지만 아마존은 사업 전략을 세울 때 경쟁 기업의 동향에 집중하지 않습니다.

다른 기업과 자사의 활동을 비교하고 경쟁 우위를 형성하는 전략으로, 단기적으로는 잘 되는 일도 있을지 모릅니다. 하지만 장기적으로는 그런 소모적인 경쟁은 낡고 퇴색하여 의미를 잃어갈 가능성이 있습니다.

왜냐하면 고객은 만족하는 법이 없기 때문입니다. 게다가 장기적으로는 자사도 경쟁 기업도 아닌 제3의 신생 기업이 등장해 완전히 새로운 가치를 제공할 가능성 또한 있습니다. 그렇게 되면 구태한 싸움을 벌이고 있던 기업의 서비스나 제품은 고객에게 가치 없는 것으로 전락해 버려 기업 자체가 존속 위기에 빠집니다.

아마존이 경쟁 기업이 아니라 고객에게 집중하는 데는 다른 이점도 있습니다. 그것은 사내의 다양한 활동이 더 '자발적'이 된다는 점입니다.

경쟁자에게 집중하는 기업은 항상 경쟁자를 감시하고 그 움직임을 확인하여 가격을 조정한다든지 서비스나 제품을 개선하게 됩니다. 그런 활동은 상대의 움직임이 있고 나서의 '수동적'인 활동일 수밖에 없습니다.

그러나 철저하게 고객에게 집착하는 아마존은 그런 수동적인 행동을 취하지 않아도 됩니다. 고객에 대해 더 높은 가치를 가져다주고 싶다는 동기에서 나오는 행동이기에 자발적으로 고객을 감동시키는 방법을 계속 찾습니다. 그 결과 다른 회사에 없는 서비스나 제품을 제공할 수 있는 것입니다.

고객에게 집착한다는 리더십 원칙은 아마존의 사원 한 사람 한 사람의 마음에 굳건하게 정착해 있습니다. 2013년에 아마존에 막 입사했을 무렵, 팀의 멤버에게 어떤 제안을 한 일이 있었습니다. 매출 확대를 위해 사이트에 올라 있는 상품의 상세 정보를 표시하는 방법을 바꾸자는 제안이었습니다. 그러나 내 의견을 들은 멤버들이 반대했습니다. 단기적인 매출 확대의 관점에서는 그 방법이 좋을지도 모르지만 장기적인 관점에서는 오히려 역효과가 나기 때문이라는 것이었습니다.

나는 그때 자신감을 갖고 매니저인 내게 반론하는 팀 멤버들의 발언에 감동했습니다. 그와 동시에 아마존의 사원 한 사람 한 사람에게 '고객에게 집착한다'의 원칙이 침투해서 의사 결정의 기준이 되어 있다는 것을 직접 봤습니다. 이것이 아마존이 강한 근원이라고 확신했습니다. 그리고 물론 자신의 단기적인 관점을 반성하고 제안을 철회했습니다.

※ 출처 「2012 Letter to Shareholders」

4장_베이조스가 들려주는 혁신 창출의 힌트

우리는 장기간에 걸쳐
오해받는 일을 두려워하지 않는다

We are willing to be misunderstood for long periods of time.

새로운 도전은, 그것이 참신한 것일수록 지금의 상식에서 일탈한 것이기 때문에 처음으로 보고 듣는 사람은 놀라고 그 본질을 알아채지 못할지도 모릅니다. 의도를 오해하는 일도 적지 않겠지요. 그러나 그것이 두려워 도전 자체를 그만두면 혁신을 창출할 기회를 영원히 잃고 맙니다.

예컨대 베이조스가 책의 온라인 판매에서 고객 리뷰 시스템을 도입했을 때는 출판사에서 부정적인 반응이 밀려들었습니다. 지금은 당연한 것이 된 별표 1~5개로 상품을 평가하고 코멘트를 기입하는 시스템입니다. 출판사의 입장에서 보면 좋은 리뷰가 달려 책의 판매가 늘어날 가능성도 있는 반면, 부정적인 리뷰나 코멘트를 읽고 구매를 포기하는 고객이 나올지도 모릅니다. 실제로 당시 분석에 의하면 고객 리뷰의 도입으로 인해 매출액에 약간의 마이너스 효과가 있었던 것 같습니다.

그러나 베이조스에게는 고객 리뷰의 목적은 고객이 구매 의사를 결정할 때 도움을 주는 것이지 판매자의 단기적인 판촉이 아니라는 신념이 있었습니다. 그러므로 베이조스는 출판사를 상대로 설득을 계속했습니다.

책 구매 희망자가 다른 구매자의 리뷰를 사전에 읽고 나서 구입 여부를 판단할 수 있다면 '사서 보니 생각했던 것과 달랐다'는 부정적인 고객 체험을 확률적으로 줄어들게 합니다. 결과적으로 책을 구입할 때 고객의 리스크를 낮추고 만족도를 높여 구매 의욕을 증진할 수 있습니다. 나아가서는 장기적으로 책 전체의 매출을 올리는 것으로 이어질 것입니다.

또한 고객 리뷰에는 독자가 어떤 감상을 가지는지 출판사가 알 수 있게 되는 이점도 있습니다. 이러한 피드백을 다음 책을 만드는 데 살릴 수 있다면 더 나은 출판물을 만들어 낼 가능성도 높아집니다. 이렇게 생각하면 고객 리뷰는 출판사에도 장기적으로 결코 마이너스가 되지 않습니다.

다만 이런 장기적 사고에 입각한 신념을 모두가 쉽게 이해를 해주는 것은 아닙니다. 베이조스 자신도 '그런 것을 해도 잘 되지 않을 것이다'라는 반론을 받거나 비판을 듣거나 하는 경험이 많았겠지요. 그렇기에 규모가 큰 혁신을 창출하기 위해서 '우리는 장기간에 걸쳐 오해받는 일을 두려워하지 않는다'고 말하는 것입니다.

※「GeekWire」2011년 6월 7일「Jeff Bezos on innovation: Amazon 'willing to be misunderstood for long periods of time'」

4장_베이조스가 들려주는 혁신 창출의 힌트

수치에 기초한 의사 결정밖에 하지 않고 결단을 필요로 하는 의사 결정을 피하는 기업은 혁신과 장기 가치 창조의 기회를 잃고 있다.

Math-based decisions command wide agreement, whereas judgment-based decisions are rightly debated and often controversial, at least until put into practice and demonstrated. Any institution unwilling to endure controversy must limit itself to decision of the first type. In our view, doing so would not only limit controversy - it would also significantly limit innovation and long-term value creation.

— 아마존 혁신의 법칙 16

이 문구는 2005년에 베이조스가 쓴 '주주에게 보내는 편지'의 일부를 내가 의역한 것입니다. 전문을 번역하면 이렇습니다.

> "수치에 기초한 의사 결정이 광범위한 합의를 모으는 것에 비해 판단에 기초한 의사 결정은 적어도 실행으로 옮겨지고 실증되기까지 논의의 대상이 되고 자주 물의를 일으킵니다. 논쟁을 피하고 싶은 조직은 모두 자신의 의사 결정을 첫 번째 타입으로 한정하지 않으면 안 됩니다. 우리의 생각으로는 그렇게 의사 결정의 방법을 한정하는 것은 논쟁을 제한할 뿐 아니라 혁신과 장기적인 가치 창조를 현저하게 제한하는 것입니다."

조금 전 새롭고 신선한 도전일수록 장기간에 걸쳐 오해받기 쉽다는 이야기를 했습니다. 그 하나의 요인은, 새로운 활동은 단기적으로 많은 매출과 이익을 기대할 수 있다는 사람이 많기 때문입니다. 그리고 그 장기적 예측은 수치에 기초한 의사 결정이 아니라 판단이나 가설에 기초한 것입니다. 벤처 기업에서 새로운 서비스나 신제품을 시장에 도입한 직후에 이익을 내는 것을 기대하지 않고 몇 년의 성장 투자 기간이 끝난 후 이익이 나기 시작하는 것을 상정하고 있는 것과 같습니다.

아마존이 추진해 온 혁신에는 수치에 기초한 단기적인 판단으로는 매출이나 이익이 줄 뿐으로 '해서는 안 된다'고 결론지어져도 이상하지 않은 경우가 많습니다.

예를 들어 인스턴트 오더 업데이트 기능입니다. 고객이 과거에 구매한 적이 있는 상품 페이지에 들어가면 '고객님은 2010년 7월 9일에 동일한 제품을 구매하셨습니다' 등의 메시지를 표시해 주는 서비스입니다. 단기적인 매출에는 분명히 마이너스가 되지만 고객에게는 고마운 기능입니다. 아마존 프라임 회원을 위한 배송료 무료 정책도 마찬가지입니다. 애초에 이익률의 최대화가 아니라 낮은 가격의 상품 제공을 우선하는 아마존의 기본 방침에서 볼 때 단기적인 매출·이익의 수치 분석 결과에서는 긍정적인 의견이 나오지 않습니다.

단기적인 매출·이익에서 마이너스가 되는 이러한 정책을 아마존이 할 수 있었던 것은 고객 체험을 계속해서 개선함으로써 신뢰를 쌓고 사이트 방문자 수나 페이지뷰를 점진적으로 늘려 장기적으로는 매출·이익을 크게 늘릴 수 있다고 판단하기 때문입니다. 물론 모든 판단이 옳은 것은 아니고, 결과적으로 성공하지 못한 경우도 있습니다. 다만 실패를 두려워하여 수치에 기초한 판단만을 내리거나 오해받는 것을 꺼려 하기만 했다면 이러한 조치를 취할 수 없었겠지요. 현재처럼 전 세계에서 2억 명 이상의 프라임 회원을 획득하는 일도 없었을 것입니다.

※ 출처 「2005 Letter to Shareholders」

4장_베이조스가 들려주는 혁신 창출의 힌트

야구에서는 홈런을 쳐도 최대 4점밖에 얻지 못하지만
비즈니스에서는 1천 점을 획득할 수도 있다.

When you swing, no matter how well you connect with the ball, the most runs you can get
is four. In business, every once in a while, when you step up to the plate, you can score
1,000 runs.

아마존은 세계 최고로 실패하는 데 적합한 장소다.

I believe we are the best place in the world to fail.

실패와 발명은 분리할 수 없는 쌍둥이다.

Failure and invention are inseparable twins.

—— 아마존 혁신의 법칙 16

2015년 '주주에게 보내는 편지'에서 베이조스는 실패에 대해 많은 이야기를 했습니다. 특히 중요한 메시지 세 개를 들자면 위와 같습니다. 이것들은 베이조스가 파괴적 혁신에 임할 때의 생각을 표현한 것입니다.

이 편지를 통해 주주에게는 '앞으로도 많은 실패를 하겠지만 그것은 큰 성공으로 돌아올 것이니 안심하고 지켜봐주었으면 좋겠다'라는 당부를, 사원에게는 '우리는 앞으로도 적극적이고 과감하게 실험에 임하고 그 대부분은 실패하겠지만 대규모 성공을 위해 함께 계속 해 나가자'라는 의지를 전하려 한 것이라고 생각합니다.

그해의 '주주에게 보내는 편지'는 아마존 이외의 기업 경영자나 사원에게 대규모 혁신을 계속 창출하는 아마존의 비결을 배우는 좋은 교재가 됩니다. 특히 주목하고 싶은 것을 항목별로 아래에 쓰겠습니다.

- 실패는 큰 성공을 거두기 위해서는 피할 수 없다. 성공할 확률보다 실패할 확률이 더 크다는 걸 항상 염두에 둬라.
- 아마존에서는 대담한 도전의 결과로서 실패가 많이 일어난다.
- 많은 실패를 해도 새로운 것에 대한 도전을 위축시키지 않기 때문에 아마존은 실패하는 데 적합한 회사다.
- 신규 사업의 성공에서 얻을 수 있는 이득의 최대치에 상한은 없다. 그러므로 하나의 대성공으로 많은 실패를 만회할 수 있다.
- 따라서 대담한 도전을 계속 하는 것은 이치에 맞다.

아마존은 이런 생각에 기초하여 대담한 도박을 계속해 온 결과, '아마존 웹서비스', '아마존 마켓플레이스', '아마존 프라임'이라는 큰 성공을 거둘 수 있었습니다. 그리고 현재 이것들은 아마존 사업을 이끄는 삼두마차가 되었습니다. 물론 다른 회사가 아마존의 이런 사고법을 따라 하려면 준비가 필요합니다. 어쩌면 실패 확률이 너무 높아서 하나의 큰 성공으로 그 외의 많은 실패의 손실을 만회할 수 없는 경우도 있을 수 있습니다. 실천을 위해서는 3장까지 소개한, 혁신을 계속해서 창출하는 아마존의 시스템·프랙티스를 참고해서 성공 확률을 높이는 것이 전제입니다. 처음에는 허용할 수 있는 실패의 범위를 연간 금액 규모로 설정하여 성공을 거두는 것에 따라 더욱 큰 실패를 허용할 수 있도록 바꿔가는 것도 장기적인 성공의 열쇠일 것입니다. 아마존도 온라인 책 판매의 도전으로 시작하여 100억 원, 1000억 원 수준의 성공을 거두는 과정에서 실패의 허용 규모를 확대해 나갔습니다.

2015년의 '주주에게 보내는 편지'는 혁신, 실패, 발명, 기대 수익에 대한 베이조스의 생각을 잘 이해할 수 있는 중요한 글이라고 생각하기 때문에 관련 부분을 번역하여 인용합니다.

> "우리의 특징이라고 내세울 수 있는 분야 중 하나는 실패입니다.
> 아마존은 실패하는 데 세계 최고로 적합한 장소라고 나는 믿고 있습니다. 실패와 발명은 분리할 수 없는 쌍둥이입니다.
> 발명하기 위해서는 실험하지 않으면 안 됩니다. 성공할 거라는 걸 사전에 알고 있다면 그것은 실험이 아닙니다. 대부분의 대기업은 발명이라는 개념을 받아들이기는 하지만 거기에 도달하기 위해 필요한, 실패로 끝나는 실험의 연속에 대해서는 관용적이지 않습니다.
> 대부분의 경우 대규모 수익은 사회 통념에 반하는 측에 거는 데서 옵니다. 하지만 사회 통념은 대체로 옳기에 실패할 확률이 큽니다. 10퍼센트의 확률로 100배 수익을 기대할 수 있는 도박이 있다면 매번 계속해서 걸지 않으면 안 됩니다. 그러나 걸면 10번 중 9번은 실패로 끝납니다. 이는 누구나 알고 있는 것입니다. 그래도 풀스윙하면 삼진을 당하는 일도 많습니다만 홈런을 치는 일도 생깁니다.
> 차이점은 야구에서 배트를 휘두를 때는 아무리 공을 잘 쳐도 얻을 수 있는 점수는 많아야 4점입니다. 비즈니스에서는 한 타석에 1천 점도 얻을 수 있습니다. 이러한 수익 분포가 대담한 도전이 비즈니스에서 중요한 이유입니다. 큰 성공을 거둔 자들은 많은 실험에 도전하고 돈을 지불합니다.

출처 「2015 Letter to Shareholders」

회사 규모에 따라 실패 규모도 커져야 한다. 그렇지 않으면 필요한 규모의 발명, 혁신에 주력하지 않게 된다. 아마존 기준에서는 수십억 달러의 실패를 때때로 겪는 정도가 적절하다.

As a company grows, everything needs to scale, including the size of your failed experiments. If the size of your failures isn't growing, you're not going to be inventing at a size that can actually move the needle. Amazon will be experimenting at the right scale for a company of our size if we occasionally have multibillion-dollar failures.

— 아마존 혁신의 법칙 16

이는 2018년의 '주주에게 보내는 편지'에 있는 메시지입니다. 2018년 당시 아마존의 연간 매출액은 대략 2,300억 달러입니다. 이 매출 규모에 비해 적절한 규모의 실험을 하고 있다면 수십억 달러 규모의 실패가 때때로 발생할 것이고, 발생하지 않는다면 그것은 아마존이 필요한 규모의 '실험'을 게을리하고 있는 증거에 다름없다고 말했습니다.

바꿔 말하자면 앞으로도 고객에게 더 나은 서비스를 제공하기 위해 큰 위험을 무릅쓰고 실험을 진행한다는 선언입니다. 다만 거기에는 전제가 있는데, '한 번의 큰 도박에서 이기면 패배로 끝난 많은 도박의 손해를 만회하고도 남는 수익을 얻을 수 있다(a single big winning bet can more than cover the cost of many losers)'는 것입니다. 베이조스 특유의 표현으로, 대규모 파괴적 혁신에 한 번 성공하는 것에 얼마만큼의 가치가 있는지를 강조하고 있습니다.

다른 식으로 보자면 2018년 아마존의 순이익은 100억 7,400만 달러에 달했기 때문에 수십억 달러의 손실이 몇 년에 한 번 정도 발생한다고 해도 흡수 가능합니다.

베이조스는 성공한 혁신 뒤에 많은 실패가 있었다는 것을 인정하고 있습니다. 이 편지에서는 아마존이 도전한 스마트폰인 '파이어폰은 실패였다(the Fire phone was a failure)'고 언급하고 있습니다.

2014년의 결산 보고서에는 3사분기에 1억 700만 달러의 파이어폰 재고 감손이 있었다고 되어 있습니다. 그 이전에도 파이어폰에서는 이익이 나지 않은 것으로 보이기 때문에 최소한 1억 달러 이상의 손실이 파이어폰 비즈니스에서 발생했다는 이야기가 됩니다. 개발비 등을 더하면 수억 달러 규모의 손해가 될 것입니다.

한편 2014년의 순이익은 2억 4,100만 달러 적자입니다. 전년인 2013년이 2억 7,400만 달러 적자였습니다. 순이익에 대한 비율에서 보면 2014년 당시는 2018년에 보여준 기준보다 대담한 투자를 신규 사업에 했다는 이야기가 됩니다. 다만 2014년의 잉여현금흐름(free cash flow)은 19억 4,900만 달러였으므로 현금 흐름은 문제없었습니다.

실패로 끝났던 파이어폰 개발은 알렉사와 에코가 성공하는 토대가 되었습니다. 또한 이런 대담한 투자 안에서 아마존 웹서비스, 아마존 마켓플레이스, 아마존 프라임 같은 핵심 사업이 생겨났습니다. 그것들을 고려하면 2018년 시점에서 순이익 100억 달러에 비해 수십억 달러의 실패라는 것은 놀랄 만한 숫자가 아니라고 생각하게 됩니다.

아마존은 2020년도에 매출액 3,860억 6,400만 달러, 순이익 213억 3,100만 달러까지 확대됩니다. 수십억 달러 규모의 실패를 허용할 수 있는 빈도가 늘어가도 이상하지 않습니다.

실패 위험이 없는 혁신은 존재하지 않습니다. 그러므로 베이조스는 위험을 무릅쓰고 새로운 혁신에 도전하는 것의 중요성을 다양한 말로 반복해서 강조하고 있습니다. 그때 자주 사용하는 것이 '실패하는 것을 마다하지 않고(willingness to fail)', '대담한 실험에 적극적으로 도전한다(willingness to make bold experiment)'라는 키워드입니다.

회사 규모가 커지면 그 규모에 임팩트를 줄 수 있는 혁신의 규모도 커지고, 그 때문에 실험에 실패했을 때의 비용도 많아진다는 것 어찌 보면 당연한 이야기입니다. 그런데 CEO로서 그 사실을 말로 표현하는 것은 용기가 필요합니다. 베이조스 자신이 '고객 중심', '발명', '장기적 사고'라는 신념을 가지고 혁신에 계속 도전하고 성공의 수를 훨씬 상회하는 실패를 하며 큰 혁신을 창출해 온 경험을 가졌기에 꺼낼 수 있는 말일지도 모릅니다. 그리고 무엇보다 아마존에는 앞으로도 그런 도전을 계속할 능력이 있다는 확신이 있기에 할 수 있는 말입니다.

큰 실패를 경험하지 않고서는 고객에게 진실로 가치를 제공하는 큰 혁신을 창출할 수 없다는 베이조스의 주장은, 아마존이 제로에서 새로운 혁신에 임하고 있다는 증거이기도 합니다.

이미 일정한 기술이나 시장이 확립된 분야에 투자해 가는 것이라면 어떤 리스크가 있고 어느 정도의 수익을 기대할 수 있는지는 대략 예측할 수 있습니다. 하지만 제로에서 시장을 만들어내는 도전은 리스크도 수익도 가늠하기 힘듭니다. 이 책에서 소개해 온 대로 신규 사업에 임할 때 아마존은 PR/FAQ 등의 시스템을 사용하여 충분히 그 내용을 음미하고 있지만 그래도 실패는 있습니다. 베이조스는 이에 대해 이렇게 정리했습니다.

> "물론 우리는 그런 실험을 소홀히 하지는 않습니다. 우리는 그것들을 좋은 도박으로 만들기 위해 열심히 노력합니다만, 좋은 도박이 모두 최종적으로 수지

가 맞는 것은 아닙니다. 그렇게 대규모로 위험을 감수하는 일은, 대기업이 된 우리가 고객과 사회에 제공할 수 있는 서비스의 일환입니다. 주주에게 낭보는, 한 번의 큰 도박에 이기면 패배로 끝난 많은 도박 비용을 보전하는 것 이상의 수익을 얻을 수 있다는 점입니다."

※ 출처「2018 Letter to Shareholders」

아마존의 지금 규모에서 신규 사업의 씨앗을 심어 회사에 영향력이 있는 크기로 키우기 위해서는 자제심, 인내심 그리고 키우는 문화가 필요하다.

At Amazon's current scale, planting seeds that will grow into meaningful new businesses take some discipline, a bit of patience, and a nurturing culture.

아마존 혁신의 법칙 16

베이조스가 '주주에게 보내는 편지'에 이렇게 쓴 것은 2006년의 일입니다. 아마존의 2006년도 매출액과 2020년도의 매출액을 비교하면 36배나 되기 때문에 회사 전체에 임팩트를 줄 수 있는 수준까지 신규 사업을 키우는 데 필요한 자제심과 인내심은 더욱 늘어났습니다. 참아야 할 기간도 길어졌습니다. 아무리 크게 성장하는 신규 사업이어도 처음에는 모두 '작은 씨앗'으로 시작합니다. 베이조스는 "과거 우리의 경험에서 보면 신규 사업이 급성장하기 시작하고 나서 회사 전체에 영향력이 있는 크기까지 성장하는 데는 3~7년이 걸린다."고 말합니다.

아마존은 거의 모든 주력 사업을 씨뿌리기에서부터 자신들이 키워왔습니다. 앞에서 언급한 아마존 웹서비스, 마켓플레이스, 아마존 프라임, 알렉사, 에코 등은 모두 큰 비즈니스로 성장해 지금 아마존의 수익을 떠받치고 있습니다. 그 원동력이 된 것이 이 책에서 소개해 온 PR/FAQ를 비롯한 갖가지 시스템과 프랙티스입니다.

아마존은 유망한 기술을 가진 작은 회사는 적극적으로 매수하지만, 이미 많은 사용자 수를 갖고 있는 비즈니스를 매수 등으로 거둬들이는 경우는 극히

4장_베이조스가 들려주는 혁신 창출의 힌트

드뭅니다(후자의 매수에 해당하는 예로는 고급 슈퍼마켓인 '홀푸드 마켓', 책의 낭독 전송 서비스인 '오더블', 게임 라이브 전송 서비스인 '트위치' 등이 있습니다).

이처럼 사원들의 씨뿌리기로 신규 사업을 키워왔다는 점에서 GAFA(구글, 애플, 페이스북, 아마존)라 불리는 대형 IT 기업 중에서도 페이스북이나 구글이 '인스타그램'이나 '왓츠앱', '유튜브'라는 SNS 기업의 대형 매수를 유력한 성장의 원동력으로 활용해 온 것과는 약간 다른 점이 있습니다.

그런 아마존 사내에는 신규 사업을 씨뿌리기 단계에서부터 수백억 달러, 수천억 달러 규모로 성장시키는 경험을 했거나 그 경과를 자세히 봐온 사원이 많습니다. 그 사람들은 아무리 큰 혁신도 처음에는 조그맣게 시작하고 큰 결과를 낼 때까지 시간이 걸린다는 사실을 경험으로 잘 알고 있습니다. 그렇기에 단기적으로 결과가 나오지 않아도 큰 잠재력이 있는 씨앗이 성장하는 것을 3~7년이라는 긴 시간축으로 지원하는 자제심과 인내심을 갖추고 있습니다. 베이조스는 그 축적을 아마존 고유의 조직적인 강점으로 인식하고 있는 것이겠지요. 이 편지에서는 그런 자부심이 절절히 느껴집니다. 그리고 그 조직으로서의 강함을 유지하기 위해서는 신규 사업에 대한 도전을 계속 이어 나가면서 경험자를 늘려가는 과정을 빼놓을 수 없습니다.

※ 출처「2006 Letter to Shareholders」

'데이 투(Day 2)'란 정체다. 그 후에는 빗나간 일이 이어진다. 그리고 참을 수 없는 고통을 수반하는 쇠퇴로 향하고 죽음에 이른다. 우리가 항상 '데이 원(Day 1)'에 머물지 않으면 안 되는 이유는 거기에 있다.

Day 2 is stasis. Followed by irrelevance. Followed by excruciating, painful decline. Followed by death. And that is why it is always Day 1.

아마존 혁신의 법칙 16

아마존에서 혁신의 출발점은 "오늘도 창업 1일째다."라는 '스틸 데이 원(Still Day One)'의 정신에 있다는 것은 1장에서 이미 설명한 대로입니다.

'창업으로부터 25년 이상 지나 거대한 기업이 되어 규모가 큰 사업에 주력하게 되어도 창업 때와 같은 창업가 정신을 잊어서는 안 된다. 고객에게 새로운 가치를 제공하기 위해 계속해서 혁신을 창출하지 않으면 안 된다.'

베이조스의 이런 메시지를 상징적으로 전해주는 말이 '데이 원'입니다. 자신이 일하는 시애틀 본사 건물을 '데이 원 빌딩'으로 명명했을 정도입니다.

2016년 '주주에게 보내는 편지'에서는 위에 인용한 말을 내세워 '데이 원'의 중요성을 강력하게 주장하고 있습니다.

영원히 '데이 원'의 정신을 가지며 고객을 위해 성장을 계속하는 기업의 모습이란 어떤 것일까요. 2015년 '주주에게 보내는 편지'에 이를 대변하는 이를 대변하는 상징적인 핵심 어구가 있습니다.

> "우리는 큰 기업임과 동시에 발명 머신이고 싶다."

4장_베이조스가 들려주는 혁신 창출의 힌트

대기업의 규모를 가지며 막 창업했을 때의 스타트업처럼 순수하게 고객을 위해 새로운 가치를 계속 창조하고 싶다. '발명 머신이고 싶다'는 말에는 이런 생각이 들어 있습니다. 실제로는 많은 대기업이 '데이 투' 상태에 빠져 있습니다. 창업 때의 혁신적인 정신을 유지하는 것은 어렵고, '데이 투'에 빠졌다고 한들 곧바로 경영이 벽에 부딪치는 것은 아닙니다. 천천히 정체가 시작되고 쇠퇴를 향해 가니까요.

앞에서 든 2016년의 편지에서 베이조스는 이렇게 표현합니다.

> "확실히 이런 종류의 쇠태는 극단적인 슬로모션으로 일어납니다. 일정한 지위를 확립한 기업은 '데이 투'의 상태여도 수십 년 동안은 수확을 계속할지도 모릅니다. 그러나 최후에 다가올 결말을 피할 수는 없습니다."

역으로 말하자면 대기업이 되어도 여전히 '데이 원' 상태를 유지할 수 있다면 풍부한 자금과 인재, 높은 기술과 브랜드 힘을 배경으로 창업가가 제로에서 시작하는 것보다 빠른 속도로 혁신을 창출하고 고객에게 큰 스케일로 새로운 가치를 제공할 수 있습니다.

그것이야말로 아마존이 목표로 하는 것이고 본질입니다. 이 책에서 지금까지 봐온 갖가지 시스템은 아마존이 '데이 투'에 발을 들여놓는 것을 피하기 위해 만들어낸 것이라고도 할 수 있습니다.

베이조스는 2016년의 편지에서 '데이 투'에 빠지지 않기 위한 포인트를 들고 있습니다. 베이모스가 말한 네 가지 항목을 그대로 옮겨봅니다.

● 고객에게 집착한다

비즈니스의 중심에 두어야 할 수법은 많이 있습니다. 경쟁 상대에 초점을 맞출 수도 있고 제품에 초점을 맞출 수도 있으며 테크놀로지에 초점을 맞출 수도 있고 비즈니스 모델에 초점을 맞출 수도 있습니다. 그러나 내 견해로는 강박적일 정도로 고객에게 초점을 맞추는 것이야말로 '데이 원'의 활력을 유지하는 데 가장 유효합니다.

왜일까요? 고객 중심의 접근에는 많은 이점이 있는데, 그중에서도 중요한 것이 이것입니다. 고객은 항상 아름답고 훌륭하게 현 상황에 만족하고 있는 것은 아닙니다. 보고에서는 고객이 만족하고 있고 비즈니스가 순조롭다 해도 말이지요. 고객이 아직 그게 무엇인지 몰라도 고객은 좀 더 좋은 것을 바라고 있습니다. 그리고 고객을 기쁘게 하고 싶다는 바람을 가진 사람은 고객을 대신하여 발명하는 일에 내몰리겠지요. 아마존에 프라임 멤버십 프로그램을 만들었으면 좋겠다고 부탁하러 온 고객은 없었습니다만, 도입해 보니 확실히 고객이 바라고 있었다는 걸 알았습니다. 그 밖에도 나는 많은 예를 들 수 있습니다.

'데이 원'에 머무르기 위해서는 참을성 있게 실험하고 실패를 받아들이고 씨를 뿌리고 묘목을 지키고, 고객의 기쁨을 확인하면 단호하게 밀어붙이지 않으면 안 됩니다. 이 모든 것이 일어나는 데 최적의 환경을 만드는 것은 항상 고객 중심으로 생각하는 문화(A customer-obsessed culture)입니다.

● 대리 프로세스를 회피한다

기업이 커지고 복잡하게 됨에 따라 대리로 정리하는 경향이 나옵니다. 이것은 다양한 형태와 크기로 나타납니다. 그리고 그것은 위험하고 은밀하여 완전히 '데이 투' 상태입니다.

흔히 있는 것은 대리 프로세스입니다. 좋은 프로세스란 고객의 도움이 되도록 움직이는 것을 돕는 것입니다. 그러나 주의 깊게 보지 않으면 프로세스가 문제가 될 가능성이 있습니다. 큰 조직에서는 쉽게 일어나는 일입니다. 프로세스가 바라는 결과의 대리가 되는 것입니다. 사람들은 결과에 눈을 돌리는 걸 그만두고 프로세스를 올바로 밟고 있는지 확인하기만 하게 됩니다. 그대로 받아들이고 맙니다. 경험이 적은 리더는 나쁜 결과를 냈을 때 흔히 "제대로 프로세스를 따랐다"고 변명합니다. 경험이 더 풍부한 리더라면 그것을 프로세스 자체에 대한 조사와 개선의 기회로 활용합니다. 프로세스 자체는 문제가 아닙니다. 다음 물음을 던지는 것은 항상 의미 있는 일입니다. 우리가 프로세스를 소유하고 있는 건가, 아니면 프로세스가 우리를 소유하고 있는 건가. '데이 투'의 회사에서는 후자일지도 모릅니다.

● 외부 트렌드의 열성적인 채택

강력한 트렌드를 곧바로 받아들여 활용하지 않을 경우, 외부 세계가 당신을 '데이 투'로 밀어 넣을 가능성이 있습니다. 강력한 트렌드를 받아들이지 않고 싸우는 것은 미래와 싸우는 것과 같습니다. 강력한 트렌드를 받아들이면 순풍을 맞을 수 있습니다.

이러한 큰 트렌드를 찾아내는 것은 그다지 어려운 일이 아닙니다(사람들은 화제로 삼고, 그것에 대해 쓴 것도 많이 나옵니다). 그러나 큰 조직에서는 큰 트렌드를 받아들이는 것이 기묘할 정도로 어려워지는 경우가 있습니다. 우리는 지금 바로 기계 학습(machine learning)과 AI(인공지능)에서 전형적인 예를 보고 있습니다.

지난 수십 년에 컴퓨터는 프로그래머가 명확한 규칙과 알고리즘으로 기술할 수 있는 작업을 폭넓게 자동화해 나갔습니다. 그리고 상세하게 규칙을 기술하기 어려운 작업도 지금은 우리가 최신의 기계 학습 기술을 활용하면 마찬가지로 자동화하는 것이 가능한 것입니다.

아마존에서는 기계 학습의 실용화에 몇 년이나 주력해 왔습니다. 그중에는 잘 알려져 있는 활동도 있습니다. (중략) 그러나 우리가 기계 학습으로 주력하고 있는 것 대부분은 수면 아래에 있습니다. 기계 학습에 의해 우리는 수요 예측이나 검색 랭킹, 할인 정보 추천, 상품 배치, 부정 검출, 번역, 그리고 더욱 다양한 것을 발전시키고 있습니다. 눈에 띄지 않지만 기계 학습 임팩트의 대부분은 이런 타입의 것입니다. ― 조용히, 그러나 의미 있게 핵심 사업을 개선하고 있습니다.

● 빠른 의사 결정

'데이 투'의 기업은 질 높은 의사 결정을 합니다. 그러나 질 높은 결정을 천천히 내립니다. '데이 원'의 에너지와 역동성을 유지하기 위해서는 어떻게든 고품질의 빠른 의사 결정을 내리지 않으면 안 됩니다. 스타트업에는 간단하고, 큰 조직에는 굉장히 어려운 일입니다. 아마존의 간부 팀은 빠른 의사 설정을 계속한다고 결의하고 있습니다. 비즈니스에서는 속도가 중요합니다. 게다가 빠른 의사 결정을 할 수 있는 환경은 더욱 즐거운 것이기도 합니다.

※ 출처 「2016 Letter to Shareholders」
　　「2015 Letter to Shareholders」

4장_베이조스가 들려주는 혁신 창출의 힌트

테크놀로지는 우리가 하는 모든 것에서 분리할 수 없다. R&D 부문에만 맡겨 두지 않는다.

All the effort we put into technology might not matter that much if we kept technology off to the side in some sort of R&D department, but we don't take that approach. Technology infuses all of our teams, all of our processes, our decision-making, and our approach to innovation in each of our businesses. It is deeply integrated into everything we do.

— 아마존 혁신의 법칙 16

현재 혁신 플랫폼이 될 수 있는 많은 기술 혁신이 현재진행형으로 일어나고 있습니다. 인터넷이나 컴퓨터는 물론 게놈 해석이나 로봇 공학(robotics), AI, 에너지 저장(energy storage) 등 기술 혁신이 진행되는 분야의 폭넓음을 개관하면 모든 산업이 그 영향을 받는 걸 피할 수 없는 것은 자명합니다(혁신 플랫폼이라는 사고는 미국의 투자 펀드 'ARK 인베스트먼트 매니지먼트'의 조사 보고서에 의한 것으로, 상세한 것은 5장에서 해설합니다).

그런 시대에 기술 혁신이 초래하는 위협과 기회, 다가올 변화에 대한 이해를 갖지 못하고 사업 전략을 구축하고 사업 성장을 위한 의사 결정을 내리는 일은 어려워졌습니다. 되풀이되지만, 이러한 기술 혁신이 가져오는 임팩트가 제한된 범위에 머무는 것이 아니라 모든 업종에 영향을 주기 때문입니다. 그 영향력은 기존 사업의 개념이나 존재 의의를 근저에서 뒤집을 정도로 파괴적인 것이 될 수 있습니다.

이 항목의 첫머리에 든 말은 2010년 '주주에게 보내는 편지' 일부를 내가 의역한 것입니다. 해당 부분 전체를 번역하면 이렇습니다.

"만약 테크놀로지에 대해 R&D(연구 개발/Research and Development) 부문에 맡겨두면 우리가 테크놀로지에 쏟는 노력은 큰 짐이 되지 않겠지요. 그러나 우리는 그런 접근을 하지 않습니다. 테크놀로지는 아마존의 모든 팀, 모든 프로세스, 모든 의사 결정, 그리고 각 사업의 혁신에 대한 접근에 침투해 있습니다. 테크놀로지는 우리가 하는 모든 것과 깊이 통합되어 있는 것입니다."

베이조스식으로 표현하면, 기술 혁신과 사업 전략을 분리하여 검토하는 회사는 이미 '데이 투'이고, 끝난 것인지도 모릅니다.

구체적인 예를 들어보지요. 2020년에 시작된 코로나 재앙 이후 일본에서도 디지털 전환(Digital Transformation)이 강하게 주장되어 2021년에 행정의 IT화를 추진하기 위한 디지털청도 설립되었습니다. 국가나 지방 행정의 IT화가 진행되면 기업의 IT화도 진행되어 기존 업무의 생산성이 향상되고 혁신에 할당할 수 있는 자원도 증가할 것입니다.

아주 대단한 일입니다. 다만 왜 지금인가 하는 것입니다.

내가 미국 시스코시스템즈에서 일했던 것은 이미 20년 전의 일입니다. 그런데 사내 업무에서 도장을 찍는 일은 없었습니다. 그로부터 10년쯤 지난 지금으로부터 약 10년 전 일본 GE에서 일했을 때는 외부 회사와의 계약에서도 전자서명이 도입되었습니다. 일본 기업에서도 전자서명을 도입하는 기업은 늘어난 것 같습니다만, 10년 단위의 뒤처짐이 있는 건 아닐까요. 이것이 일본의 '잃어버린 30년'의 한 요인이기도 할 것입니다.

사회학자 에버렛 로저스(Everett M. Rogers)가 제창한 '이노베이터 이론'은 새로운 제품·서비스를 받아들이는 속도에 따라 소비자를 다섯 그룹으로 분류합니다. 빠른 순으로 '1 : 이노베이터(Innovator, 혁신자)', '2 : 얼리 어댑터(Early adopter, 초기 수용자)', '3 : 얼리 머저리티(Early Majoriry, 조기 추종자)', '4 : 레이트 머저리티(Late Majoriry, 후기 추종자)', '5 : 레거즈(Laggards, 지체자)'로 불립니다.

디지털 전환에서 일본의 현 상황은 선진국 중에서 비교하면 '레거즈'나 '레이트 머저리티'에 해당하는 것으로 보입니다.

현 상황을 비관한다고 아무것도 나아지지 않습니다. 과거에서 배운 것을 앞으로 살려 개선하기 위해 우리가 베이조스의 말에서 얻을 수 있는 것은 크지 않을까 싶습니다.

테크놀로지 문제를 기술자에게 일임하지 않는다. 기술의 본질, 그 기술이 잠재적으로 가진 위협과 기회를 이해하고 최고경영진이나 간부가 '지금 무엇을 해야 할까'라는 판단을 내린다. 최고경영진은 물론이고 행정의 리더도 모든 장면의 판단에서 테크놀로지의 위협과 기회를 고려하고 살려나가야 합니다.

베이조스의 경우 대학에서 원래 컴퓨터 사이언스를 전공했기 때문에 가능한 것도 있습니다. 그러나 아마존의 경영 간부나 리더 중에는 기술적인 배경이 없는 사람도 있습니다. 그런 사람들도 '이 건은 기술자가 이렇게 말한다면 그렇게 하자'며 기술의 내용을 문제 삼지 않고 오로지 기능만을 문제 삼은 채 나 몰라라 하는 판단을 내리지는 않습니다. 적어도 판단을 내리기 위해 필요한 기술에 흥미를 가지고 이해하려고 합니다.

물론 테크놀로지에 대한 이해의 깊이는 각자의 배경에 따라 다릅니다. 하지만 경영 판단에 필요한 수준의 이해는 노력 여하에 따라 누구나 할 수 있습니다. 게다가 혼자 판단할 필요는 없습니다. 경영 팀으로서 이해하고 판단을 내리면 되기 때문에 팀 내부에서 더욱 깊이 이해하고 있는 사람에게 보완하게 함으로써 조직으로서 기술에 대한 이해를 깊게 하고 판단 능력을 높여갈 수 있습니다.

교육 배경이나 연령에 상관없이 흥미를 가질 수 있다면 기술에 대해서도 이해할 수 있을 것입니다. 반대로 기술 전문가에게는 전문가가 아닌 사람이 이해할 수 있도록 설명할 책임이 있는 게 아닐까요. 테크놀로지에 흥미를 가지고 이해하는 것에서 시작하면 테크놀로지를 활용하여 고객이 기뻐하는 새로운 서비스·제품을 재빨리 개발할 수 있는 조직에 다가갈 수 있지 않을까요.

※ 출처「2010 Letter to Shareholders」

4장_베이조스가 들려주는 혁신 창출의 힌트

엄청난 발견에는 시행착오가 수반된다.

The outsized discoveries – the "non-linear" ones – are highly likely to require wandering.

'원더링(wandering)'은 '헤매다', '구불구불하다'라는 의미를 가진 말입니다. 종래 방식의 연장선상에서는 발견되지 않는 대발견, 즉 대규모 혁신이란 이 '원더링'이 반드시 수반되는 것이라고 베이조스는 말합니다.

베이조스는 새로운 프로젝트가 큰 성과를 기대할 수 있는 혁신적인 것일수록 성공으로 이끌기까지의 도정은 웬만한 수단으로는 안 된다는 걸 많은 경험으로부터 알고 있습니다.

아마존에서는 고객이 기뻐할 것 같은 것을 발명하고 시장에 도입합니다. 그리고 고객의 좋은 반응을 얻고, 필요가 있다면 더욱 발전시킨 개정판을 도입합니다. 이 프로세스를 진행하는 가운데 최초의 가설이나 아이디어로 돌아가 처음과는 완전히 다른 방법을 선택하는 일도 있습니다. 다시 말해 작은 개선과 큰 방향전환을, 성공할 때까지 몇 번이고 되풀이하며 성공을 지향하는 것입니다.

아마존에서는 신규 사업이 크게 성공하기까지 오랜 시간이 걸린다고 생각하여 장기적인 관점에서 평가한다는 것은 이미 설명한 그대로입니다. 그러나 그것은 '천천히 나아간다'는 것이 아니라 '몇 번이고 가설을 세우고 그것을 무너뜨리는 것을 되풀이한다'는 뜻입니다. 거기에는 '철저하게 고객의 관점에 선다'는 대전제도 있습니다.

물론 치밀한 계획을 세우고 그 계획대로 일직선으로 나아갈 수만 있다면 그보다 나은 것은 없습니다. 그러나 아직 아무도 하지 않은 혁신 창출에서 일직선으로 나아갈 수 있는 프로젝트는 극히 드뭅니다. 대부분의 경우 엄청난 시행착오가 수반됩니다. 그런 '왔다갔다하며 정답을 찾는 과정'을 베이조스는 '원더링'이라고 표현하고 있습니다.

최고경영진이 신규 사업의 성공에는 '원더링=시행착오'가 필연적으로 수반된다고 공언하는 것은 사원들에게 용기를 줍니다. 혁신 창출을 위해 아직 보지 못한 목표를 향해 고군분투하는 사원들은 당초에 그린 신규 사업 계획과 실제 진척 상황이 어긋나는 것에 때로 당황하고 절망감을 느끼는 일조차 있습니다. 그러나 '그것은 이미 상정한 일이다'라며 베이조스는 그들의 등을 밀어줍니다. 아마존에서는 계획과 진척 상황의 괴리에 대해 책임을 묻지 않습니다. 그 대신 기대되는 것은 '왜 괴리가 생겼는가'라는 분석과 '방향을 어떻게 수정해야 할까' 하는 제안입니다. 그리고 이는 원더링의 한 프로세스입니다.

PR/FAQ로 입안한 혁신 아이디어는 처음부터 완벽한 것일 수 없습니다. 많은 사람들이 관여하여 수정하고 다듬어갑니다. 자꾸 바뀌 써가는 PR/FAQ는 '원더링'을 전제로 한 시스템입니다. 그러므로 때로 '리빙 도큐먼트(Living Document, 살아 있는 기록)'라고도 불립니다.

※ 출처「2018 Letter to Shareholders」

고객에게 두려움을 가져라. 매일 아침 경쟁 기업에 대한 공포심이 아니라 고객에 대한 공포심으로 깨어나야 한다.

I constantly remind our employees to be afraid, to wake up every morning terrified. Not of our competition, but of our customers.

──────── 아마존 혁신의 법칙 16

베이조스는 '두려워해야 하는 것은 경쟁 기업이 아니라 자신들의 고객'이라는 메시지를 사원들에게 반복적으로 전하고 있습니다.

'고객을 두려워한다'는 말은 보통의 경영자라면 '고객에게 실례'라고 하여 사용하지 않겠지요. 그런데 베이조스는 굳이 그런 말을 사용합니다. 사고의 중심에 항상 고객을 둔다는 것을, 사원의 마음에 남는 인상적인 말로 호소합니다. 첫머리의 말은 1998년의 '주주에게 보내는 편지'에서 인용한 것입니다. 그런데 이 편지에는 다음과 같은 기술도 있습니다.

> "우리는 고객을 가장 소중히 여기는 기업 만들기를 목표로 해 왔습니다. 우리에게는 자명한 일입니다만, 고객은 감각이 날카롭고 머리가 좋으며 고객이 가진 브랜드 이미지는 실제 모습을 반영한 것이지 그 반대가 아닙니다."

브랜드 이미지는 그 실제 모습에서 만들어진 것이지 브랜드 이미지에 의해 그 실제 모습이 잘 보이게 되는 것은 아니라는 말입니다. 실제로 아마존은 과거에 텔레비전이나 온라인 미디어에서 브랜드 이미지를 만들기 위한 광고를 거의 내보내지 않았습니다. 또한 아마존의 간부가 아마존의 브랜드 이미지를 높이기 위해 미디어를 향해 이야기한 것도 별로 본 적이 없습니다. 그것을 위해 시간이나 자금을 쓸 바에는 조금이라도 고객에게 좋은 제품이나 서비스를 계속해서 제공하기 위한 견실한 활동에 전념하자는 것이겠지요. 다시 말해 실체 없는 브랜드 이미지를 만들어도 의미가 없기 때문에 실체를 만드는 데 전력을 기울이고 있는 것입니다.

베이조스는 계속해서 이렇게 말합니다.

> "고객이 우리에게 충성을 보이는 것은 다른 누군가가 더 나은 서비스를 제공하는 순간까지입니다. 우리는 모든 활동에서 지속적인 개선과 실험, 그리고 혁신에 힘을 기울이지 않으면 안 됩니다."

베이조스는, 서비스를 개선하고 계속해서 발전시키지 않으면 안 되는 것은 고객이 만족하는 일이 없기 때문이라고도 말합니다.

2017년의 '주주에게 보내는 편지'에 특별히 기억에 남는 문장이 있어 소개합니다. 특히 우리가 잊을 수 없는 것은 "One thing I love about customers is that they are divinely discontent."이라는 한 문장입니다. 의미하는 바의 골자는 "고객은 만족하는 일이 없다"입니다. 거기에 'divinely(신처럼)'이라는 수식어 하나를 더함으로써 고객의 기대, 요구 수준이 어디까지고 점점 올라가는 것은 빤한 일이다, 멈추는 일도 없고, 하물며 내려가는 일은 절대 없다는 것을 간결하게 표현한 것입니다.

> "내가 고객에 대해 사랑하는 것의 하나는, 고객은 그것이 신에게 받은 능력인 것처럼 만족하지 않는다는 것입니다. 기대치가 머무는 일은 영원히 없고 계속해서 올라가기만 합니다. 그것이 인간의 섭리입니다. 만족한다는 의미에서 우

리는 수렵·채집 시대로부터 하나도 바뀌지 않았습니다. 사람들은 더 나은 방법에 대해 한없이 탐욕적이어서 어제는 '와아!'라며 감동한 것이 오늘은 곧바로 '보통'으로 바뀝니다. 그리고 내가 보기에 그 발전 속도는 지금까지 보지 못한 수준으로 빨라집니다. 그것은 아마도 고객이 지금까지 보지 못한 수많은 정보에 간단히 접근할 수 있게 되었기 때문인지도 모릅니다."

나도 예전에 아마존에서 DVD, CD, 소프트웨어, 비디오게임 등의 카테고리 책임자로 일했던 적이 있습니다.

매일 자신이 담당하는 아마존 사이트를 확인하며 '뭔가 개선해야 할 것은 없는가?', '어딘가에 잠재적인 문제는 없는가?', '재고 상황은 어떤가?', '가격에 문제는 없는가?', '화상에 문제는 없는가?' 하는 걸 체크했습니다. 상품 수가 방대해서 물론 모든 것을 체크하는 것은 도저히 불가능합니다. 그래도 자신이 고객이 된 마음으로 체크함으로써 조금이라도 더 나은 서비스를 제공할 가능성은 없는가 하고 살폈습니다. 반대로 뭔가 큰 문제가 있으면 수백만 명, 수천만 명에게 영향을 주어 고객의 신뢰를 잃을 가능성도 있었습니다. 항상 긴장하고 있었던 일을 기억하고 있습니다.

이것도 베이조스의 "고객에게 두려움을 가지세요"라는 말에 자극을 받은 행동의 하나였는지도 모릅니다.

※ 출처「1998 Letter to Shareholders」
　　「2017 Letter to Shareholders」

미셔너리는 더 나은 제품을 만들어낸다.

Missionaries build better products.

아마존 혁신의 법칙 16

'미셔너리(missionary)'도 역시 베이조스가 종종 쓰는 말입니다. '미션(mission)'이 그리스도교의 포교 등 종교적인 '사명'에서 유래하는 말이라는 것과 관련하여 '미셔너리'도 협의로는 그리스도교의 '선교사'를 의미합니다.

베이조스는, 아마조니언(Amazonian, 아마존 사원)이란 "지구상에서 가장 고객을 소중히 여기는 기업이 되겠다"는 '비전'을 달성하기 위해 존재하는 팀에 소속된 '미셔너리'의 일원이고, 그 사명의 실현을 위해 일하는 사람들이라고 파악하고 있습니다. 물론 사원 전원이 자신을 미셔너리라고 믿고 있다고까지는 생각하지 않습니다. 다만 공통의 비전, 미션을 실현하기 위해 일하는 동료라는 것은 틀림없습니다.

베이조스는, 아마존의 사원인지 아닌지와 상관없이 미셔너리가 된다는 것은 금전적 이익을 올리는 것 이상으로 그 사람의 의욕을 장기적으로 큰 목표를 실현하는 것으로 몰아가게 된다고 생각하고 있습니다. 그 결과 미셔너리는 더 나은 서비스나 제품을 만든다고 믿고 있습니다.

첫머리의 말은 2007년의 '주주에게 보내는 편지'에서 인용한 것인데, 이 편지에서 베이조스는 '킨들'을 예로 들고 있습니다.

베이조스는 '킨들'의 비전에 대해 이렇게 썼습니다.

　　　　　　　　　　　　　4장_베이조스가 들려주는 혁신 창출의 힌트

> "우리 '킨들'의 비전은 모든 언어로 과거에 인쇄된 모든 책을 60초 안에 손에
> 넣을 수 있게 하는 것입니다."

그리고 종래의 종이책으로는 할 수 없는 것이 '킨들'로는 가능해진다고 지적하
고 있습니다. 예컨대 의미를 모르는 말이 나왔을 때 곧바로 찾아볼 수 있는
사전 기능이 있고 자신이 쓴 메모나 밑줄을 클라우드에 보존할 수 있으며 어
디까지 읽었는지를 자동으로 기록해주고 눈이 피곤하면 문자의 폰트 사이즈
를 바꿀 수 있는 것입니다.
나아가 베이조스는 인류의 긴 역사 안에서 '킨들'의 위치를 찾아냅니다.

> "우리 인류는 도구와 함께 발전해 왔습니다. 우리가 도구를 변화시키고, 그러
> 면 그 도구가 우리를 변화시켰습니다. 수천 년 전에 발명된 문자는 엄청난 도
> 구로, 우리를 극적으로 변화시킨 것은 의심할 여지가 없습니다. 500년 전 구
> 텐베르크의 발명으로 책값이 극적으로 내려갔습니다. 물리적인 서적은 새로운
> 교류나 배움의 방법을 만들어냈습니다. 최근에는 데스크톱이나 노트북 컴퓨
> 터, 그리고 휴대전화나 휴대 정보 단말기 등의 네트워크 툴이 또 우리를 변화
> 시키고 있습니다. 이러한 도구는 우리를 더욱 '인포메이션 스내킹(information
> snacking)'의 방향으로 이동시켜 사람들의 주의가 지속하는 시간은 짧아졌습니
> 다. 나는 이 문제에 대해 논의하고 싶습니다."

베이조스가 '인포메이션 스내킹'이라 부르는 것은, 스낵을 먹는 것처럼 단시간
에 살짝 정보를 입수하는 행위입니다. 그것에 대치되는 개념으로서 '롱폼 리
딩(long-form reading)'을 제창하고, '킨들'은 '롱폼 리딩'을 위해 만들어졌다고 말

합니다.

킨들은 수백 페이지의 책을 차분히 생각하며 읽는 데 적합한 디바이스로서 개발·설계되어 있습니다. 다시 말해 '킨들'이란 늘어나고 있는 스마트폰 등의 '인포메이션 스내킹' 도구에 대항하는 존재이고, 짧아지고 있는 인류의 주의 지속 시간을 길게 한다는 미션이 있다고 자리매김하고 있습니다.

그 미션을 공유하는 동료들이 '킨들' 개발 팀이기 때문에 이는 좋은 제품·서비스 개발로 이어진다는 것이 이 항목의 첫머리에 든 베이조스가 한 말의 의미입니다.

다른 예를 들자면, 계산대 없는 매장인 '아마존 고'는, 베이조스의 말을 빌리자면 "현실 매장에서 최악의 시간, 즉 계산하는 사람들의 줄을 없애는 것"이 비전입니다. 이렇게 높은 목표가 설정되어 있기 때문에 어려움을 극복하고 출점에 이르렀을 것입니다.

지금보다 매출을 늘리고 싶다거나 매장 운영을 효율적으로 하고 싶은 발상뿐이라면 '아마존 고'는 투자 비용의 크기나 성공의 불확실성이 장애가 되어 단념했을 것입니다. 베이조스가 단념하지 않았던 것은, "지구상에서 고객을 가장 소중히 여기는 기업이 되자"는 '비전'에 충실한 '미셔너리'이기 때문이겠지요.

베이조스가 지향하는 세계란 다음과 같은 것입니다.

아마존 같은 미셔너리 기업이 나타나 미션을 위해 단기적인 채산이나 효율을 도외시하고 '아마존 고'를 실현하고 말았다. 세상에 등장한 '아마존 고'는 고객으로부터 크게 환영을 받고 있다. 그것을 본 몇몇 기업이 동일한 서비스 실현에 나서기 시작한다. 이것으로 소매업계에서 매장 운영의 기준이 바뀌어 전 세계 사람들이 더 낫고 새로운 고객 체험을 한다.

이것이야말로 베이조스의 바람입니다. 베이조스는 "고객을 소중히 여기는 기준을 올린 기업"으로서 아마존의 이름이 역사에 남기를 바라고 있습니다. 실제로 일본에서도 2020년경부터 대형 소매업자로부터 '계산대 없는 매장'의 출점 계획이 알려지기 시작하여 베이조스의 이상을 실현하는 새로운 한 예가 생겨나려 하고 있습니다.

※ 출처「2007 Letter to Shareholders」

고객의 니즈에서 나온 신규 사업의 실현에는 새로운 능력의 획득과 새로운 근육을 움직일 필요가 있는 경우가 많다.

Working backwards from customer needs often demands that we acquire new competencies and exercise new muscles, never mind how uncomfortable and awkward-feeling those first steps might be.

— 아마존 혁신의 법칙 16

2008년의 '주주에게 보내는 편지'에서 베이조스는 '워킹 백워드(Working backwards)' 접근과 '스킬 포워드 어프로치('skills—forward' approach)'를 대비시키고 있습니다.

'워킹 백워드'가 고객의 니즈를 출발점으로 하여 신규 사업의 아이디어를 창출하는 것에 비해 기업이 이미 가지고 있는 능력이나 스킬을 살려 신규 사업의 아이디어를 창출하는 것이 '스킬 포워드 어프로치'라고 합니다.

'스킬 포워드' 어프로치에는 지금 있는 능력이나 스킬을 살리는 장점이 있는 반면, 새로운 능력을 획득하지 못하고 머지않아 기존의 능력이 시대에 뒤처지게 될 위험성이 있습니다. 한편 '워킹 백워드' 접근에는 고객의 니즈를 만족시키기 위해 새로운 능력의 획득이 필요해지는 장면이 많아지지만 그것 자체를 장점으로 받아들이는 것도 가능합니다.

베이조스는 이 편지에서 새로운 능력 획득으로 이어진 사례로 킨들을 들고 있습니다. 하지만 그 외에 '아마존 웹서비스'나 '아마존 고' 등도 들 수 있습니다. 이러한 신규 사업의 실현 과정에서 새로운 능력을 익힘으로써 아마존은 출발점인 온라인 서점에서부터 폭넓은 사업을 전개하는 거대 테크놀로지 기업

4장_베이조스가 들려주는 혁신 창출의 힌트

으로 발전하여 구글, 애플, 페이스북과 나란히 GAFA의 하나로서 동렬로 인식되기에 이르렀습니다.

혁신 창출에 임하는 독자 여러분에게 많은 참고가 되는 메시지입니다. 다음은 관련된 부분을 번역하고 원문을 인용한 것입니다.

「

"고객의 니즈를 특정할 수 있고 그 니즈가 의미 있고 영속적이라는 확신을 깊게 할 수 있다면 거기에 솔루션을 제공하기 위해 몇 년에 걸쳐 참을성 있게 노력하는 것을 허용하는 게 우리의 어프로치입니다. 고객의 니즈로부터 '워킹 백워드(역행)'를 하는 이 어프로치는, 기존의 스킬과 능력을 이용하여 사업 기회를 추진하는 '스킬 포워드' 어프로치와는 대조적입니다.

스킬 포워드 어프로치를 하는 사람들은 이렇게 말합니다. "우리는 X가 정말 특기입니다. X를 사용하는 것 외에 무엇을 할 수 있을까요?"

이는 유익하고 수지가 맞는 비즈니스 어프로치입니다. 다만 이 어프로치만 이용하는 기업은 새로운 스킬 개발에 내몰리는 일이 결코 없습니다. 최종적으로 기존의 스킬은 시대에 뒤처지게 됩니다. 고객의 니즈로부터 '워킹 백워드'하는 것은 종종 우리에게 새로운 능력을 획득하고 새로운 근육을 사용할 것을 요구합니다. 그러한 첫발(First Step)이 아무리 불편하고 어색한 것이어도 신경 쓰지 않아야 합니다.

'킨들'은 우리의 기본적인 어프로치의 좋은 예입니다. 4년도 더 전에 우리는 장기적인 비전을 갖고 착수했습니다. 그 비전이란 "온갖 언어로 과거에 인쇄된 모든 책을 60초 미만에 입수 가능하게 한다"는 것이었습니다.

우리가 상상한 고객 체험은 '킨들'의 디바이스와 '킨들'의 서비스 사이에 명확한 경계선을 긋는 걸 허락하지 않았습니다. 그 둘을 매끄럽게 섞을 필요가 있었습니다. 아마존은 하드웨어 디바이스를 설계한 일도, 제조한 일도 없었습니다. 그러나 우리는 기존 스킬에 맞춰 비전을 변경하는 게 아니라 수많은 재능 있는(그리고 미셔너리다!) 하드웨어 기술자를 채용하고 조직으로서 새로운 스킬을 배우기 시작했습니다. 그 스킬은 미래의 책 독자들에게 도움이 되기 위해 우리가 필요로 하는 스킬이었습니다.

※ 출처「2008 Letter to Shareholders」

아마존 플라이휠의 힘
– '비저너리 컴퍼니(Visionary Company)[1]'에서 배운다

2001년 가을, 경영학자 짐 콜린스가 《좋은 기업을 넘어 위대한 기업으로》(Good to Great)[2]를 집필한 직후 베이조스는 콜린스를 초대하여 아마존 간부와 함께 그의 이야기를 열심히 듣고 토론했다고 합니다.(※1)

콜린스가 1995년에 간행한 《성공하는 기업들의 8가지 습관》(Built to Last)[3]에는 지금도 많은 창업가가 지침으로 삼는 뛰어난 개념이 여럿 제시되어 있습니다. 개중에서도 베이조스라는 경영자에 대해 생각할 때 제일 먼저 떠오르는 개념이 있습니다. 바로 '타임텔러(Time Teller)'와 '클록빌더(Clock Builder)'입니다.

■ '타임텔러'에서 '클록빌더'로

'타임텔러'란 '시간을 알려주는 사람'입니다. 《성공하는 기업들의 8가지 습관》에서는 '훌륭한 아이디어를 가지고 있거나 멋진 비전을 가진 카리스마 있는 지도자'라는 것이 '시간을 알려주는' 것이며 타임텔러의 일이라고 합니다.

그에 비해 '클록빌더'란 '시계를 만드는 사람'입니다. 콜린스 등에 따르면 '한 지도자의 시대를 훨씬 뛰어넘어 여러 상품의 라이프사이클을 통해 계속 번영하는 회사를 만드는 것'이 '시계를 만드는 일'이고 클록빌더의 일입니다. 기업의 영속에는 타임텔러인 경영자가 있는 것만으로는 불충분하고 클록빌더가 필요하다고 합니다.

---

1 업계 정상의 지위를 수십 년간 수성한 미래지향적 초일류 기업.

2 《좋은 기업을 넘어 위대한 기업으로》, 짐 콜린스 지음, 이무열 옮김, 김영사, 2021

3 《성공하는 기업들의 8가지 습관》, 제리 포라스, 짐 콜린스 지음, 워튼포럼 옮김, 김영사, 2002

베이조스의 역할은 아마존 초창기부터 지금에 이르기까지 서서히 변해 왔습니다. 창업 당시에는 사업의 방향성이나 비전을 보이고 스스로 리더가 되어 모두를 이끌어가는 것이 베이조스의 일이었습니다. 콜린스의 말을 빌리자면 '타임텔러'였던 것입니다.

그러나 조직이 커짐에 따라 스스로 혁신을 창출하는 자리에 있을 뿐 아니라 혁신 창출을 재현하는 '시스템'을 만들고 정착시켜 더 큰 목표를 향해 조직을 견인해 가는 것으로 이동해 왔습니다.

'타임텔러'의 역할은 조직에 나아갈 방향이나 필요한 전략을 설정하여 시간을 알리며 그곳으로 향하게 하는 것입니다. 한편 '클록빌더'의 역할은 시간을 알리는 것이 아니라 시계 자체를 만들도록 영속적으로 기업을 발전, 성장시키기 위한 시스템을 구축하고 정착시키는 것입니다.

그리고 뛰어난 클록빌더는 만들어낸 시계를 유지하고 더욱 개선해갈 수 있는 후계자를 찾아 권한을 이양해감으로써 회사의 수명을 자기 자신의 생명보다 긴 것으로 만들어나갑니다.

아무리 대단한 경영자라고 해도 뛰어난 타임텔러에서 뛰어난 클록빌더로 탈바꿈할 수 있는 사람은 찾아 보기 힘듭니다. 하지만 베이조스는 이를 이루어 낸 몇 안 되는 인물일 것입니다. 물론 기업을 영속적으로 발전시키기 위한 시스템을 구축하고 그것을 위한 조직 문화를 정착시킨 업적은 베이조스 혼자만의 힘이 아니라 S팀을 중심으로 하는 다른 간부의 공헌도 컸을 것입니다.

물론 여기서 잊어서는 안 되는 것이, 베이조스가 장기적 사고로 시스템이나 문화를 만드는 일에 강한 흥미를 가지고 그 활동을 리드해 왔기에 이 '클록빌딩'이 실현되었다는 사실입니다.

이러한 특징을 상징하는 것 중 하나가 '만 년 시계(10,000 Year Clock)'입니다. 베이조스는 텍사스산 속에 1만 년 앞까지 시간을 표시하는 약 150미터 높이의 기계식 시계를 건설하는 중입니다. 자신이 죽은 후에도 계속 움직이는 시계를 세우는 것과,

자신이 없어진 후에도 계속 성장하는 기업(아마존)을 만들어 내고자 하는 근원적인 발상과 정열은 같을 것입니다.(※2)

■ 영속하는 기업의 '시계'에는 플라이휠이 숨겨져 있다

베이조스는 기업의 성장을 위해 중요한 것으로 다음 세 가지를 들고 있습니다. 머리 말에서도 소개한 바 있습니다.

- ● 고객 중심
- ● 발명
- ● 장기적 사고

항상 고객을 중심으로 생각하고 궁리하고 발명하고 혁신을 계속 창출한다. 이를 위해서는 단기적인 이익에 사로잡히지 않는 장기적인 사고가 필요하다는 내용은 이 책에서 몇 번이고 되풀이해서 설명해 온 것이고, 이 원칙을 지키기 위한 시스템이 베이조스가 만들어낸 '시계'입니다.

이 시계에는 근간이 되는 부품이 있습니다. 그 부품을 콜린스는 '플라이휠(flywheel)' 이라고 명명하고 저서 《좋은 기업을 넘어 위대한 기업으로》에서 상세히 설명했습니다. "위대한 기업으로의 도약은, 결과를 보면 아무리 극적인 것이어도 단숨에 달성되는 일이 없다. (중략) 반대로 거대하고 무거운 플라이휠을 한 방향으로 계속 돌리는 것과 유사하다. 오직 계속 돌리기만 하면 조금씩 힘이 붙어 머지않아 상상할 수 없을 만큼 회전이 빨라진다."

다시 말해 위대한 기업을 형성하는 근원이란 착실한 노력의 반복이라는 것입니다. 그것이 얼마나 정신이 아찔해질 만큼의 노력이고, 그 효과가 얼마나 큰 것인지에 대해 콜린스는 이렇게 묘사했습니다.

《플라이휠을 돌려라》의 플라이휠

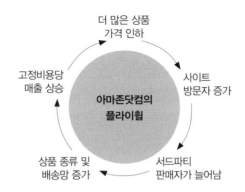

출처 : 《플라이휠을 돌려라》[1]

"거대하고 무거운 플라이휠을 떠올려 보자. 금속제의 거대한 바퀴가 수평으로 달려 있고 중심에는 축이 있다. 지름은 10미터, 두께는 60센티미터, 무게는 2톤 정도다. 이 플라이휠을 가능한 한 빠르게, 장기간에 걸쳐 계속 돌린다. 필사적으로 밀면 플라이휠이 몇 센티미터쯤 움직인다. 움직이는지 어떤지 모를 만큼 천천히 회전한다. 그래도 계속해서 밀면 두 시간이나 세 시간쯤 지나 드디어 플라이휠이 1바퀴 돌아간다.

계속 민다. 회전이 조금 빨라진다. 계속 힘을 낸다. 드디어 2바퀴가 끝난다. 같은 방향으로 계속 민다. 3바퀴, 4바퀴, 5바퀴, 6바퀴. 서서히 회전 속도가 빨라진다. …… 50바퀴, 100바퀴. 그러다 보면 어딘가에서 돌파 단계에 들어간다. 힘이 힘을 부르게 되어 회전이 점점 빨라진다. 플라이휠의 무게가 오히려 유리해진다. 1바퀴째보다 강

---

1 《플라이휠을 돌려라》(Turning the Flywheel), 짐 콜린스 지음, 이무열 옮김, 김영사, 2021

한 힘으로 미는 것이 아닌데도 속도가 점점 올라간다. 어느 회전도 그때까지의 노력에 의한 것이고, 노력의 축적에 의해 가속도가 붙어 회전이 빨라진다. 1천 바퀴, 1만 바퀴, 10만 바퀴가 되고, 중량이 있는 플라이휠이 나는 듯이 돌아 멈출 수 없을 만큼의 기세가 된다."

■ 베이조스가 종이 냅킨에 그린 '오리지널 플라이휠'

콜린스는 베이조스 등과의 논의를 거쳐 아마존이 최초로 만든 플라이휠이란 어떤 것인지 앞 페이지와 같은 그림을 그려 가며 그 개념을 설명했습니다.

그러나 사실 베이조스 자신이 창업할 때 이미 종이 냅킨에 아마존의 플라이휠을 그린 바 있습니다. 아마존의 신입사원 연수에서는 이 오리지널 플라이휠이 자사의 근간을 이루는 것으로 소개됩니다. 다만 콜린스가 저서에서 소개하는 것과는 약간 다릅니다. 또한 아마존에서는 이를 플라이휠이라고 부르지 않고 '선순환(Virtuous Cycle)'이라 부릅니다.

베이조스가 구상한 오리지널 플라이휠

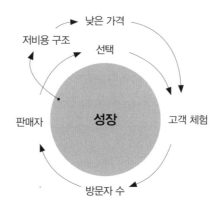

출처: 아마존 채용 사이트

■ 오리지널 플라이휠의 기점은 '고객 체험'

베이조스가 처음으로 그렸다는 오리지널 플라이휠에서 중요한 기점이 되는 것은 역시 '고객 체험'입니다.

아마존이 처음으로 시작한 비즈니스는 전자상거래 비즈니스입니다. 만약 전자상거래 사이트를 방문한 고객이 불쾌한 체험을 하면 두 번 다시 돌아오지 않습니다. 반대로 훌륭한 고객 체험을 제공하는 전자상거래 사이트가 있다면 고객은 다시 방문하겠지요.

베이조스가 그린 플라이휠의 '고객 체험'에서 나온 화살표 끝에 있는 것은 '방문자수(TRAFFIC)'입니다. 훌륭한 고객 체험을 제공하는 전자상거래 사이트가 있다면 방문하는 고객이 늘어난다는 것입니다.

이렇게 하여 전자상거래 사이트의 '방문자 수'가 증가하면 그 전자상거래 사이트에 상품을 올리고 싶다는 '판매자(SELLERS)'가 늘어나는 식으로 베이조스의 플라이휠은 이어집니다. 그리고 '판매자'가 늘어나면 올린 상품이 늘어나고 고객의 '선택(SELECTION)' 폭이 넓어집니다. 그것이 돌고 돌아 처음의 '고객 체험'으로 다시 이어지는 순환이 베이조스가 종이 냅킨에 그린 오리지널 플라이휠의 골자 가운데 하나입니다.

그러나 베이조스의 플라이휠에 그려진 '고객 체험'을 높이는 요소는, 상품 '선택'의 폭 외에도 한 가지 더 있습니다. 규모의 '성장(GROWTH)' 그 자체입니다. 규모의 성장은 '저비용 구조(LOWER COST STRUCTURE)'를 낳아 '낮은 가격(LOWER PRICES)'을 가능하게 하며 이것 역시 '고객 체험'의 향상으로 이어집니다.

'고객 체험'을 높이는 플라이휠을 고속으로 계속 회전시킬 수 있다면 거래액도, 수익도 점점 '성장'해갑니다. 그 결과 규모의 경제가 작동하여 배송 센터나 시스템을 운용하는 인프라 비용이 내려갑니다. 이것이 '저비용 구조'가 의미하는 바입니다. 그렇게 삭감된 비용을 자금원으로 일정한 이익을 확보하면서도 고객에 대한 판매 가격을 극한까지 내릴 수 있게 된다는 것이 '낮은 가격'이고, 이 역시 '고객 체험'을 향상시키는 아마존 플라이휠의 일부라는 것입니다.

■ 하루하루는 성실한 작업의 연속

콜린스가 표현한 것처럼 플라이휠 효과가 나타날 때까지는 긴 시간이 걸립니다. 내가 아마존에서 실제로 일한 경험에서도 '하루하루는 성실한 노력의 반복'이라는 것을 느낄 수 있었습니다.

큰 결과를 목표로 한다면 단기간에는 실현할 수 없습니다. 기업 활동에서 일반적으로 성장의 지표가 되는 것은 매출액이나 이익금이지만, 장기적 사고로 큰 결과를 지향할수록 이러한 지표는 단기적으로 큰 변화를 보여주지 않습니다. 그래서 아마존이 했던 것은 하루하루의 활동 속에서 고객 체험에 영향을 주는 요소를 찾아내고, 거기에 지표를 설정하는 일이었습니다. 예컨대 '상품의 풍부함', '가격', '배송 속도' 등입니다. 이것들에 목표로 하는 지표를 설정하고 성실하게 개선하는 작업을 매일 계속하는 것입니다. 이것이 장기적으로 매출이나 이익이라는 결과로 나타나는 것을 나는 체험해 왔습니다.

고객 체험을 향상시키기 위해 할 수 있는 것은 무수히 많습니다. 상품 라인업 확보나 합리적인 가격은 물론이고, 친절한 제품 설명, 홈페이지 표시 속도, 신속한 고객 응대 등입니다. 무엇을 하면 고객 체험을 향상시킬 수 있는지도 모든 사원이 스스로 고민해야 합니다. 전 세계 아마존 계열사 직원들은 온갖 상품 카테고리에서 고객 체험의 개선을 위한 노력을 창업 이래 매일 계속하고 있습니다.

그 하나하나가 내는 효과는 적어도, 그것이 축적됨으로써 어느 시점부터는 콜린스가 말하는 '돌파 단계'에 들어가고 플라이휠이 탄력을 받으면 그 기세는 간단히 꺾을 수가 없습니다. 제3자가 움직임을 인식하기 시작할 무렵에는 이미 거대한 비즈니스로 성장해 있고, 한층 더한 성장의 기세를 누구도 멈추지 못하는 것이 지금 아마존의 상황이 아닐까요.

■ 'PR/FAQ'에서 시작하는 또 하나의 플라이휠

내가 아마존에서 실제로 일하며 느꼈던 것은, 아마존에서는 혁신을 계속 창출하는 또 하나의 플라이휠이 돌고 있다는 점입니다. 그것은 베이조스가 종이 냅킨에 그린 오리지널 플라이휠과 마찬가지로 창업한 1994년부터 계속 돌며 아마존의 성장을 가져왔습니다. 그림으로 그려보겠습니다(다음 페이지).

아마존에서는 고객의 니즈를 해결하는 혁신 아이디어가 나오면 PR/FAQ의 형태로 제안되어 리뷰를 통해 그 아이디어가 다듬어져갑니다. 다듬어진 아이디어에 투자함으로써 아마존은 혁신적인 서비스나 제품을 만들어냅니다. 그 과정에서 아마존은 필요에 따라 새로운 인재를 외부에서 끌어들입니다. 경우에 따라서는 새로운 기술을 도입하기 위해 유망한 벤처 기업을 우수한 인재와 함께 매수하는 케이스도 있습니다. 내부의 인재도 혁신에 참여함으로써 새로운 기술이나 스킬을 습득해갑니다. 그렇게 해서 외부에서 끌어들인 인재나 신규 사업에 참여한 내부 인재로부터 다시 새로운 아이디어가 생겨나 PR/FAQ의 형태로 제안됩니다. 그것에 촉발되어 기존 사원도 새로운 아이디어를 내려는 동기가 부여되어 PR/FAQ로 향하는 역동적인 플라이휠이 아마존 내부에서 돌고 있는 것을 나는 직접 목격했습니다.

그리고 이 플라이휠이 결코 멈추지 않는 강력함을 가지는 것은 차축의 중심에 '고객 체험의 향상'이라는 누구도 부정할 수 없는 강고한 미션이 있기 때문이라고 느꼈습니다. 이 책에서 소개해 온 아마존 시스템도 이런 형태로 하나하나가 유기적으로 연결되어 혁신으로 향해진 플라이휠로서 순환하고 있습니다. 이러한 혁신의 플라이휠 효과를 가져오는 '시스템'이야말로 창업 27년(2020년도 시점)에 매출액 42조 4,600억 엔(약 414조 7,110억 원)이라는 초거대 벤처를 낳았던 시발점입니다.

혁신이 창출되기 어려운 일본 기업 입장에서는 '무엇에 주력할까'라는 '탐색'에 관심

아마존 혁신 메커니즘의 플라이휠

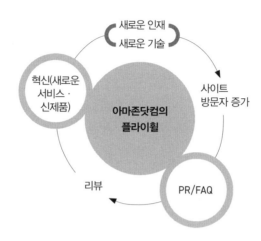

출처: 아마존 채용 사이트

이 가기 쉬울 것입니다. 그러나 그와 동시에 혁신을 창출하는 플라이휠, 즉 혁신 창출에 적합한 시스템과 프랙티스 구축의 중요성에도 주목해야 합니다. 혁신을 향한 작은 노력이 하나하나 쌓이면 이윽고 커다란 물결이 된다는 것을 머릿속에 넣어 두고 그런 활동을 의식적으로 추진하는 것이 중요합니다.

베이조스가 불세출의 창업가이고, 옆에서 힘을 실어주는 S팀이 아무리 우수해도 그들만으로는 이렇게나 많은 혁신을 창출할 수 없었을 것입니다. 혁신 창출이 회사 전체의 문화가 되고 이 문화에 전원이 참가하는 체제가 갖춰져 있었던 덕분입니다.

■ 차세대 성장 사업을 위한 플라이휠 구축

아마존의 경이적인 성장은 플라이휠을 구축하고 돌림으로써 실현했습니다. 하지만

이는 아마존에 한정된 이야기가 아닙니다.

일본에서도 예전의 소니나 마쓰시타전기산업(현 파나소닉)은 전자산업의 급속한 발전의 혜택을 입어 글로벌하게 성장했습니다. 성장하는 시장에서 독특한 제품을 생산하고 품질을 높임으로써 브랜드를 구축하고 전 세계 고객으로부터 지지를 얻었습니다. 발생한 이익은 다음 신제품 발명에 재투자하고, 이러한 모습에 매력을 느낀 의욕 있는 인재가 모여들었습니다. 예전의 전자사업에서는 이러한 플라이휠이 돌고 있었다고 생각합니다.

베이조스는 2021년 7월 CEO 자리에서 내려와 경영 일선에서 물러났습니다. 이제 아마존의 혁신이 멈추지 않을까 생각하는 사람도 있을지 모릅니다. 물론 그럴 가능성은 전혀 없는 건 아닐 것입니다. 하지만 아마존의 성장이 멈춘다면 그것은 베이조스라는 천재를 잃었기 때문이 아니라 베이조스가 '클록빌더'로서 만들어낸 플라이휠 어딘가에 장애가 생겨 회전이 둔해지거나 멈추는 데 기인하겠지요. 그것이 베이조스가 말하는 '데이 투(DAY2)'입니다.

5

왜 지금, 모든 이들에게
혁신 창출력이 필요한가?

모든 기업과 개인에게 있어 혁신을 창출하는 능력은
점점 중요해져 가고 있습니다. 업종이나 기업 규모에 상관없이
이러한 능력은 앞으로도 계속 요구될 것입니다.
혁신 플랫폼의 물결에 올라타는 방법을 아마존으로부터 배워야 합니다

지금까지 '아마존이 혁신을 창출하는 시스템', 즉 '아마존 혁신 메커니즘'에 대해 설명했습니다. 여기서는 이 책을 집필하게 된 동기에 대해 간략하게 짚고 넘어 가겠습니다.

우선 일반론에서 말하자면 일본의 대기업은 과거 30여 년간 파괴적 혁신 창출로 충분한 결과를 낼 수 없었습니다.

뒤에서 설명할 혁신의 큰 물결을 고려하면 앞으로는 어떤 기업에도, 그리고 거기서 일하는 어떤 개인에게도 혁신을 창출하는 능력이 점점 중요해져갈 것입니다. 업종이나 기업 규모에 상관없이 이러한 혁신 창출 능력이 요구되는 흐름이 그칠 일은 없을 것입니다.

일본의 기술에는 지금도 세계에 자랑할 만한 훌륭한 것이 많습니다. 업종에 따라서는 일본 기업이 세계를 리드하는 제품·서비스를 가진 분야도 심심찮게 찾아볼 수 있습니다.

혁신 창출 능력이 좋지 않았다면 실현할 수 없었던 것입니다. 그렇지만 일본 기업 대부분이 혁신 창출에 의욕을 가지면서도 과거 30년간 경제 성장을 가져오는 파괴적 혁신을 창출하는 데 실패했고 그 결과가 '잃어버린 30년'이었습니다.

리스크를 피하는 행동을 선택하는 본능

이렇게 된 데에는 두 가지 배경이 있습니다. 첫 번째는 의사 결정의 판단 기준 문제입니다. 복수의 선택지가 있을 때 사람은 상정되는 리스크와 기대되는 이익을 비교해서 의사 결정을 합니다.

인간에게는 그 의사 결정의 판단에서 본능적으로 리스크를 회피(risk-averse)하는 경향이 있다는 사실은 3장에서 설명한 바 있습니다. 일본에는 특히 그런 경향이 강하다고들 합니다.

이해를 돕기 위해 리스크 회피에 대해 간단히 설명하겠습니다. 아래 두 가지 선택 중 하나를 골라야 한다면 여러분은 어떤 것을 택하겠습니까?

① 100퍼센트의 확률로 100만 원을 획득할 수 있다.
② 85퍼센트의 확률로 130만 원을 획득할 수 있다.

아무래도 ①을 선택하는 사람이 많지 않을까요. ②를 선택했을 때 15퍼센트의 확률로 아무것도 획득할 수 없게 될 리스크를 꺼려하여 확실하게 100만 원을 획득할 수 있는 선택지를 고르는 사람이 많다는 것이 리스크의 개념입니다. 물론 사람마다 판단이 다르기 때문에 그중에는 ②를 선택하는 사람도 있을 것입니다만 소수파일 것입니다.

여기서 두 가지 선택지의 기대치를 비교해보도록 하겠습니다.

①의 기대치 : 100만 원
②의 기대치 : 130만 원×85퍼센트 = 110만 원

다시 말해 '①의 기대치 < ②의 기대치'입니다. ①을 선택하는 사람들은 불확실한 리스크를 피하기 위해 '확실히 손에 들어오는 100만 원'을 택하는 대신, '10만 원을 더 벌 수 있는 기회'를 놓치는 것입니다.

이 책에서 소개해 온 아마존의 메커니즘에는 이렇게 리스크를 회피하는 본능을 억제하고 더 좋은 기회를 얻을 수 있도록 도와주는 시스템이나 프랙티스가 많이 들어 있습니다.

리스크 회피에 맞서는 아마존의 프랙티스

3장에서 소개한 '수치'와 '판단'의 양립'이라는 프랙티스는 단기적인 계산으로는 이익이 나오지 않을 것으로 예상되는 프로젝트라도, 장기적인 규모의 확대나 오퍼레이션의 효율화 등을 통해 비즈니스 성립 가능성이 있다고 판단한 경우에는 추진해 간다는 것이었습니다. 이는 리스크 회피 본능과 정면으로 충돌합니다. 단기적으로 이익이 나오지 않는 것은 장기적으로도 비즈니스로서 성립하지 않을 수 있기 때문입니다. 그러므로 리스크를 회피하는 경향이 강한 조직이나 개인에게는 착수하는 것이 간단하지 않습니다.

또한 4장에서 소개한 '회사의 규모에 따라 실패 규모도 커져야 한다'는 베이조스의 메시지도 리스크 회피 본능을 부정하고 있습니다. 물론 이 메시지에는 '많은 신규 사업이 실패해도 하나의 대성공으로 많은 실패의 손실을 만회하고도 남을 만한 이익이 나온다'는 전제 조건이 달려 있습니다. 그러나 리스크 회피 본능은 그러한 전제 조건이 생길 여지마저 박탈해 버립니다. 베이조스의 주장을 머리로는 이해할 수 있다고 해도 행동으로 옮기지 못하는 조직이나 개인은 리스크 회피 본능에서 오는 영향 때문입니다.

예전 일본에는 종신고용, 연공서열이 보장되어 있는 시대가 있었습니다. 일반론으로 말하자면, 개인에게는 신규 사업에 도전하는 리스크를 감수하기보다 기존 사업에서 일하는 것이 리스크가 더 적을 뿐 아니라 평생에 걸쳐 충분한 이익을 기대할 수 있는 선택지였습니다.

대기업의 경영진에게도 자신들의 재임 기간 중이라는 제한된 시간에서 기존의 핵심 사업을 지키는 것이 리스크가 더 적고 안정된 이익을 기대할 수 있었습니다. 그러므로 최고의 인재나 자금을 핵심 사업에 우선적으로 투입하고 리스크가 따르는 도전에는 그다지 진지한 자세로 임하지 않는 상태가 이어진 것

입니다. 이것이 일본 기업에서 지난 30년 동안 파괴적 혁신이 창출되지 못했
던 원인의 하나입니다.

도전하지 않는 선택으로 평생을 마칠 수 있는 시대가 있었다 ————

사실 미국도 40~50년 전까지는 같은 상황이었습니다. 새로운 것에 도전하
지 않는 것이 리스크는 줄이면서 충분한 보수를 얻을 수 있는 선택지였습니
다. 그렇기에 많은 사원이나 경영진은 도전하지 않는 길을 택했습니다.

왜냐하면 예전 미국 대기업의 수명은 지금보다 훨씬 길었기 때문입니다. 2017
년 투자은행 크레딧스위스(Credit Suisse)가 발표한 데이터에 따르면 미국의 주요
상장 기업인 S&P500(스탠더드 앤드 푸어스가 선정하는 미국 500대 대기업 주가 지수)을 구
성하는 기업의 평균 수명은 1950년대에는 60년을 넘었습니다.

당시 S&P500에 들어가는 대기업에 취직한다면 무사히 은퇴를 맞이하여 기업
연금을 받음으로써 평생 돈 걱정을 하지 않아도 될 가능성이 굉장히 높았기
때문입니다. 리스크가 낮은 기존 사업으로 오랫동안 계속 일하는 것이 합리
적이라 여겨지는 당시 상황 속에서 성공할지 어떨지 모르는 신규 사업에 굳이
스스로 뛰어드는 것은 평생 수입이라는 관점에서 볼 때 필요 없는 리스크 감
수였다고 할 수 있습니다.

미국 대기업 수명은 3분의 1로 줄었다 ————

그러나 행복한 시대는 길게 지속되지 않았습니다. 그 후 S&P500을 구성하

미국 S&P500 기업들의 평균 수명

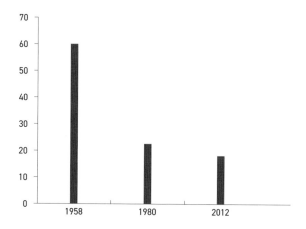

출처: Credit Suisse Equity Research

는 기업의 수명은 급격하게 짧아져 1980년에는 30년을 밑돌았고 2012년에는 20년 밑으로 떨어졌습니다. 단 40~50여 년 사이에 대기업의 평균 수명은 3분의 1 이하가 된 것입니다.

대기업이 이렇게까지 단명하게 된 것은 기술 혁신 속도가 빨라짐에 따라 파괴적 혁신의 발생 빈도가 높아져 기존 사업을 점점 쇠퇴시켰기 때문입니다. 대기업은 점점 몰락하고 GAFAM(구글, 애플, 페이스북—현 메타, 아마존, 마이크로소프트)이나 테슬라 등이 기술 혁신을 통해 혁신을 창출하고 급성장하고 있는 것이 그 증거입니다.

대기업의 수명이 줄어드는 가운데 살아남은 대기업은 스스로 혁신을 창출하는 길을 모색하게 되었습니다. 그 결과 최고의 인재를 핵심 사업에 배치하는 관례도 변해가고 있고, 최고의 인재에게 요구하는 자질도 변하고 있습니다. 개인 차원에서 봐도 회사에서 살아남는 것을 목적으로 하는 것이 아니라 자신의 능력을 향상시켜 새로운 시대가 요구하는 인재가 되는 것을 지향하는 사람이 늘어났습니다. 필요하다면 이직을 하거나 새로운 일에 도전하는 것에도 적극적이게 되었습니다.

일본 기업 평균 수명은 7년에 두 배로

반대로 일본은 어떨까요? 놀랍게도 2010~2017년 사이에 일본 상장기업의 평균 수명은 두 배 이상 늘어나 2017년에는 '89세'가 되었습니다. 앞에서 본 미국 기업의 데이터와는 시기가 다르지만 정반대의 움직임입니다.

같은 시기의 미국, 영국, 독일과 비교해도 일본 기업의 수명만 길어지고 있습니다. 그 이유로 몇 가지 가설을 생각할 수 있습니다. 일본에는 M&A가 적다, 창업 비율이 낮다, 새로운 창업의 대두에 의한 신진대사가 일어나지 않는다, 기존 기업의 생존 능력이 높다 등입니다. 가장 큰 요인 중 하나는 미국에서 일어난 '파괴적 혁신의 발생 빈도가 높아져 대기업의 기존 사업을 잇따라 쇠퇴하게 한' 현상이 일본에서는 일어나지 않았기 때문이라 여겨집니다. 세계의 시가총액 랭킹에서 일본 대기업의 후퇴 양상이 그 증거입니다.

이렇게 기업의 평균 수명이 짧아지는 현상은 미국에서 '앞서' 일어난 것이어서 그 흐름은 일본에도 파급될 것입니다. 앞으로 기업의 평균 수명 단축이 일본에서 일어나지 않는다면 '잃어버린 30년'은 끝나지 않고 40년, 50년으로 이어질 것입니다.

물론 평균 수명의 단축을 '목표'로 하라는 것이 아닙니다. 어디까지나 파괴적 혁신이 창출되는가 아닌가의 '지표'로서 기업의 평균 수명을 보고 있을 뿐입니다. 이상을 말하자면 일본 기업이 평균 수명을 계속 늘려가는 것과 동시에 기존

미국, 일본, 영국, 독일 기업의 평균 수명

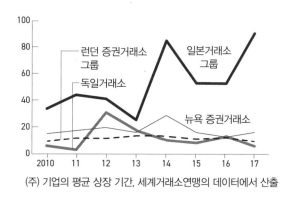

(주) 기업의 평균 상장 기간, 세계거래소연맹의 데이터에서 산출

출처 : 〈일본산케이신문〉 2018년 11월 18일 '작아진 일본 기업, 장수해도 신진대사는 느려지다'

기업 안에서 혁신이 창출되어 더욱 강한 기업으로 변혁해가는 것이 최선일 것입니다. 미국 월마트 등이 그 좋은 예로, 기존의 소매 사업에 온라인 비즈니스를 도입하여 사업의 성장 추세를 회복했습니다. 이러한 성공 사례를 낳기 위해서는 일본 기업도, 거기서 일하는 개인도 혁신 창출 능력과 스킬을 익히는 것이 급선무입니다.

혁신 플랫폼의 물결

여기서부터는 일본 기업이 과거 30년간 혁신 창출에서 충분한 결과를 낼 수 없었던 두 가지 배경 이야기를 하려고 합니다.

미국에 ARK 인베스트먼트 매니지먼트라는 투자펀드가 있습니다. 파괴적 혁신을 하는 기업에 대한 집중 투자로 큰 이익을 얻는 등 그 조사 능력은 정평이 나 있습니다.

ARK는 1780년대 이후에 생겨난 '혁신의 플랫폼이 되는 기술 혁신'과 그 임팩트의 크기를 시각적으로 보여준 그래프를 공개했습니다(다음 페이지에 그래프를 실었으니 참고하시기 바랍니다.).

ARK에 따르면 '혁신 플랫폼'이 되는 기술 혁신이란 다음 조건을 충족하는 것입니다.(※1)

- 비용의 극적인 저하를 구현하여 수요를 급격하게 확대한다
- 많은 업종이나 지역에 영향을 준다
- 추가로 발생하는 기술 혁신이나 혁신 플랫폼이 된다

이 그래프에 따르면 18세기 말에는 '증기 기관'의 발명이 있었고, 19세기에 들어서자 '철도', '내연 엔진'이라는 혁신 플랫폼이 되는 기술 혁신이 있었습니다. 20세기 초두에는 '전화', '자동차', '전기'라는 세 가지 큰 기술 혁신의 물결이 일었습니다. 각각 '커뮤니케이션 수단'과 '이동·운송 수단', 그리고 '에너지원'을 근본적으로 바꾼 이러한 기술 혁신은 서로 영향을 미쳐 우리의 생활이나 경제에 큰 임팩트를 주었습니다.

일본의 산업은 지난 20세기 초두의 혁신 플랫폼에서 파생한 사업에서 큰 성공을 거두었습니다. 구체적으로는 자동차 산업, 중전기기(重電機器) 산업, 전자 산업 등 바로 일본의 강점이 되는 산업입니다. 일본 경제는 1990년경까지 이런 산업을 중심으로 규모를 확대해왔습니다.

그러나 1980년경부터 다음의 혁신 플랫폼으로서 '컴퓨터'와 '인터넷'이 시작되

ARK 인베스트먼트가
바라 보는 혁신의 역사

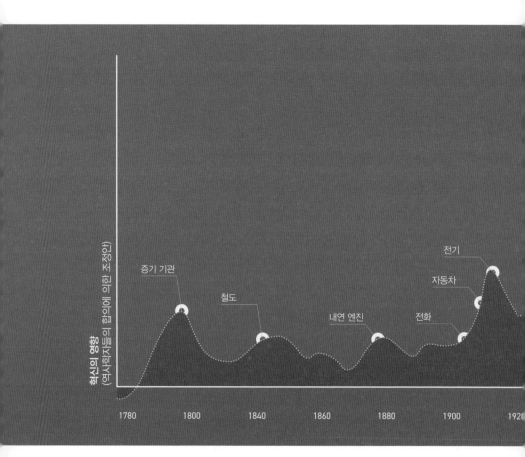

출처 : ARK Investment Management(ark-invest.com/invest-in-innovation)

19세기 후반에 전화, 자동차, 전기라는 세 가지 혁신 플랫폼 덕분에 세상이 일하는 방식이 바뀌었습니다. 비용이 감소하며 생산성이 폭발적으로 증가했고 여러 부문에 걸쳐 수요가 촉발되었습니다. **5**개의 혁신 플랫폼이 동시에 진화하는 지금은 세계 경제에 역사상 가장 큰 변화를 가져올 시대가 될 것입니다.

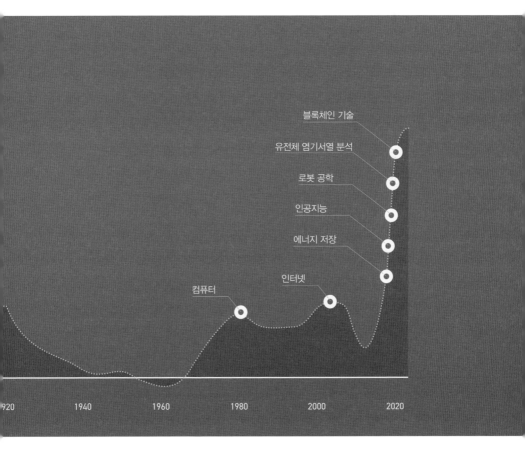

었습니다. 이 두 가지 플랫폼의 영향은 폭넓은 업종에 미쳤습니다만, 유감스럽게도 일본 기업은 거기서 리더십을 발휘하지 못했습니다. 그 때문에 이 혁신 플랫폼에서 파생되는 많은 기술 혁신이나 그것을 활용한 사업 창조에서 우위에 서지 못한 채 현재에 이르렀습니다.

이것이 과거 30년간 혁신 창출에서 일본 기업이 충분한 결과를 낼 수 없었던 두 번째 배경입니다. 이때의 물결에 올라타지 못함으로써 일본에서는 파괴적 혁신이 좀처럼 창출되지 못하고, 그 결과로서 생겨난 것이 일본 상장기업의 장수화와 세계 시가총액 랭킹의 후퇴일 것입니다.

기회를 가져오는 다섯 가지 물결

여기서 눈여겨 봐야 할 것은 2010년경부터 다섯 가지 혁신 플랫폼의 물결이 동시에 왔다는 점입니다. 이러한 혁신 플랫폼이 경제나 사람들의 생활에 초래하는 복합적인 임팩트는 컴퓨터나 인터넷이 가져온 것보다 커질 거라고 예측됩니다.

다시 말해 바로 지금 새로운 큰 물결에 올라탈 절호의 기회가 눈앞에 왔다는 것입니다. 다음이 그 다섯 가지 혁신 플랫폼입니다.

● 에너지 저장(Energy Storage) → **자율주행, 축전지 시스템**
● 인공지능(Artificial Intelligence) → **뉴럴 네트워크(신경망), 클라우드, IoT, 휴대용 커넥티드 기기**
● 로봇 공학(Robotics) → **적응형 로봇, 3D 프린팅, 재사용 가능한 로켓**
● 유전체 염기서열 분석(Genome Sequencing) → **시퀀싱 기술, 게놈 편집,**

면역요법

● 블록체인 기술(Blockchain Technology) → 블록체인, 원활한 송금

다섯 가지 플랫폼 오른쪽에 그것들에 포함된 14가지 혁신 기술을 적었습니다. 이미 이러한 혁신 기술을 사용한 새로운 사업이 속속 탄생하고 있기 때문에 많이 들어본 키워드라고 여기는 사람도 많을 것입니다.

'파괴적 혁신' 없이는 발전도 없다

지금 바로 도래하고 있는 위의 다섯 가지 혁신 플랫폼과 거기서 파생되는 기술 혁신의 물결은 광범위한 업계에 영향을 미치는 것뿐입니다. 이 다섯 가지 물결과 전혀 무관한 성역 같은 업계는 이제 존재하지 않을 것입니다.

지금은 기업이든 개인이든 현재 진행 중인 이들 기술 혁신이 자신들과 관계없다고 안심할 수 없습니다. 규제로 보호된 업종이나 진입 장벽이 높은 업종, 자격, 면허가 필요한 분야 등이라면 혁신의 거친 물결이 밀려드는 것이 조금은 늦춰질지도 모릅니다. 하지만 시간문제일 수밖에 없습니다. 밀려들었을 때 아무 대비가 되어 있지 않다면 돌이킬 수 없습니다.

만약 지금 종사하고 있는 업계가 새로운 혁신 플랫폼과 전혀 무관한 업계라면 운이 좋은 것입니다. 현재의 사업을 지금까지의 연장선상에서 개선·발전시킬 수 있다면 후발 경쟁사에 질 가능성은 무척 낮습니다. 다만 그런 혁신 플랫폼의 물결과 완전히 무관한 업종이 지금으로서는 떠오르지 않습니다.

지금 상황을 긍정적으로 받아들여 기술 혁신을 능동적으로 활용하고 고객에게 새로운 가치를 제공할 방안을 생각할 수 있다면 '잃어버린 30년'을 만회할

기회가 됩니다. 그렇기에 어떤 업계에서 일을 하는 사람이든 이러한 기술 혁신을 배워 혁신 창출에 살리는 것이 중요합니다.

음성이나 영상 신호의 디지털화에서 앞서갔던 일본 ─────────

ARK의 자료에서 본 것처럼, '인터넷' 급의 커다란 기술 혁신 플랫폼이 다섯 개나 동시에 병행하여 발전하고, 잇따라 기술 혁신을 창출하는 시대입니다. 앞으로 사회에 어떤 변화가 일어날지를 상상하면 현기증이 느껴지기까지 합니다.

돌이켜보면 '잃어버린 30년'의 기점이 된 1990년 전후는 당시 내가 기술자로서 일했던 소니에서 주력 사업이던 오디오나 영상 관련 제품이 아날로그에서 점점 디지털로 전환되어 가는 시기였습니다.

아날로그 신호로 기록·재생되었던 레코드나 마그네틱 테이프가 디지털 신호로 기록·재생되는 콤팩트디스크나 미니디스크로 바뀌어 갔습니다. 지금은 정지 화면이든 동영상이든 음성이든 디지털 이외로 기록된 것을 찾는 것이 더 어려워졌습니다. 그런데 이런 '아날로그에서 디지털로의 이행'은 1980년대부터 시작되었고, 당시 세계에서 그 흐름을 리드했던 것은 소니를 비롯한 일본 기업이었습니다.

그러나 일본 기업은 디지털 기술에 관한 강점을 살리지 못하고 인터넷과 컴퓨터의 혁신 플랫폼 물결 타기에 있어 미국의 스타트업 등에 완전히 뒤처지고 말았습니다. 음악의 스트리밍 서비스나 유튜브, 넷플릭스, 아마존의 전자책 등의 융성을 보면 어느 누구도 부정하기 힘든 사실입니다.

나도 기록 신호의 디지털화에서 일본이 세계를 리드했던 시대의 기술자 중 한 사람이었습니다. 당시는 혁신 플랫폼의 물결 같은 건 알 길이 없었지만, 디지털화가 일단락되었을 때 다음으로 무엇을 개발 테마로 삼아야 할지 정하지 못하고 초조해졌던 기억이 있습니다. 결국 오랜 고민 끝에 향후 10년간 자신의 힘을 쏟고 싶은 테마를 찾지 못해 기술자로서의 경력을 끝내기로 결심하게 되었습니다. 지금 돌이켜보면 당시 이미 컴퓨터, 인터넷의 물결이 와 있었음에도 불구하고 하드웨어 기술에 집착하는 좁은 시야로만 생각했기 때문에 막히고 말았던 것이라고 스스로 납득이 갑니다.

그런 변혁의 시기에 소니의 경영진은 무슨 생각을 했을까요. 1992년 1월에 패러다임이라는 테마로 열린 사내의 매니지먼트 회동에서 소니의 공동 창업주 이부카 마사루(井深大)가 2,400명의 간부 앞에서 이야기를 했던 일이 떠올랐습니다. 일간공업신문사가 운영하는 사이트 〈뉴스위치(NEWSWITCH)〉에 당시 83세인 이부카가 했던 말이 남아 있습니다.(※2) 그 자리에서 이부카는 "디지털화는 패러다임 전환이 아니다."라는 메시지를 내놓았습니다.

소니 창업자가 예언한 '하드웨어에서 소프트웨어로의 전환' ─────

패러다임이란 '어떤 시대나 분야에서 지배적 규범이 되는 관점이나 인식 방법'을 가리킵니다.(※3) 획기적 시대를 맞이해 이 패러다임이 뒤집어지는 것이 '패러다임 전환'으로, 당시 화제를 모으던 말이었습니다. 이부카의 발언을 빌어 이에 대한 설명을 해 보겠습니다.

> "대중이 모두 철저히 믿고 의심하지 않는 것, 이것이 패러다임이지요. 그러나 패러다임이라는 건 결코 진리가 아닐 뿐 아니라 영구히 계속되는 것도 아닙니다."

"디지털이다, 아날로그다"라는 것은 사실 준비에 지나지 않습니다. 이는 기술 혁신에 들어갈까 말까 그런 정도입니다. (중략) 이것으로 새로운 패러다임이라고 하는 것은 굉장히 주제넘은 짓일 것입니다."

"내가 생각하는 패러다임이라는 건 대체 뭘까? 현재 물질을 중심으로 한 과학이 만능이 되어 있습니다. 이는 데카르트와 뉴턴이 구축한 '과학적'이라는 말에 전 세계 사람들이 감쪽같이 속아서 그렇게 진행되어온 것입니다. 물론 오늘날의 경제도, 소니의 번영도 그렇게 속은 패러다임 위에서 만들어진 것입니다. 우리는 현대 과학이라는 것의 패러다임을 때려 부수지 않으면 안 됩니다. 물질만의 과학이라는 것이 다음 세계에는 성립하지 않는다는 데까지 와 있습니다. 이를 설명하기 위해 '물질과 마음이라는 것은 이원적이고 서로 독립해 있다'는 데카르트의 표현을 빌리겠습니다."

"물질과 마음 또는 인간과 마음이라는 것은 표리일체라는 것이 자연의 모습일 것입니다. 이를 고려에 넣는 것이 근대 과학의 패러다임을 타파하는 가장 큰 열쇠입니다. 그것이 비교적 가까운 데서 우리가 어떤 상품을 만들까, 조금 전에 이야기했던 고객을 만족시키기 위한 물건을 만들까 하는 것은 인간 마음의 문제라고 생각합니다.

하드웨어에 점점 소프트웨어가 들어와 상당히 인간의 '마음'과 비슷한 것이 나왔지만, 아직 소프트웨어라는 단어만 들으면 뭔지 잘 알 수가 없습니다. 소프트웨어의 의미도 여러 가지가 있습니다만, 좀 더 단도직입적으로 인간의 마음을 만족시키는 행위에 비로소 과학이 과학인 이유가 있다는 사실을 생각하지 않으면 21세기에는 통용되지 않게 된다는 것을 우선 기억해주었으면 합니다."

이부카의 말을 개인적으로 해석해 정리하면 "'아날로그에서 디지털로의 전환'
은 '패러다임 전환'이라고 할 수 없다. 그저 도구의 변경일 뿐이다. 물질만을
만들어내는 것에서 마음을 만족시키는 것을 만들어내는 것으로 패러다임을
전환해 가지 않으면 미래는 없다. 그리고 그 열쇠가 되는 것은 소프트웨어일
것이다."라고 말하는 것이겠지요.

다른 표현으로 하면 '물질과 마음이 다른 차원에 존재한다는 패러다임(상식)'이
뒤집어져 '물질과 마음은 표리일체로 존재한다는 패러다임(상식)으로 이행하는
시점이 되었다는 것입니다.

이부카의 이런 생각을 혁신 플랫폼의 물결과 함께 내 해석으로 표현하면 다음
과 같습니다.

> "증기기관이나 철도의 발명으로 시작하여 과학기술이 발전하는 과정에서 예전
> 에 인간이 품고 있던 대다수의 물리적인 불만은 하나하나 해결되어 갔다. 자동
> 차나 비행기가 있으면 지금까지 좀처럼 만날 수 없었던 멀리 있는 사람을 부담
> 없이 만날 수 있고, 전화가 있으면 직접 만날 수 없어도 대화할 수 있다. 인터
> 넷과 컴퓨터의 혁신 플랫폼 이전에 이러한 물리적 불만은 대부분 해소되었다.
> 그리고 물리적 불만이 해소되기까지는 물질과 마음은 따로따로 독립된 것으로
> 생각되었다.
>
> 물리적인 니즈가 충족된 후 다음 방향을 확정하기 위해서는 물질과 마음이 하
> 나라는 인식에 서야 한다. 그리고 과학은 충족되지 않은 마음의 욕구를 앞질러
> 헤아리고, 그것을 실현하는 해결책을 제공하기 위해 사용되어야 하며 이를 가
> 능하게 하는 요소가 소프트웨어일 것이다."

그의 생각에 있어 소프트웨어는 인터넷과 컴퓨터의 혁신 플랫폼에서 파생된

기술 혁신에 굉장히 중요한 역할을 하고 있습니다.

이 기사를 읽고 알았던 사실은, 이부카가 디지털화 다음으로 주력해야 하는 것은 마음의 욕구를 만족시키는 것이고 그것을 위해서는 하드웨어만이 아니라 다음 기술 혁신의 물결로서 소프트웨어가 중요해진다는 걸 이미 깨닫고 있었다는 점입니다. 새삼 그 선견지명에 진심으로 놀라지 않을 수 없었습니다.

실제로 구글, 애플, 페이스북, 아마존이라는 'GAFA'는 바로 지금 고객에게 '할 수 있다고는 생각하지 않았지만 할 수 있다면 행복'이라는 새로운 체험을 제공함으로써 성공하고 있습니다. SNS에서 자신이 감동한 풍경이나 사건을 다른 사람과 공유하는 기쁨이나 클라우드에 있는 다양한 컨텐츠를 언제 어디서나 원하는 시간에 즐길 수 있는 편리함 등은 마음의 욕구에서 발상된 고객을 기점에 둔 서비스라고 할 수 있겠지요. 그리고 그런 서비스는 인터넷과 컴퓨터에 있는 소프트웨어라는 형태로 실현되고 있습니다.

실리콘밸리에서 직접 본 '알아도 올라탈 수 없는 물결'

이부카의 발언이 있고 몇 년 지나 1990년대 후반이 되자 '인터넷, 컴퓨터, 소프트웨어'라는 기술 혁신에 의한 새로운 가치의 제공이 많은 사람들에게 위협 또는 기회로서 확실히 인식되기 시작했습니다. 그 당시 나는 미국의 실리콘밸리에서 컨설턴트로서 일하고 있었습니다. 복수의 일본 대기업에서 의뢰를 받고 미국에서 일어나고 있는 인터넷이나 소프트웨어 관련 혁신을 도입하기 위한 컨설팅을 했습니다. 각 회사의 전략과 관련된 유력한 벤처 기업을 찾고, 함께 방문하여 투자나 제휴 지원 같은 것도 했습니다.

다시 말해 그 당시 많은 일본 대기업은 이미 변화를 깨닫고 움직이고 있었습니다. 그러나 결과적으로 인터넷과 컴퓨터의 혁신 플랫폼 물결의 선두에 올라 탄 일본 대기업은 내가 아는 한 없었습니다.

바로 지금 일어나고 있는 다섯 가지 혁신 플랫폼의 상황은 정확히 당시의 타이밍에 가깝다고 생각합니다. 다시 말해 많은 대기업의 간부, 또는 벤처 경영자나 기술자들은 이제 물결이 왔다는 걸 알고 있는 단계입니다. 그리고 지금 이대로라면 이번에도 일본 기업은 물결의 선두에 올라탈 수 없을 가능성이 큽니다.

혁신 플랫폼의 물결에 올라타는 방법을 아마존에서 배운다 ─────

어떻게 하면 물결의 선두에, 또는 조금 늦더라도 같은 물결에 올라탈 수 있을지를 생각할 때 그 하나의 해법이 아마존에 있습니다.

왜냐하면 아마존은 인터넷, 컴퓨터의 혁신 플랫폼을 붙잡고 능숙하게 올라타서 사업 성장에 성공했기 때문입니다. 게다가 거기서 그치지 않고 AI나 클라우드, 로봇 공학을 활용하여 다섯 가지 혁신 플랫폼의 물결에서도 이미 선두에 올라타고 있습니다. 클라우드 사업인 '아마존 웹서비스', 음성 인식의 인공지능 '알렉사', 계산대 없는 매장인 '아마존 고', 물류 창고의 자동화 로봇의 자사 개발 등으로 앞서가는 것이 그 증거입니다.

이는 우연이 아니라 그것을 가능하게 한 메커니즘이 있기 때문입니다. 그리고 이를 배우면 많은 일본 기업, 창업가들이 알고는 있으나 붙잡을 수 없는 물결에 올라탈 수 있는 확률을 높일 수 있습니다.

이 책이 소개해 온 아마존이 혁신을 계속 창출하는 메커니즘은, 아마존이 혁신 플랫폼의 물결에 계속 올라타는 것을 가능하게 한 노하우의 집결체이기도 합니다. 그 일부를 다시 여기에 소개해 보겠습니다.

- PR/FAQ를 사용하여 고객 기점의 '워킹 백워드'의 관점에서 새로운 해결책을 생각한다. 그 과정에 많은 사원이 참가함으로써 많은 아이디어가 발굴된다.
- 발굴된 아이디어는 '인스티튜셔널 예스'로 긍정하고 최대한 추진한다.
- 그 시점에서 이미 보유하는 능력만이 아니라 새로운 기술 혁신을 도입하는 것도 포함하여 해결책을 검토한다.
- 새로운 활동은 대부분 실패할 거라는 걸 아는 상태에서 많은 실험을 한다.
- 야구의 홈런은 많아야 4점이지만 비즈니스의 홈런은 1천 점도 획득할 수 있다고 인식하며 실험을 계속한다.

이것을 조합하면 새로운 혁신 플랫폼의 물결에 올라타 많은 실패를 거치면서도 큰 혁신을 창출할 수 있게 됩니다. 고객의 잠재적인 니즈를 출발점으로 하면 이미 보유한 기술만으로는 능력이 부족하게 됩니다. 그 때문에 새로운 혁신 플랫폼에서 파생되는 기술 혁신을 도입할 필요가 있습니다. 그리고 결과적으로 새로운 혁신 플랫폼의 물결에 올라타는 데 성공하는 것입니다.

이러한 이치를 이미 알고 있더라도 리스크를 회피하는 경향이 강하면 실행하기 어렵다는 사실 또한 머릿속에 담아 둘 필요가 있습니다. 아마존 시스템 안에는 그것을 사용하는 사람들에게 의사 결정의 판단 기준을 바꿀 것을 요구하는 사람도 있고, 이러한 노력이 수반되지 않으면 효과를 내기도 힘들어집니다.

다행히도 많은 일본 기업, 특히 대기업은 1994년에 아마존이 창업했을 때보다

유리한 조건을 갖추고 있습니다. 자금력에서 베이조스가 막 창업했을 때의 아마존 규모라면 일본에는 복수의 신규 사업을 동시에 시작할 힘을 가진 기업도 많이 있습니다. 베이조스의 메시지에 있는 '자사의 규모에 따른 실패'를 실천할 수 있다면, 그중에서 혁신 플랫폼의 물결에 올라타는 사업도 만들어낼 수 있는 기업이 많다는 뜻입니다. 한편 '반드시 성공한다'고 생각되는 것만 시작하려고 하면 누군가가 성공하는 것을 기다리는 결과가 되어 물결을 올라타지 못하고 놓칠 확률이 높겠지요. 예전의 소니가 그랬던 것처럼, 자신들이 실험용 쥐라고 불린다고 해도 회사에 새로운 가치를 제공하기 위해 실험과 도전을 계속하는 기업과 인재가 더욱더 필요한 시대입니다.

의사결정의 판단 기준도 변혁시키는 메커니즘

나는 소니 기술자에서 컨설턴트를 거쳐 시스코시스템즈, GE, 아마존이라는 미국의 세 리딩 기업에서 일했습니다. 그동안 지도층 인재의 질에서 일본이 미국에 비해 열등하다고 느낀 적은 없습니다.

물론 아마존의 제프 베이조스나 GE의 잭 웰치, 시스코시스템즈의 존 체임버스급의 경영자가 일본에 많이 있다고는 할 수 없습니다. 하지만 그것은 소니 창업자인 이부카 마사루, 모리타 아키오(盛田昭夫)나 파나소닉 창업자인 마쓰시타 고노스케(松下幸之助), 혼다기연(本田技研)공업주식회사의 창업자 혼다 소이치로(本田宗一郎)급의 경영자가 많지 않다는 것과 같은 이야기입니다.

지금 일본의 경영진이 미국의 경영진에 비해 성과를 올릴 수 없다고 한다면, 그것은 능력의 문제가 아니라 1980년대까지의 지나치게 큰 성공이 그 후의 변혁을 늦추게 하고 있기 때문이 아닐까요.

5장_ 왜 지금. 모든 이들에게 혁신 창출력이 필요한가?

그것을 타파하기 위해서는 '시스템'이나 '프랙티스'로 대처하는 것이 효과적입니다. 회사의 시스템이나 프랙티스를 바꿈으로써 환경도 변하고, 사원이 가지고 있는 잠재력도 더 발휘하기 쉬워질 것입니다.

이 책에서 소개한 시스템은 단지 절차로서 도입한다고 끝나는 것이 아닙니다. 실천해가는 과정에서 의사 결정 방법이나 판단 기준도 바꾸는 것이 요구되는 시스템입니다. 구체적으로는 '리스크는 있지만 기대치가 큰 것'보다 '확실하게 손에 들어오지만 기대치가 적은 것'을 택하기 쉬운, 리스크 회피 본능에 저항하는 의사 결정을 내려야 합니다. 또는 '장기적으로 얻을 수 있는 것'보다 '단기적으로 얻을 수 있는 것'을 택하기 쉬운, 현재 편향(present bias) 본능에 저항하는 의사 결정을 하는 것이 요구됩니다.

본능에 저항하는 의사 결정을 실천하는 것은, 머리로는 납득할 수 있다고 해도 쉽게 실행하기 힘듭니다. 이를 위해서는 혼자 의사 결정을 하는 것이 아니라 경영 간부 중에 리스크 회피나 현재 편향에 휩쓸리지 않는 관점을 가지고 논리적으로 발언할 수 있는 사람을 키우고 등용하며 팀으로 논의하는 시스템을 만드는 것이 현실적일 것입니다.

또한 기존의 핵심 사업을 성역화하지 않는다는 아마존의 방식을 도입하기 위해서는 큰 의식 개혁이 필요해집니다. 자사가 지향하는 방향에 입각한 행동 규범의 설정과 이를 정착시키기 위한 시스템도 필수가 됩니다. 게다가 그것을 지탱하는 인사제도 개혁도 빼놓을 수 없겠지요.

세계에 통용되는 대규모 혁신이 모든 규모, 업종의 일본 기업에서 많이 창출되는 데 도움이 되면 좋겠다는 생각에서 지금의 아마존을 있게 만들어 준 '아마존 혁신 메커니즘'이라는 시스템을 설명해왔습니다. 이는 경영이나 일에 대한 사람들의 사고까지 변혁함으로써 혁신 플랫폼의 물결에 올라타는 것을 가능하게 하는 것입니다. 게다가 그것은 기업만이 아니라 대학·연구 기관 등 혁신에 관련된 모든 조직이 혁신을 창출해가는 데도 응용하여 유용하게 쓸 수 있는 것이라고 생각합니다.

카니발리제이션을 받아들일 수 없는 회사와 사회

일본에서 세계에 앞서서 파괴적 혁신을 창출하고 비즈니스로서 세계에 전개해 나가기 위해서는 별도의 큰 과제도 있습니다.

파괴적 혁신이 창출되면 그것 때문에 약체화되는 기존 비즈니스가 나옵니다. 그로 인해 일본 사회에서는 받아들여지기 힘들고 규제를 받을 수 있으며 새로운 비즈니스가 성장하지 못하게 되는 일이 자주 있습니다. 그 좋은 예가 에어비앤비(민박 중개)와 우버(승차 공유, 음식 배달)입니다. 모두 미국에서 시작되어 세계적으로 큰 비즈니스로 성장하고 있습니다.

그러나 이것이 일본에서 시작된 것이라면 규제로 인해 지금처럼 성장하는 일은 없었겠지요. 실제로 이 책을 집필하고 있는 2021년 10월 시점에 두 회사는 일본 시장에 참여하고 있지만 그 활동은 굉장히 한정되어 있습니다. 에어비앤비는 경제특구를 제외하면 영업 일수가 180일 이내, 아무리 분발해도 가동률이 50퍼센트를 넘을 수 없습니다. 우버의 경우는 택시와의 경쟁을 우려한 정부 정책으로 인해 승차 공유 사업 개시가 진전되지 않고 있습니다. 택시처럼 영향을 받는 기존 업계가 없는 우버이츠(음식 배달)만이 영업이 허락되고 있는 상황입니다. 우버이츠 덕분에 배달 사업을 시작하여 코로나 재난 상황에서 경영난이 완화된 음식점이 적지 않았던 것은 잘 알려져 있습니다.

하나의 기업이어도 카니발리제이션 가능성이 있는 신규 사업을 환영하는 아마존 같은 기업도 있고 허락하지 않는 기업도 있는데, 일본 기업은 대부분 후

자입니다. 그것을 국가라는 큰 틀로 치환해보면 '카니발리제이션을 받아들이는 사회'와 '받아들이지 않는 사회'가 있는데, 일본은 받아들이지 않는 사회가 되어 있습니다.

미국이나 중국은 나라 전체적으로 변혁을 가속화하는 방향으로 규제를 정하고 있습니다. 미국 의회에서도 GAFAM 등에 대한 규제가 필요하다는 논의가 시작되고 있습니다만, 이것도 혁신을 막는 방향은 아닙니다. 대기업이 된 GAFAM이 데이터를 지배하고, 성장하기 시작한 벤처를 차례로 매수함으로써 경쟁이 저해되어 혁신이 창출되기 어려워질 우려가 있는 것이 부당하니 규제가 필요하다는 맥락에서 해체론이 나온 것입니다. 정말 그 우려가 있는지 어떤지에 대해서는 찬반 의견이 갈려져 있지만 건전한 논의라고 생각합니다.

기업이나 개인이 컨트롤할 수는 없는 것이지만 '카니발리제이션을 받아들이지 않는 일본 사회'도 혁신을 창출할 환경으로서는 문제가 있고, 우리가 마주해야 할 큰 문제라는 것도 마지막으로 문제 제기합니다.

참고 자료

머릿말

※ 1. 「amazon annual report 2020」에 기초하여 계산하면 2019년은 63.3퍼센트, 2020년은 59.1퍼센트. 2020년에 비중이 내려가는 것은 코로나 사태로 전자상거래 부문이 호조였기 때문에 상대적으로 아마존 웹서비스(AWS) 부문의 비율이 내려간 것으로 보인다.

※ 2. 예컨대 아마존의 공식 사이트에 올려진 「Who We Are(우리는 누구인가)」라는 문서(아래)에서도 이 세 가지 항목이 강조되었다.

Amazon is guided by four principles: customer obsession rather than competitor focus, passion for invention, commitment to operational excellence, and long-term thinking. Amazon strives to be Earth's most customer—centric company, Earth's best employer, and Earth's safest place to work. Customer reviews, 1—Click shopping, personalized recommendations, Prime, Fulfillment by Amazon, AWS, Kindle Direct Publishing, Kindle, Career Choice, Fire tablets, Fire TV, Amazon Echo, Alexa, Just Walk Out technology, Amazon Studios, and The Climate Pledge are some of the things pioneered by Amazon.

서장

※ 1. 「TED Talk」에서. 「The single biggest reason why start—ups succeed」

※ 2. 《제프 베이조스 끝없는 야망 – 아마존을 만든 무적의 기재 경영자(ジェフ・

ベゾス 果てなき野望—アマゾンを創った無敵の奇才経営者)》(ブラッド・ストーン著, 井口耕二訳/日経BP)

※ 3. 출처: 불룸버그(2023년 2월 환율 기준)

1장

※1. 〈BUSINESS INSIDER〉 2018년 11월 19일 전송 「《언젠가 아마존은 무너진다》 제프 베이조스, 아마존의 미래에 대한 놀랄 만한 발언」

※2. 이런 계속적인 가격 인하의 노림수와 효과에 대해 베이조스는 회사 안팎에서 거듭 발언하고 있는데, 예컨대 베이조스가 매년 주주에게 보낸 「Letter to Shareholders」(이른바 「베이조스 레터」)의 2003년판에서도 이러한 내용을 강조하고 있다.

※3. 여기에 인용한 베이조스의 발언은 회사 안팎에서 여러 차례 되풀이되고 있지만 미국 기업이 운영하는 유튜브 채널 「EPC Group.net」에 공개되어 있는 인터뷰 '아마존 창립자 제프 베이조스의 비즈니스 모델 미션 설명(Founder Jeff Bezos discusses Amazon Business Model Mission)' 등에는 소니와 아마존을 비교하는 언급도 있어 무척 흥미롭다.

※4. 예컨대 「베이조스 레터」 2015년판 등에 같은 취지의 발언이 있다(구체적으로는 「Invention Machine」 항목)

※5. 〈일본경제신문〉 2021년 7월 5일 「10이라는 숫자로 보는 Amazon − 베이조스가 바꾼 세계」(10の数字でみるAmazon ベゾス氏が変えた世界)

칼럼 1

※1. 《ピクサー一流創造するちから ― 小さな可能性から、大きな価値を生み出す方法》(エイミー・ワラス, エド・キャットムル著, 石原薫訳/ダイヤモンド社)

2장

※1. 《제프 베이조스 끝없는 야망(ジェフ・ベゾス 果てなき野望)》(ブラット・ストーン著, 井口耕二訳/日経BP)

※2. 《GE 변화의 경영(GE変化の経営)》(熊谷昭彦著/ダイヤモンド社)

※3. 저간의 경위는 많이 보도되었지만 주로 아래의 두 기사를 참조했다.

- 미국 온라인 미디어 〈INSIDER〉 2016년 5월 15일 「How Amazon CEO Jeff Bezos reinvented The Washington Post, the 140-year-old newspaper he bought for $250 million」

- 〈뉴스위크 일본판〉 2020년 10월 23일 「불가능하게 생각되었던 'DX'에 워싱턴포스트가 성공한 이유」

※4. 《베이조스 레터 - 아마존에게서 배우는 14개 조항 성장원칙(ベゾス レター: アマゾンに学ぶ14カ条の成長原則)》(スティーブ&カレン・アンダーソン著, 加藤今日子訳, すばる舎)

※5. 「일본경제신문(전자판)」 2021년 6월 24일 「'FT' 아마존 '시급 15달러', 미국 전역의 실질적인 최저임금으로」

칼럼 2

※1. 잡지 〈WIRED〉 일본판 VOL.35(2019년 12월 발행)

※2. PHP연구소 '松下幸之助.com'

3장

※1. 〈GeekWire〉 2020년 8월 21일 "Here are the three Amazon execs who just joined Jeff Bezos' elite 'S-team' leadership suite."

※2. International Data Corporation(IDC)에 따르면 2020년 3사분기의 태블릿

출하 대수의 세계 점유율은 1위가 애플, 2위가 삼성, 3위가 아마존이 차지하고 있다.

※3. 시스코시스템즈가 2000년에 일시적이긴 해도 시가총액으로 세계 1위가 된 것은 당시 큰 화제가 되었지만, 지금은 기억하는 사람이 적을지도 모른다. 최근에는 투자정보 사이트 〈The Motley Fool〉의 기사에서 Keith Noonan 기자가 언급했다.

〈The Motley Fool〉 2016년 9월 23일 「Cisco Stock History: What Investors Need to Know」

※4. 〈Harvard Business Review〉 2011년 5월 9일 「Cisco and a Cautionary Tale about Teams」

※5. 아마존의 공식 홈페이지 참조(2021년 10월 1일 시점)

https://www.aboutamazon.com/affinity-groups

※6. 〈Harvard Business Review〉 2007년 10월 「The Institutional Yes」

※7. 〈Forbes〉 2017년 8월 8일 「How Does Amazon Stay at Day One?」

칼럼 4

※1. 《비저너리 컴퍼니 – 플라이휠의 법칙(ビジョナリー・カンパニー ― 弾み車の法則)》 (ジム・コリンズ著, 土方奈美訳/日経BP) (짐 콜린스, 이무열 옮김, 《플라이휠을 돌려라》, 김영사, 2021)

※2. '10,000 Year Clock'

http://www.10000yearclock.net/learnmore.html

5장

※1. Credit Suisse Equity Research

Global/Thematic Research/24 August 2017

"Global Equity Themes Disruptive forces in Europe: A Primer"

Head of Global ESG & Thematic Research

Eugene Klerk

※2. 〈뉴 스위치(ニュースイッチ)〉 2015년 10월 27일 「소니 창업자 이부카 마사루가 2400명의 간부에게 보낸 패러다임 전환이라는 유언(ソニー創業者・井深大が2400人の幹部に発したパラダイムシフトという遺言)」

※3. 三省堂 WORD-WISE WEB

아마존 혁신의 법칙 16

초판 1쇄 발행 2023년 5월 25일

글쓴이	다니 도시유키
옮긴이	송태욱

편집	이용혁
디자인	이유리

펴낸이	이경민
펴낸곳	㈜동아엠앤비
출판등록	2014년 3월 28일(제25100-2014-000025호)
주소	(03972) 서울특별시 마포구 월드컵북로22길 21 2층
전화	(편집) 02-392-6901　(마케팅) 02-392-6900
팩스	02-392-6902
홈페이지	www.dongamnb.com
전자우편	damnb0401@naver.com
SNS	🅵 🅾 🅑

ISBN	979-11-6363-663-2 (03320)